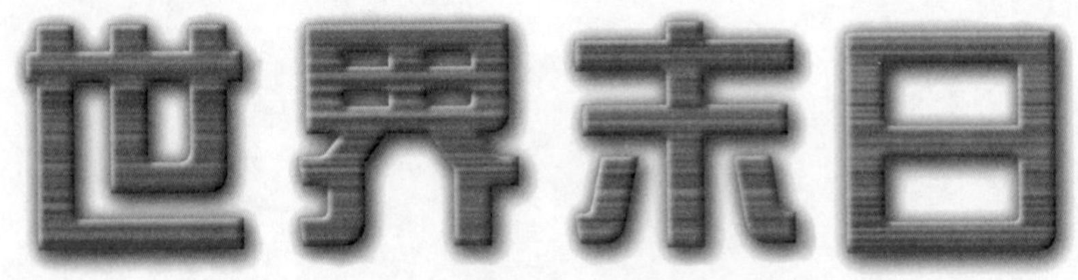

世界末日

人類滅絕的科學與道德觀

The End of the World

the science and ethics of human extinction

John Leslie 著

賈士蘅 譯

「NEO系列」叢書總序

Novelty 新奇・Explore 探索・Onward 前進

Network 網絡・Excellence 卓越・Outbreak 突破

世紀末，是一襲華麗？還是一款頹廢？

千禧年，是歷史之終結？還是時間的開端？

誰會是最後一人？大未來在哪裡？

複製人成為可能，虛擬逐漸替代真實；後冷戰時期，世界權力不斷地解構與重組；歐元整合、索羅斯旋風、東南亞經濟危機，全球投資人隨著一波又一波的經濟浪潮而震盪不已；媒體解放，網路串聯，地球村的幻夢指日可待；資訊爆炸，知識壟斷不再，人力資源重新分配……

地球每天自轉三百六十度，人類的未來每天卻有七百二十度的改變，在這樣的年代，

揚智「NEO系列叢書」，要帶領您——

整理過去・掌握當下・迎向未來

全方位！新觀念！跨領域！

《世界末日》全球評介

「如果你想知道哲學教授們有什麼話要說，那麼你便應該買一本約翰．萊斯理所著的《世界末日》來看。他奮力與困難搏鬥的精神，使我不禁讚嘆哲學家勇於處理大問題的魄力。」

The Observer

「萊斯理所釋放的訊息是晦暗的，但他的筆觸卻是光明的。畢竟，機智比不顧死活來得好。」

The Times

「約翰．萊斯理是少數精通物理學和宇宙學最新觀念的哲學家之一。他有能力用機智和明晰的筆調介紹這些觀念，並能提出深刻的洞見。由於他不害怕談論生存的大問題，並且有能力去解析各種導源自物理科學基本研究中的衝突與奇想，因此爲他樹立了名聲。萊斯理無疑是專研卡特（Brandon Carter）所謂『末日論證』的世界級大師。此種論證是一個非常困難的哲學問題。它既駭人而又有益、似乎荒謬絕倫卻又引人入勝，而最後是既使人困惑而又富啓發性的。萊斯理用他特殊和易讀的風格，再配合大膽和充滿想像的處理，使讀者對於人類運用理智推演我們在宇宙中

地位的能力，可以有精彩的一瞥。」

保羅・戴維斯（Paul Davies），亞德來大學（University of Adelaide）自然哲學教授，

著有《最後三分鐘》（*The Last Three Minutes*）

「本書是典型的約翰・萊斯理著作：它提出一個大膽和引起爭議的論點，並以一組類似和互相關聯的議論以及最近在科學上的各種進展加以支持。萊斯理是今日最有創見和最有趣的思想家之一。本書的主題（人類在最近的未來滅絕的可能性）和萊氏易解的文筆，使本書對於所有學科以及一般讀者來說，都饒富趣味。」

史密斯（Quentin Smith），西密西根大學（Western Michigan University）哲學系教授

「萊斯理彙集了一個驚人的可能災禍目錄，並且詳述無數現在大家已熟悉的危機（如全球性加溫、戰爭、疾病和人口過多），以及大家所不熟悉或往往忽略的風險（由小行星的撞擊，到狂亂的毫微科技和物理學實驗室意外事故所造成的宇宙毀滅）。」

Journal of Social and Evolutionary Systems

V 《世界末日》全球評介

「如果人類存活過這一千年，我們將會見到更多有關這類的書：然而，我懷疑是否還有人能寫得這麼富有機智、學養和包羅萬象。」

Inquiry

「萊斯理優美的文筆和幽默感，生動描繪了人類生存將面臨的可怕威脅、以及擊退這些威脅所需的努力和應解開之束縛。」

伊斯里爾（Werner Isreal FRS），**亞伯塔大學**（University of Alberta）**物理學教授**

「約翰．萊斯理這本書極具煽動性。他的論證橫跨科學與哲學，深具啓發性，絕不含糊，並慎選生動的比喻。他將趣味和理性分析帶進這些最陰沈的主題中。」

里斯爵士（Sir Martin Rees FRS），**劍橋大學天文學教授和皇家天文學家**

「寂靜地瀰漫地獄的懲罰，但是其專業能力卻表露無遺。」

New York Times

「確定會激怒與迷惑專業哲學家及一般讀者的驚世駭俗之作。」

The Times Literary Supplement

「《世界末日》是一本眞正重要的書。它爲整個一系列具有重大意義的辯論鋪路。雖然它的構想將受到熱烈的爭論，但它無疑是一大成功。」

德拉海（Jean-Paul Delahaye），利里科技大學電算科學系教授

「約翰．萊斯理是一位具有非凡本領的科學家，擅於撰寫深奧及新穎的主題。他勇於涉足別人所懼怕的領域，並帶回珍貴的寶藏。」

瑞斯奇（Nicholas Rescher），匹茲堡大學哲學系教授

「……文筆流暢且驚駭有趣。頂尖人士不可錯過本書。」

Financial Times

「本書與斯凱爾（Jonathan Schell）所著《地球的命運》（*The Fate of the Earth*）與麥克奇本（Bill McKibben）所著《自然的末日》（*The End of Nature*）同屬於『心靈吶喊』之作。」

The Australian

原著平裝本序言

平裝本除了增加這篇序言以外，幾乎與兩年前的精裝本無異。一、兩個錯誤的地方已訂正過來。本書的出版日期由一九九六年改為一九九七年。精裝本談到電腦在處理由一九九九年進入到二〇〇〇年時可能會遭遇到的各種問題，它們可能使「接下來的一千年」由支離破碎中展開。這是不對的，因為嚴格的說來，接下來的一千年要到二〇〇一年元月才開始。因此，我現在將「公元二〇〇〇年或許由破碎的局面開始」的說法改寫過來了。所以平裝本幾乎與原來的完全一樣。

然而，在第二頁和其他的地方，我抓到機會便強調這不是一本堅決地預測「即將毀滅」的書。我這樣做是因為有些書評家經常誤會了這一點。「世界末日」，也就是說人類的末日，遲早會到來。本書將指出，世界末日到來的日子將會提早到超乎一般人的想像。如第三章中所述，我預測我們這個物種有百分之七十的或然率能再存活五個世紀，如果眞能如此，便很有機會在整個銀河系中殖民。

過去兩年的發展，對於人類未來的前途似乎沒有造成什麼改變。不過也有一些有趣的新事項發生。

*現今北美洲乃一龐大的氯氟碳化物（CFCs）非法市場，而CFCs是足以破壞地球臭氧層的物質。它們大多是由俄國走私出來的。俄國未能在協議的日期逐漸停止它的生產，並且旋即獲准延期四年才停產。這些走私的CFCs是由用壞了的冷卻系統予以合法回收作爲掩護。比歐洲大一倍的冬季「臭氧洞」，正由北極向南延伸。在英國上空，臭氧的缺損幾乎達百分之五十。因較低層的熱量被截留所造成的同溫層冷卻作用，增加了臭氧的損耗。許多開發中國家在中國與印度的帶領之下，指西方國家不遵守協助支付保護臭氧經費的替代方案，因而又日漸加速製造了CFCs。

*破壞臭氧的殺蟲劑——甲基溴化物仍然可以合法生產；而飛機的凝氣尾跡也會呑噬臭氧，可是高空的空中交通量不久將會倍增。另外，美國成功地反對了國際間徵收飛機燃料稅的計劃。

*雖然美國這個繁榮的國家每人所釋出的主要溫室氣體——二氧化碳是全球平均數的五倍，可是由於目前由右翼所主宰的國會，從各種跡象看，它將仍然不會盡什麼力去抑制溫室氣體驚人的上升。同時，在普林斯頓大學所做的研究指出，溫室加溫效應可能大大的減少洋流。除非富於鐵質的灰塵由日漸擴大的沙漠吹進海洋，並且使海洋浮游生物（將二氧化碳由大氣中拉下來）增殖，否則溫室加溫效應會使海洋吸收二氧化碳的能力減半。將浮游生物餵予鐵質使它們增殖的實驗已得到部份的成功，但是有人批評說這種干預只會鼓勵我們

繼續不斷將大氣層當作下水道使用。

＊英國屠宰了數十萬隻所謂的「釋放溫室氣體者」；然而這是出於恐懼，並不是因牠們釋放的沼氣，而是由於「狂牛症」的緣故。

＊一九九六年的大選，使高爾（Al Gore）再度當選為副總統。高爾所著的《變化不定的地球》（*Earth in the Balance*）一書，是最好的環境保護論（我一直到最近才有機會讀到它。我以前怎麼會知道一位政治家竟能如此內行？）。高爾也極推薦考柏（Theo Colborn）所著的《我們被竊的未來》（*Our Stolen Future*）。這是一本引人爭議的書，它認為化學合成物往往和賀爾蒙的成份極相似，對於野生動物和人類自己都會造成災難性後果。許多人認為這是精子數目日漸減少的明顯證據。

＊在伊拉克，聯合國的觀察員銷毀了一家製造炭疽熱等細菌戰藥劑的大工廠。這些藥劑事實上已包裝成炸彈和飛彈，幸運的是尚未使用。伊拉克也曾設法發展散播放射性物質的武器和核子彈。北韓這個被飢餓所折磨的國家，似乎一面在研究核子彈（它或許已擁有核子彈），一面亦在研究生物武器。

＊在俄國，軍官和核子科學家只能有一搭沒一搭的領到薪餉，而犯罪又非常猖獗。偷竊而來的鈽元素或者甚至核子彈頭，販售給其他國家或恐怖份子，這並非不可能的。尤有甚者，美國中央情報局的一份報告說，俄國的核子飛彈保養得很差，所以據瞭解它們可以自己切

換到戰鬥狀態。一位俄國軍官說：「我們可以在幾秒鐘之內對美國發動一次意外攻擊。」

*在美國，電腦駭客目前每個月平均有二萬次想突襲軍用電腦。在做測試時，五角大廈自己的「駭客」自一九九二年以來所做的三萬八千次類似的嘗試中，超過一半以上皆成功。電腦作業員只偵測到大約百分之四的這些「測試性的攻擊」。

*像野火般在非洲撒哈拉大沙漠以南和在亞洲傳播的愛滋病，尚未發現治療的方法。《科學的美國人》（*Scientific American*）中有一篇文章報導說，在某些區域近四分之一的人口已感染愛滋病，大半是由於男子未割包皮。有些生下來時即感染愛滋病的嬰兒，似乎已可抵禦愛滋病，但是他們只佔總數的百分之三。

*曾經有些實驗使用由各種病毒所析出的核糖核酸（RNA）使各種植物產生免疫作用，使它們不受這些病毒的感染。但是另有一些實驗證明RNA將以某種方式突變，使這些植物減低了對這些病毒最初所具有的抵抗力。諸如此類的情況，《自然生物科技》（*Nature Biotechnology*）中的一篇社論說道，在這個正在進行RNA改變的植物田野實驗的世界，這個情形清楚地對未來可能發生的風險發出警訊。

*澳大利亞像非洲和中國與印度一樣，土壤的品質開始嚴重地惡化。有人提出種種計劃，用遺傳工程所產生的病毒使兔子和老鼠不能生育，但卻不顧這些非常重要的遺傳因子和不育症可能影響其他哺乳動物的警告。而為了節省區區一年幾十萬美元，這個國家追蹤小行星

的計劃被取消。可是，澳大利亞的物理學家保羅．戴維斯與我一同上英國第四廣播電台的節目時，卻說雪梨市可能有三分之一的機會在下兩個世紀中被小行星或彗星所毀滅。當時我嚇了一跳，我想到某個龐然大物，像一九九六年五月時，在比月亮遠一點距離急飛而過的半公里寬物體。那麼大或更大的龐然大物是可能使文明結束的東西，它們大約每十萬年才撞擊地球一次；但是如果我們不設法使它轉向，一個小得多的東西，在衝向一千哩以外的海洋時，也可以造成粉碎雪梨市的海嘯。

*「美國國家航空及太空總署」（NASA）眞的在來自火星上的一塊隕石上發現化石生命了嗎？如果這件事得到證實，則它或許表示在宇宙中生命是普遍存在的。那麼，我們爲什麼沒有偵測到外星人的訊息？就如本書中所討論到的，一個可能的答案是大多數的智慧物種在發展出進步科技以後不久便將自己毀滅。（一種自我毀滅的高超技術可以在非常高能量之下做實驗，因此擾亂了充塞空間的無向量場：見第二章。該能量一般被認爲是安全的，但藉由互相碰撞的宇宙射線，其所產生的能量是我們至今所能產生之能量的幾百萬倍。我們可能用雷射光束加速微粒的方法，或者如一些研究顯示，用相當於雷射光的音爆，而達到這樣的能量。最近在加里福尼亞州，一道雷射產生了一次非常短促的爆炸；它的電功率是一千三百兆瓦特，比全美國的電力供應強一千倍以上。也請注意，在歐洲大加速器中心（CERN）的古森柯（Alex Kusenko）和他的同事現在已寫出一篇論文，建議用「超對稱」

微粒團去達到大約一百個百萬千兆電子瓦特，大約是現在能達到的十萬倍。）

＊世界人口已上升到六十億人，比二十年前多一倍。聯合國「第二棲息地」（Habitat Two）會議主席說，超過五億的人無家可歸或生命受到威脅。賽門（Julian Simon）在其所著的《人類的現狀》（*The State of Humanity*）中，主張人口的成長不是問題；他認爲，由經濟的觀點來說，愈多愈好。這樣的書在對抗失望時的確是有用的，但是……

＊也曾有一些眞正的好消息。譬如，在試驗中，由遺傳工程學所產生的病毒，使蚊子不能傳播拉克勞斯腦炎（LaCrosse encephalitis），因此使大家希望對於黃熱病、登革熱、乃至瘧疾也能有應付的辦法。新的克魯茲非－雅各伯疾病（Creutzfeld-Jakob disease）變體只出現少數個病例，大家猜測是由「狂牛病」的牛肉中得來，因而世界末日的情節（成千上萬人死亡）的確似乎沒有實現。對於平均壽命和文化的研究指出，人口的激增到現在爲止與全球性生活品質的改進是齊頭並進的。超級樹薯（super-cassava）據說可以使產量增加十倍，使得大家希望可以用第二次綠色革命去養活未來數十億的人口。在中國，大規模的植樹活動增加了森林地的面積；而熱帶農夫因火耕所產生的嚴重臭氧煙霧，現在看來可以滋生足夠的羥基，去毀滅許多一氧化碳、沼氣和其他的污染物質。

自本書最初發表以來，我曾進一步研究它的各種主題。譬如，第六章末的〈給物理學家的一

份附錄〉，已成爲在《科學哲學的國際研究》（*International Studies in the Philosophy of Science*，一九九六年十月）期刊上發表的一篇文章。此外，我在哈星（R. Hassing）主編的《最後的因果關係》（*Final Causality*）一書中，綜述目前有關人因論（本書中許多論點的基礎）的各種文獻。我並在一九九七年四月的《一元論者》（*The Monist*）中爲第四章的新柏拉圖主義辯護。

關於我對人類將擴散到銀河各處的樂觀看法還需要多談一點。本書的中心部份是劍橋大學數學家卡特（Brandon Carter）在一九八〇年代早期所創始的「末日論證」（doomsday argument）。你和我眞該相信，在所有過去、現在和將來出世的人中，我們是「人口時鐘」所測量的最早期人類嗎（這個時鐘每當一個新的人類出世時便滴答滴答作響）？卡特建議我們在相信這件事以前要遲疑一下。

例如，與其假設我們是註定將散佈於銀河系的人類中最早的百萬分之一，不如說自己是與十分之一的人類生存於同一時間還來得更有意義。以人口爆炸的觀點來說，若世界末日在下一、二個世紀來臨，這裡便成爲你我曾居住的地方。難道我們不應如此猜想嗎？我又該如何給予人類一個在銀河系殖民的高度可能性呢？

但有部份的答案是，卡特的末日論證與普林斯頓大學天文物理學教授高特（Richard Gott）的推論相當不同。在一九九三年五月二十七日的《自然》（*Nature*）中，高特明白表示，他認爲我們面對的是一個全新的處境，所以單單只靠檢視我們所面對的危險，實際上是無法得知我們人類即將滅絕的風險有多大。因此，依據他的估計，你與我都是處在（譬如說）所有人類中最早的百分之七點五的時期。

如果這話是對的，那麼人類即使以它現在的人口數，也不太可能再存活更多個世紀。更不可能因爲在銀河系中的探險而大幅度的增加其數目。

卡特的末日論證使用了不同的方式。它引導我們檢視迎面而來的各種危險，以便對「即將毀滅」（Doom Soon）的可能性有個起碼的評估。然後，把「即將毀滅」和「延遲毀滅」（Doom Delayed）兩競爭因素下的人口數字考慮在內，以修改此評估，但值得注意的是，並非完全由這些數字決定。如果你一開始對毀滅會延遲很有信心（換言之，相信人類會有一個長遠的未來），那麼，即使在看到那些人口數字以後，你的信心可能仍然很高。

事實上，「末日論證」的作用像是一個放大鏡，它增加了「瀕臨滅絕風險」的感覺。假設這個風險一開始看上去很小，即使在使用這個放大鏡以後可能看上去也很小。不過，我始終認爲，縱有本書中所討論的各種危險，還是不容易將所有人類完全消滅；因爲只要有幾千個存活者，便可以繁衍出新的幾十億人。

第二點，唯有人類長遠或短暫未來是決定論的，或者「等於是決定論」時，這個「世界末日」論證才說得通。如果你對於一個長遠未來很有信心，你便會說「等於是決定論的」。但這卻不是我要說的。我要說的是這件事仍然必須由非決定論的因素決定。命運，不論是好是壞，對未來都

有不同的影響；而這個情形也使我認為即使卡特的主張令人不安，但是，我們的後裔殖民銀河系的機會還是相當高的。

在把「世界末日」的論證考慮進去以前，我預估未來人類殖民銀河的機會在百分之九十以上；而把它考慮進去以後，我還是認為有近百分之五十的機會，因為人類無法預測未來的這個事實，所以有必要抱持這種樂觀的態度。在一個不可預測的世界，只有當人類擁有龐大數目後裔的可能性超過百分之五十時，才有可能強力去反駁世界末日的論證。然而，如果我們預計的後裔人數達不到無窮大，那麼，對世界末日論證的反駁就無法非常肯定而強烈了。

可是，狄森（Freeman Dyson）在一九九八年三月二十八日的《自然》中，以一篇書評抨擊「世界末日」的論證時卻不知何故，企圖完全忽略這些想法。狄森以前曾經質疑高特。可是，現在他的書評所抨擊的推論法卻是高特的，而不是我的。這篇書評談到一個說法，它是說：「如果我們人類自古迄今所生下來的人數是一千億左右，那麼以我們現在的人數來說，只有百分之十的機會再存活五百個世代。」這篇書評說這是我典型的推論法。（事實上，他形容我的說法是：你和我生於最早百分之「n」的機會只是百分之「n」，如此而已。）

狄森爾後說，這樣的推論法同時假定：（一）、「我們對於自己本身物種歷史上的位置一無所知」，因為我們是藉由或然率論證之助加以揣測；（二）、另一非常矛盾的看法是：我們確實知道自己是在「最初的一千億個人之中」。

然而，即使狄森只是攻擊高特的立場而不是我的立場，但他的推論法也是不對的。我在一九九七年五月二十二日的《自然》中解釋了原因。也在一九九七年六月五日的《倫敦書評》（*The London Review of Books*）中對狄森自己十分有趣的《想像中的世界》（*Imagined Worlds*）一書（它對於我們的後裔將無限期地抱持極大的希望）的評論中，也解釋了原因。沒錯，你和我可能眞正知道我們是在最早的一千億人之中。然而，我們所不知道的是：就比例上來說，到底有多早？在由「人口時鐘」所測量的人類時間分佈上，第一千億人會在哪裡？很接近開始的時候？在銀河系殖民的數千個世紀以前？或者幾乎延伸到「世界末日」，或許是公元二一二五年？這最初的一千億可能是「人口大餅」的全部嗎？或只是其中一小片？

提出上述問題時，我們可以把我們在時間上觀察到的位置計算在內。如果人類一定會殖民整個銀河系，那麼很清楚的，一個人不大可能發現他自己是在最早的一千億人之中。沒錯，即使你、我的確可發現自己是在最早的一千億人之中。不過我們還是可以自問這有多大的可能。這個問題相當值得探討。

這一問題就其本身而言是沒有決定性的。它甚至如狄森所堅持的理由（參閱他一九七九年那篇寫得很好的論文），認爲：我們的後裔可以繁衍到無盡的未來。但這並不是一個可以置之不理的想法，雖然我們不像高特那麼重視它，但卻很可能被它所困擾。爲了讓人類有再存活更多個世紀的機會，我們必須非常謹慎。

如果智慧型物種有很大的機會散播到銀河系各處，那麼智慧型的觀察者難道不能預期在已散播到銀河的物種中可以發現到有他們自己嗎？（在任何已經設法散播到銀河系各處的族群中，應有許多數目龐大的觀察者。如果你是一隻北極的旅鼠，那麼可預期的是，在發生一次巨大的同種動物數目激增以後，發現當中有你自己。）然而，你、我發現我們的物種已經散播到銀河系各處了嗎？事實上並沒有發現。

就像本書所要解釋的是，只是去爭辯人類還沒有時間散播到銀河系各處是不夠的。

在結束這篇序言以前，讓我提一下一個在技術上錯綜複雜的問題。我在一九九七年十二月《研究學報》上的一篇論文中，曾經嘗試處理物理學家魏倫金（Alex Vilenkin）所提出的一個難題。如果火星人和人類除了「人類所特有的知識」上有所差異之外，共有一切其他的同樣知識，那麼他們對於人類長久存活的機會，會有同樣的評估嗎？我的看法是，火星人和人類的評估很可能相當不同。我要提醒讀者，譬如，任何旁觀樂透獎抽獎的人，可能缺乏樂透獎贏家猜測那隻帽子中只有少數幾個姓名的特殊理由。這個例子可以回答艾克哈特（William Eckhardt）所提的反對意見。艾氏談到一個「射擊室」的例子。有成批的人——每一批均比前一批大十倍，在未將兩個骰子擲出雙六以前皆可安全通過這個房間（參看本書第五章及第六章）。一旦有人擲出雙六，當時在房間中的每一個人便註定會被射殺，而結束這整個過程。問題是：每一批進去的人，應該預料不會擲出雙六而使其成員被射殺嗎？艾克哈特在一九九七年五月份的《哲學學報》（*Journal of*

Philosophy）上認爲，不論那兩個骰子是否以非常難以預期的方式動作（「非常難以預期」意謂它們如何落下來即使在理論上也無法預測），但外在的觀察者應該永遠回答「是的」。可是，我卻認爲，如果宇宙完全是決定論的，那麼，在任何一批人之中，都可以有理由預期會被射殺，因此一個具有足夠知識的高手，甚至可以預測這兩個骰子會如何落下來。

好吧，這都是對的，但是它無法做爲一個反對的理由。你要知道，那些旁觀者像是由地球的外面觀看地球人口激增的火星人。在房間中的人就像人類一般，每一個人都在這個激增的狀況中。雖然這種說法似乎荒謬不已，可是外在和內在的觀點有時會出現不同的預期。贏得一次樂透獎的例子，只是眾多例子之一。

艾克哈特還有另一項反對意見。任何被推進「射擊室」的人，應該期望平安的出來嗎？我認爲這個問題的答案是要看有多少批人會進入這個房間是不是已經決定的事。這一點將造成艾克哈特所認爲的一個不可容許的矛盾。假設這個可怕的「射擊室」在一開始，一份非常難以預測的擲骰子紀錄便被用來決定進入這個房間有多少批人，那麼進入這個房間的人便應該預期會被殺死。相反的，如果那兩個難以預測的骰子，是在較大批的人連續進入這個房間的當下擲出的，以決定他們是否平安走出來，那麼每一個人應該指望可以逃過被射殺噩運。

我認爲，的確是這樣，這裡面沒有不可容許的矛盾。與骰子本身形成清楚對比的是，一份難以預測的骰子如何落下來的記錄，其動作可以是決定論的（每當你讀這份記錄，它便會顯示上述

的結果，而你也可以安排得讓它有相同的結果）。清楚的對比是一定不能忽略的。如果你知道災難不但一定會降臨大多數與你有相當處境的人，而且決定論的因素已決定了確實會有多少人被牽涉在內？你大概會嚇得手心冒汗了吧！

譯　序

說樂觀奮鬥也好，說生是憂勞也好，現代人的生活方式是匆遽的。我們在自己生活的小境遇中爲「切身之事」終日勞心勞力。如果有人對你說世界末日可能在不久到來，也應該停下來思考一下這個問題了。你可能會覺得這與你無關，是杞人憂天、河漢斯言。可是如果你記起一九九九年的「九二一大地震」；如果你知道地球生物歷史上最後一次大滅絕（其間包括恐龍在內的四分之一到四分之三的生物同歸於盡）可能是由於一顆小行星撞擊到墨西哥的猶加敦半島所造成；如果你聽到澳洲物理學家保羅．戴維斯說在接下來兩個世紀中，雪梨市被一顆小行星毀滅的可能性達百分之三十三點三，則你可能不會再認爲世界末日的說法只是危言聳聽、事不關己了。也許我們應該抽出一點時間來眺望人類長遠的前景，設想一點未雨綢繆的對策。

《世界末日》這一部書對於這個問題做了最綜合性和最具權威性的探討。這部書的主題是談人類在最近將滅絕的各種可能性。作者約翰．萊斯理是今日少數徹底熟習物理學和宇宙學最新觀念的哲學家之一。他是世界上鑽研英國劍橋大學數學家和宇宙學家卡特在一九八〇年代早期所創之「末日論證」的專家。這個論證並非告訴我們人類還會存活多久，不過它卻將風險向上估計，指出末日的可能性較一般人所認爲的爲大。目前，某些最好的頭腦正在思索這個論證。大家現在似乎看出，任何簡單的反對論證尚不能反駁它。

萊斯理編輯了一個驚人的可能災禍目錄。他所列舉的風險共分三類：

一、已經相當爲人認知的風險，如核子戰爭、生物戰爭或恐怖主義或犯罪行爲、化學戰爭或恐怖主義或犯罪行爲、氟氯碳化物或其他事物破壞臭氧層、「溫室效應」、因污染而中毒、生病。

二、往往不爲人認知的風險，如天災（火山爆發、小行星和彗星的撞擊、由於通過星際的雲層而有一次極端的冰河期、一顆附近的超新星、由黑洞所造成的其他大規模天文學上的爆炸、「混沌理論」所調查的「一個複雜系統的基本上不可預測的崩潰」、我們所不知道的其他風險）和人爲的災禍（不願生育子女、來自遺傳工程學的災禍、毫微科技所造成的災禍、與電腦有關的災禍、科技中對於人類存活非常重要的一支中的其他災禍、在實驗室中製造的一聲新的霹靂、造成一次毀滅的「物相過渡」（類似將水轉化爲冰）的可能性、被外星人所殲滅、某件我們所不知道的事）。

三、來自哲學的風險，如與宗教有關的威脅、叔本華式的悲觀、道德相對主義、情感主義、約定俗成主義及其他學說、「負面的功利主義」等等。

末日論證是說我們不能希望自己在過去、現在和未來出世的人中是最早的，譬如是在最早的百分之〇．〇一之中。然而，說我們是在最後的百分之十，也不會太令人驚訝。如果人類不久將會滅絕，我們便會在最後的百分之十之中。假如你突然注意到這一點，那你便應比以前更傾向於預測人類的即將滅絕。

萊斯理說，我本人給我們這個物種再存活五個世紀百分之七十的或然率，如果它能撐過下面五個世紀，那麼便會有相當的機會在它整個的銀河中殖民。他說，「末日論證」像任何其他關於風險的論證一樣，也可以把減少風險努力的新證據考慮在內。他的論證並不勸人聽天由命，因為我們的努力可以改變這個或然率。

普林斯頓大學天文物理學教授理查．高特說：「每一個人都應當非常重視在此所提出的論點。萊斯理的文筆很優異，他以一系列使人信服和富有想像力的例子支持他的說法……如果其結果是令人不安的，那只是因為我們所觀察到的現象令人不安。誕生在一個存在不是很久的物種之中是一個危險的處境，也就是我們目前的處境！不覺察這個危險和因而不採取行動對抗這個危險，便可能是我們所面臨的最大危險。」

澳洲國立大學哲學教授斯瑪特更稱讚萊斯理這本書有迫切實用性又有理論上的重要性，它可能是一九九六年最重要的一本書！

【導讀】世界末日與蚊子的關係

世界末日？別緊張，這件事可能和你完全不相干。

大約十年前，我和一群美國朋友曾追隨一位考古學教授深入中美洲的熱帶雨林內，試圖瞭解馬雅（Maya）文明突然消失的原因。在兩個星期的考古假期裡，我們考察了將近五十個大小不一的金字塔墓。我最喜歡做的一件事就是爬上陡峭近四十五度的石梯，站在高聳的領袖台前俯視看不見階梯的低地廣場，遙望分佈在雨林中其他的金字塔，幻想當年在廣場上聲哨吶喊的子民對我朝拜。環繞在我周圍的是圖騰似謎般的文字、高度發展的天文數學、優美精算的建築與血腥殘暴的民族文化，這是什麼樣的社會？當時的馬雅人快樂嗎？最令我納悶的是，爲什麼這個文明會突然消失？

同行的考古學教授提出許多合理化的解說，但沒有一樣我聽得進去。馬雅人不笨，難道他們沒看到生態環境的逐漸惡化而提早加以改善排泄物掩埋場？難道他們不知戰爭的恐怖而停止以相互廝殺爲大眾娛樂？難道他們不知人口已過多、過密而需要向雨林外的世界發展……

疑點實在太多，我唯一確定的是，他們沒有來得及做任何防護的措施，因爲不相信偉大的馬雅文明會毀於一旦，正如活在今天的文明社會裡的文明人，沒有人相信我們有可能於短時間內同時在地球上消失。但事實上，本書的作者萊斯理教授於前兩章就提出許多駭人聽聞的數據，他引經據典，從原文書三百七十四條的文獻看來，教授的話似乎不是隨便恫嚇人心的假說。

本書第一章講述戰爭、污染與疾病如何導致世界末日的來臨。關於戰爭，世界上的核子軍火庫已有相當於一百萬顆廣島原子彈的威力，可能由於機械或電子自動化的錯誤警訊，在一個漫長而懶洋洋的下午可能「平均每一秒鐘就可打一場第二次世界大戰式的戰爭」；關於污染，今日動植物所賴以爲生的五分之四左右的荒野地區和珊瑚礁正遭破壞，造成物種滅絕，過度的漁撈、狩獵、採摘、放牧與集中農業特定物種的培育，到公元二一〇〇年時，今日尚存的物種將消失一半以上；關於疾病，到了公元二〇一〇年，每兩個人中便有一個人住在人口數以百萬計的城市內，各種新菌種一旦出現，將快速於都會中傳播，並經由國際性的貿易食品、公務及觀光旅行遍及全球。歷史告訴我們，水痘、流行性感冒和痲疹由哥倫布引進美洲新大陸後，美洲印第安人的人口減少到之前的二十分之一。

第二章指出一些人類無法控制的風險。每一年，地球大氣中都有近二十次約一千噸大小的撞擊。依據《經濟學家學報》估計，一個人因爲地球大氣被撞擊的死亡風險爲二百萬分之一，對美國人來說，這是最高的天災風險；生物遺傳工程學所製造的疫苗或抗生素，可以治療人類和農場裡動物的疾病、修復天生的缺陷，使各種植物有抗禦霜、鹽、疾病、昆蟲和殺蟲的能力，或是固

氮減少所需肥料的能力，乃致改造火星成爲可以居住的場所，但也可用以製造自我繁殖且無法控制的細菌爲害人類。還有，全世界的文明社會在各種努力下，剛度過一個有驚無險的千禧年一月一日的午夜，未來人工智慧的發展，加上語音辨識及影像寬頻的傳送，電腦的運作方式將取代人類的生活思維與文化，主宰人類的食衣住行育樂。

第三章開始分析人類滅亡的風險機率。這是很有趣的哲學問題，卡特在末日論證（doomsday argument）中提出，若是已經存在幾千年的人類只剩兩個世紀就要滅亡，那麼大部分活在地球上的人類（如你和我）都是處在即將絕滅的快速增長的人口之中；反之，若是人類種族尚可延續一千個世紀，則過去二千年所產生的人類數目實在很少。第一、二章只告訴我們什麼樣的情境會危害人類的生存，而眞正令人擔心的應是什麼原因會將所有人類推上迅速滅亡之路？是外星人？是人類的宿命？或是新的風險？

第四章以懷疑的態度質問：「爲什麼要延長人類的歷史？」什麼是好、什麼是壞？即使只有一部分人的生活不快樂，是否應鼓勵人類存活下去？我們需要對於尚未出生的人的不快樂而負任何責任嗎？讓人類滅絕在道德上是可以接受的。我們常常幫助許多人，有時只不過是延長他們的痛苦。這些異於社會倫理道德甚至與法律規範相左的想法，讓我們對安樂死及對貧瘠地區居民的長期援助可能會有不同的省思。

第五章針對末日論證提出更多的說明。人類雖有智慧，卻無法洞悉或觀察自己在時空中所處

的眞正位置，究竟是在人類史的開始或是絕滅之前。萊斯理教授一再重申末日論證的眞諦並不是宣佈人類不久便會滅絕，只不過是說滅絕的風險也許比我們所想的要大得多，我們不需要因而對人類未來的存活機率有所動搖。萊斯理教授也於本章列舉了四組反對末日論證的理由。

第六章以思考性的實驗探討末日論證。我們在面對生活上的各種災難時，可以估計出一個風險的數據（也許保險公司更精於此道），但面對人類是否會於短期內滅亡的風險估計時，將會因爲我們確認風險的存在（如核彈、臭氧層破壞、溫室效應……）而把風險的估計值大幅提高。也就是說，原本我們估計百分之十的最高風險值，將因爲我們確定風險所在而感到風險值的總和應爲百分之八十，因爲我們已不再有任何理由相信「人類會無止境地延續下去」。

第七章用簡單的邏輯推斷人類可能毀於彼此的猜忌與報復，但這也許是一個超級強國猜疑另一個超級強國有如此傾向時，才得以維持冷戰時期的核子和平。

當今的人類正歡欣地迎接即將解開的數以十億計的人類基因序列，對網際網路的全球經濟有著無窮的夢想，自以爲是人類有史以來最高的文明展現。當我們讀完全書，不難發現萊斯理教授一再地暗示我們，若是人類不改變目前的奢華生活與毫無控制的發展方式，必然會加速生態環境的破壞因而提高人類滅種的風險，正如幾百年前的馬雅文明一般，突然消失於地球上，徒留生苔的金字塔引人暇思。

不過，不需太緊張。所謂風險就表示可能不會發生，即使發生也可能在其他地區發生（如火

山爆發），即使發生在我們身上也可能沒有任何壞的影響（如氣溫於二十年後升高零點一度），即使有壞的結果也可能不是太大的影響（也許只是小感冒），即使有很嚴重的影響也可能要等我們死後才真正發作，假若真的在我們有生之年有什麼重大的天災人禍突然發生在地球上，很可能是我們無法控制的災難，也無需煩憂世界末日的論證與風險了。

世界末日，可能和你我都沒有關係，即使有，其立即性的威脅可能遠小於今晚在我房內嗡嗡作響的三隻蚊子。它們可能不會咬人（也許是公蚊），可能咬的是其他家人（也許是已入夢鄉的小妹），而咬我的也可能是一隻只咬一口（也許不喜歡我的血味），可能會等到我睡熟後才咬我（不知覺也就罷了）。但我打從心裡相信它們一定會咬我，並在我耳邊吵得我睡不著覺，使得我受到威脅的風險值一路提高到百分之九十九。太恐怖了，看來今晚非得打完蚊子後才能安心入眠。

黃裕欽（美國俄亥俄州愛克隆大學高分子物理學博士）

目錄

導論——滅絕的風險

人類不久便會滅絕嗎？我們低估了各種危險嗎？我們應該注意這件事嗎？

在導論中，我們將介紹本書主要的論點，尤其是宇宙學家卡特所創始的「末日論證（或主張）」。我們不應該毫不考慮地便認為我們是生活在非常早的時期——譬如說認為我們是過去、現在和未來出世的人類中的百分之〇．〇〇一。我們有理由認為人類不可能再存活更多個世紀，更別說在銀河系中殖民了。

單就末日論證來說，它很少能告訴我們人類還會存活多久。不過，它卻指出末日來臨的可能性較一般所認為的來得大。而所謂一般的想法，是考慮到像污染與核子戰爭這樣為大眾所熟知的危險。

大家很少考慮到的危險還有許多。譬如，未來物理學家在做極高能量的實驗時，將出現破壞充滿在太空的「無向量場」和毀滅世界的風險。有些著名的理論家對這一可能性很重視。

哲學的論證也指出一些可能的風險。譬如，有些哲學家說，如果未來任何可能的人類根本不會誕生，那他們也不會錯過什麼好處，因為你如果要錯過什麼，你先得生下來。

雖然如此，本書第三章（「風險的判斷」）還是相當樂觀的。人類很可能擴散到銀河系各處去。

卡特的末日論證

試想二十一世紀晚期的一幅景象：一百二十億人走在地球上，但是他們都快要死了。這可能是由於臭氧層的喪失、污染的毒害、或核子戰爭。但是姑且說是由於細菌戰。這種要命的病毒潛伏期很長，其間沒有任何症候，因而擴散各處而不爲人覺察。受害國家自我保護的疫苗失效。一個註定要死的人抱怨他遭逢到出世太晚的噩運，他說：「自從人類盤古開天以來，已有不止一萬五千個世代，可是我竟落在這樣一個絕子絕孫的一代！」他的推理有什麼荒謬嗎？如果「毀滅」將於公元二〇九〇年來襲，那麼，由於人口的成長，或許自有生民以來十分之一的人類在毀滅的襲擊下還會活著。此時，活在一個十分之一曾經出世的人的時代，是沒有什麼特殊的。

現在讓我們來看一看「末日論證」。假設有幾千個智慧型的種族，彼此人數相當，多多少少必然會在我們的宇宙中演化出來。我們根本無法預期自己是最早的一族，不是嗎？同理，我們也不能預期自己是在幾千億人類中或殖民銀河系的幾兆人類中最早的人。我們根本不能預期自己是曾經觀察其在時間位置的所有人類中，最早的百分之〇・一，更不用說是最早的百分之〇・〇〇一了。

雖然科技的進步造成人口的爆炸，可是它們也藉由核子戰爭、工業污染等，而造成人類面臨生存危機的新風險。如果人類在學會一點物理學和化學以後便會滅亡，那又有什麼值得大書特書的？假設我們對於人類將有一個長久未來極有信心，那麼你、我便不得不接受我們在過去、現在和未來出世的人中是非常早的事實。但是，認為我們自己是與百分之十的所有人類活在同時，不是更有道理嗎？而這種考慮不應擴大我們為人類未來所懷有的恐懼，而讓我們的風險評估更為悲觀嗎？

末日論證，旨在說明我們不應毫不考慮地接受我們是在所有過去、現在和未來出世的人類中是非常早的人之理論。單憑它把我們放在非常早的這個事實，至少也增強了我們反對它的理由。可是這理由會增強多少？答案是要看反對它們的理由（認為人類還將存活許許多多個世紀，或許殖民到整個銀河系）有多強。這些理由的成立與否甚至可以用數學模擬。事實上，末日論證在一九八〇年左右，最初浮現於劍橋大學宇宙學家卡特的腦際。由於他在應用數學上的研究成果為學術界所公認，卡特亦曾因此當選為英國皇家學會的院士。

我們必須記得，卡特的末日論證本身並不產生任何風險的估計。這個論證只是修正了我們在思考各種可能的危險時所產生的估計。因而，我們現在應該看看這樣的風險估計，到了本章結束的時候再回過頭來看這個重要的論證。

對於人類存活的各種威脅

估計人類多快會滅絕的可能性，已成爲一種很多人熱衷的活動，許多的作家都曾思考核子戰爭或污染的危險這一類的事情。本書將不多談這種高度複雜性的細節，因爲即使是外行的人，也可以看出這些風險是不可忽視的。因爲這些風險對人類的利害關係，令我們不得不去注意它們。此外，即使「整個風險」（個別風險的合併）看起來相當小，卡特的「末日論證」也表示我們應把它重新評估得大一點。爲了要使風險看起來較小，我們應該使勁努力讓它減輕。

儘管如此，本書到時候還是會相當詳細地討論一些風險，尤其是那些憑我們的努力便可予以減輕的風險。我們在下面暫時只列出各種各樣的風險，並且給它們一點短評。

◎爲人所知的風險

一、核子戰爭。如何製造核子彈的知識，是無法消滅的。小國家、恐怖份子以及想要勒索世

界以使自己更富有的富裕型罪犯，已經可以買得起非常具有毀滅性的炸彈。生產的成本正不斷下降，而世界上就有許多擁有好幾十億美元的人。大規模核子毀滅的後果如何尚不為人所知：放射線會使全球中毒？因灰塵和煙灰遮蔽陽光造成的「核子冬天」，會使各處的溫度急遽下降？樹木和花草會因而死亡？與海洋浮游生物的死亡有關嗎？

二、生物戰爭或恐怖主義或犯罪行為。生物武器事實上可能比核子武器更為危險，它們的成本較低，其毀滅的範圍將由於它們是自我繁殖的生物體而難以掌控。

三、化學戰爭或恐怖主義或犯罪行為。

四、氟氯碳化物或其他事物破壞臭氧層。紫外線到達地球表面的量大增；癌症猖獗？樹木、花草、浮游生物死亡？

五、「溫室效應」：由於大氣中二氧化碳、甲烷和其他氣體的累積，進入的放射線較不容易再輻射回到大氣之中，於是地表的溫度升高。由於正回饋的效應，可能會失控而具有破壞性。譬如，北極的凍土溶化的濕地，釋放出許多二氧化碳和甲烷，因而加速溶化更多的土壤，而這個又造成更多的釋放。二氧化碳在上升（一般以為非常不可能）到百分之一的程度時，地球不久便會變成像其鄰居金星一樣。在金星上，溫室效應的溫度足以融化鉛。在地球上，這樣的溫度可能接近水的沸點。

六、因污染而中毒。污染已經很普遍。譬如可以在衣物上造成小洞的酸雨。每一年，有數百

種新化學物質進入環境。它們的效應往往不容易預測。誰會想到殺蟲劑DDT需要禁用，或你腋下的噴霧除臭劑可能會破壞臭氧層？污染尤其可能會影響精子或造成癌症，許多湖泊中的魚都已受到污染之害。同樣的惡性循環：中毒環境的腐爛滋生更多的毒物；而當失控的人口成長同時要求一定的生活水準時，至少就短期而言，嚴重的污染似乎無法避免。

七、疾病。如中世紀的黑死病，疾病可以橫掃其下很大比例的人口。由於空中旅行的頻繁，疾病現在可以很快的傳播到世界各地。許多的疾病至今無藥可治。每年殺死三百萬人左右的肺病，最近衍生出可以抵抗所有已知藥物的菌種；而抗生素對病毒而言是無效的。

◎經常為人所忽略的風險

第一組：天災

一、火山爆發。有人說恐龍之死，是由於火山爆發。爆發所產生的火山灰可能會造成「火山冬天」，而非戰爭所致的「核子冬天」。

二、小行星和彗星的撞擊。恐龍之死，大致是由於小行星。因一次毀滅整個洲的碰撞而死的可能性，大於贏得一個樂透大獎的可能性。你因這樣碰撞而死的機會，據估計爲二萬分之一。如果宇宙中存在著許多其上有生命的行星，則或許它們大多數在智慧型生物可以演化出來以前，便已遭受到災禍性的撞擊。

三、由於通過星際的雲層而會有一次極端的冰河時期嗎？即使雲層的密度大小不能直接減少到達地表的太陽光線，但其轉化爲帶電粒子的「太陽風」還是可能有劇烈的氣候變化，但是在接下來的幾十萬年間這是不大可能的。

四、一顆附近的超新星——一次相當於含量爲十萬兆兆百萬噸氫彈威力的星際爆炸。

五、當黑洞完成其發散（霍金（Stephen Hawking）所發現的一個現象）或兩個黑洞、或兩個恆星的合併，或一個黑洞和一個中子恆星的合併，所造成天文學上所謂大規模的爆炸。

六、「混沌理論」所檢視的「一個複雜系統基本上不可預測的瓦解」。這個系統可以是地球的生物界：其空氣、土壤、水及其生物以高度錯綜複雜的方式交互作用。如果時間拉得很長，則它可以是太陽系的本身，因爲行星的運動可以很混亂。

七、我們不知道的某件事情。若認爲我們已預見了所有可能的災禍，這種看法就太愚蠢了。

第二組：人為災禍

一、不願意生育子女？雖然有人提到它是一項危險，可是大家不容易認眞面對它。即使只有一萬人想要子女，他們的後裔不久也會擠滿地球。不過，目前有些富有的國家人口還是在萎縮。

二、來自基因工程的災禍。這或許是一場「未成熟技術下」的廢物之災禍，一個由基因工程所創造的生物體，以極大的效率自我複製，而使其他生物無生存之餘地？或者是牽涉到入侵人體的生物體之災禍？一九九三年十一月二日，多倫多的《地球與郵遞報》（*The Globe and Mail*），在頭版報導說（但沒有提到可能的意外事件）：「在聖路易市的華盛頓大學（Washington University），對於沙門氏菌作基因上的修改，以致引發了無害的暫時性腸炎傳染。但這種腸炎誘發出對抗精子基因組成的抗體，使精子基因組成的一部分接合到細菌的基因上，造成接受到此精子的婦女不育。口服劑這種「節育疫苗」，便可以阻止受孕達幾個月或更長的時間。」據報上所載華盛頓大學的研究人員說：「這個效應是可逆的。你如果不繼續服用這種『節育疫苗』，則大約在一年以內，便可再懷孕。」但是如果一個人因別人的感染而得到這種節育疫苗（不論是第幾次），則又如何？畢竟，沙門氏菌是今日全球性感染的主要原因。或許最初在基因上改變的細菌不會引起這樣的問題，但是如果它們在遺傳學上發生演化又怎麼辦？而且，世界上如果某一大區域的婦女，由於不斷再互相傳染而永遠受到感染則又該怎麼辦？

三、毫微科技所造成的災禍。在一次「灰色黏性體」的災禍中，非常微小的自我繁殖機器（透過費曼（Richard Feynman）所啓發的研究，很快便會發明出來），或許會在一個月之內散佈到全世界。

四、與電腦有關的災禍。電腦所挑起的核子戰爭是一個最常被討論的課題。但是，取而代之的議題是今日對於人類日常生活非常重要的電腦網路本身的瓦解。而若干作家曾經預期電腦很可能將取代我們，如果不是（一）、由於鄰國間競爭無意中產生的結果——這些國家的生產方式逐漸地被電腦所控制；就是（二）、因爲在無意間將設計電腦的任務交給電腦本身；或是最後，（三）、由於科學家有意的計劃。這些科學家視先進電腦的生命和智慧，比人類的生命和智慧更爲優越——也許因爲它可以將死亡無限延期。（當然這第三類的可能性會不會是「一種災禍」，要看那些科學家本身的觀念是否正確而定。如果先進的電腦或許在人腦與電腦密切合作的初期繼承了許多人類的特徵，則這能不能稱作「人類的滅絕」，就是個值得探討的話題了。）

五、科技中對於人類存活非常重要的一項（或許只是農業科技）所引起的其他災禍。很危險

的是，現代的農業須依賴會造成污染的肥料和殺蟲劑，也依賴愈來愈少的基因品種。混沌理論警告我們，任何複雜的系統，尤其是牽涉到以複雜方式交互作用的新科技系統，可能會以不可預測的方式瓦解。美國廣大區域的停電和通訊系統的故障，有助於說明這一點。

六、要在實驗室製造一個新「大霹靂」嗎？物理學家已經研究這個可能性。一般的說法是，必須將大約二十公斤的物質（或與其相等的能量）壓縮進一個小容積之內才有這個可能。但是宇宙學家林德（Andrei Linde）曾經寫信告訴我正確的數字是十萬分之一克。不過，壓縮力確實很巨大，而由這樣的方式所操縱的「大霹靂」，可能會膨脹成它自己所處的一個空間。對我們而言，我們所製造的，看起來只像一個微小的黑洞。

七、造成一次完全毀滅的「過渡狀態」（類似將水轉化爲冰）的可能性，可能更爲嚴重。一九八四年時，法希（Edward Farhi）和傑夫（Robert Jaffe）說，物理學家可能會生產出一種「奇異的夸克物質」，它吸引一般物質，將它們變成更多的自己，一直到整個地球均被轉化（「吃下去」）。然而，一般卻以爲奇異的夸克物質相反地會排斥一般物質。相形之下，與極高能量實驗有關聯的，可能是事實上存在的眞空亞穩定狀態危險（vacuum meta-stability danger）。我們所生活的空間可能是在一個「假眞空」狀態，其中充滿一個力場（技術上來說，是一個無向量場），它好像是一座直立的雕像，小震動不動，大震動則會傾倒。如果一項高能量實驗的震動產生一個「眞空」的泡沫，那麼這個便會以近光速的速度擴張，毀滅一切，正如一個微小的冰晶體將大容積的超冷水轉化爲更多的冰晶體一樣。只要我們的實驗保持在宇宙射線碰撞後達到的能量之下，我們便可平安無事。許多人認爲我們永遠達不到這樣的能量。但是施拉曼（David Schramm）和前芝加哥的國家加速器實驗室主任（Director of the National Accelerator Laboratory）、諾貝爾獎得主勒德曼（Leon Lederman）於一九八九年時即曾寫道：有了這種非常先進的科技，我們到二〇〇〇年便可以提早達到這樣的能量。

八、被外星人殲滅。外星人或者是故意的，或者是透過上述的眞空亞穩定狀態所造成的災禍——是由他們高能量實驗所產生的災禍嗎？我們尙未發現一個外星人，但是到現在爲止我們搜尋的方法都是十分原始，所以我們還沒有機會找到一個像地球般的文明，即使它就存在於最近的恆星上也一樣。不過，在設法解釋「大寂靜」（Great Silence）（甚至未能接收到來自非常進步文明之強力發射器的無線電波傳送）時，若干科學家說，或許因爲害怕吸引敵人的注意，大家都只在接收，而沒有人在發送無線電波。外星人可能將我們視爲威脅（譬如可能將我們看成是製造眞空亞穩定狀態的災禍者）。他們或許透過偵測到艾瑞西保（Arecibo）無線電望遠鏡所發送的脈衝，而首先發現到我們的存在；這架望遠鏡所發送的脈衝將在此後的四十年間到達六千萬個恆星。他們或許也偵察到我們的

軍事預警雷達。不過，或許外星人的智慧很少進行進化，而且即使進化了，也幾乎總是很快自行毀滅（請注意：一直到我們的望遠鏡可以探測到的遠處，根本不會有任何生物存活在被其高能量實驗擾亂亞穩定眞空的環境中。總之，除非這件事發生得很晚，以致於沒有足夠的時間將訊息傳給我們，否則根本不可能會有外太空生物在此事件後存活。因爲當這個訊息傳達到它們所處的位置時，所有的生命說不定都已終結）。

九、某件我們所不知道的事。我們不可能想像到科技的進步所帶來的每一種危險。

很顯然地，上述許多危險並沒有確切的證據。然而，我們也沒有確切的證據說它們不存在。關於大部分這樣的事情，我們只是在暗中摸索。

◎來自哲學論證的風險

與這一類有關的各種風險將在第四章及第七章中討論。

一、與宗教有關的威脅，往往可以稱作「以哲學爲根據的威脅」，不過有時它是很不好的哲學。譬如說，選擇某位相信「不論任何人做什麼事，世界不久都會在『審判日』結束」論調的政客來擔任環境部長，可說是一件危險的事。同樣地，選擇某位覺得「上帝會保

佑我們的世界永遠安全，而如果我們毀滅它，祂便會創造任何數目的其他世界來取代我們的世界」的政客爲環境部長，也一樣不妙。

這不是在抨擊宗教的「世界模型」或「目前尚有無數其他世界（或曰『宇宙』）存在」的說法。在我所著的《價值與存在》（*Value and Existence*）一書，以巨大的篇幅爲一個以上帝爲抽象創造力量的新柏拉圖概念（或以上帝爲一個創造世界的個體，其本身存在的理由是新柏拉圖式的概念）辯護。因爲這樣一個個體的存在是因爲祂應該存在，也就是說，神聖的存在具有所謂的「創造性倫理需要」。換個說法，可以說世界的本身具有這樣的需要。《大宇宙》（*Universes*）一書和我其他的著作再度爲這些構想辯護，也爲或許是神聖衝動、或許是由於盲目的物理機械作用，或「有許多個世界存在」的構想辯護。不過，我們無法知道上帝或關於多重世界的理論是否正確。我們完全不確知是否會有其他的世界來彌補我們這個弄得亂七八糟的世界。

二、叔本華式的悲觀主義。叔本華（Schopenhauer）曾經寫道，如果我們的這個行星像月亮一樣是一個沒有生命的物體就好了。在批評宗教的時候，許多作家非常重視「罪惡的問題」（例如，毒蛇、地震、瘟疫、癌症、納粹的集中營等的存在），使他們在事實上同意叔本華的看法。這種看法與認爲我們應當使地球上無生命的想法只差一小步。

三、道德相對主義、情感主義、約定俗成主義及其他的學說，否認有任何「眞正」值得奮鬥

的事情——所謂「眞正的」，像是二加二「眞正」等於四，或非洲「眞正」是比冰島大。（一）、相對主義主張：譬如，爲了取樂活活把人燒死，只有相對於特殊的道德規範時才是壞事，就好像把舌頭伸出來在西藏是一種禮貌的打招呼方式，而在別處卻代表粗魯無禮一樣。（二）、情感主義主張：說燒死人「眞正壞透了」，並不描寫燒死人習俗的事實；相反地，它只不過表示眞正的厭惡。（三）、約定俗成主義也同意它並不描寫事實。「燒死人不好是一個事實」只表示「我藉此規定沒有人能燒死任何人」。（四）、最近一個爲人稱道的學說主張：我們之所以有不能燒死人的責任感，是由於我們將社會上約定的規範「內化」的結果。（試想一個英國人，他換上晚禮服後，在叢林中獨自吃一頓飯。）通常，在這樣一個制度中，是你希望別人和你自己打交道時會遵守的。如果你不眞正將這個制度內化，經由實際的選擇使它控制你的行爲，那麼其他的人便會發覺你對此制度缺乏熱誠而躲避你。這又是一種典型地拒絕有事實存在的說法，像「燒死人眞正是錯的」這樣的事實，不管是否能證實它，它就是存在於這個世界——是不爲這派學說所接受的。

這些只是各種哲學學說的諷刺嗎？恐怕不是。它們是眞正的學說，受到廣泛的支持與辯護。誠然，爲它們辯護的人往往是熱誠而仁慈的人（沒有任何心理學的規則主張，只有當一種行爲方式是大家認爲「事實上眞正好的」時，他們才能對它熱衷——所謂「事實」

是與二加二等於四一樣眞實存在）。可是，如果你接受任何一項這樣的學說，那麼便不易說明爲什麼你應該忍受身心的痛苦，或許是抗拒折磨或極大的引誘，以求自己仍然是一個仁慈的人。因爲如果你讓一千萬人去赴死只爲了你自己停止受折磨，這有什麼眞的不對？這是一般人所謂的「眞的不對」，而並非那種「眞正是我所指的規避」。

請注意，在面對海布朗納（Robert Heilbroner）的問題（遙遠未來的人做了什麼對我有益的事？）時，強調以牙還牙的內化（你在和我打交道時，將某種行爲的規則內化，我在和你打交道時也一樣）的契約式立場，便有了問題。

四、「否定功利主義」主要或完全是關於減少邪惡行爲而非將財貨增加到最大程度。如果人類繼續下去，幾乎不可避免的，每個世紀中至少會有一個不幸的人。因而，斷言這樣一個人的苦難「不該用以換得其他人的幸福」，並且下結論說停止生育子女是道德的，這些說法聽起來似乎是高尙的，但這種思想方式的危險性在於無法被反證其錯誤。

五、有些哲學家只將道德加諸於那些已經活著的人或者是那些將會出生的人身上。因而（一）、如果發現有孩子是一件麻煩的事，則維持人類的生存就不是一種責任。（二）、事實上似乎有讓人類走向滅絕的道德寓意，因爲生育快樂子女的責任，無法抵銷不生育痛苦子女的責任。俗語有云：「不生一個人下來並非對他不公平。」

六、有些哲學家儘管認爲，尊重「不可剝奪的權利」即使會造成天崩地裂，也必須永遠予以

尊重（這或許是「父母隨自己的意願盡量多生孩子」的權利——不論人口過剩是否會使大氣不能呼吸）。

七、囚徒困境。你在自問是否依靠別人的合作時，可能會遭遇到這個情形——許多人似乎對於以一種特殊的方式處理某種困境，太過自信（譬如，在核子戰爭的邊緣，兩個國家可能需要互相信任以便保持消極態度而不先發制人）。哲學家們相當權威的說法是，不合作行爲的利益，應該永遠主宰任何無意自我犧牲者推論式的想法。

八、「報復的公正性」或「合理的一致性」。有些哲學家主張以報復做爲威脅的手段（如以發動一次核彈攻擊做爲報復手段），不論是否有人會因此得到好處，都可說是正當的。

有人說殲滅地球上所有的生命並非一個大悲劇。他們說，其他的智慧生命不久便會在某個地方演化出來，而這些生命而後會散播到銀河各處。但是這個說法所忽略的是，即使在理想環境的行星上，我們對於是否會演化出智慧型生命，也幾乎一無所知。如果地球上的生命不久就會結束，那麼不僅是銀河，整個宇宙或許以後均永無生命可言。

我們的銀河似乎不大可能有許多進步科技的文明，因爲如費米（Enrico Fermi）所云，果眞如此，如果不是透過他們的無線電訊號，或是地球眞正被他們所殖民，我們也可能會見到他們確實存在的跡象。畢竟，如果人類存活下去，在幾百萬年之內，人類將會殖民整個銀河系。

應注意的是，根據觀察而選擇的結果，有助於解釋我們何以存活到今天。譬如，我們不可能覺察我們是在一個疾病和小行星的撞擊已經滅絕了所有智慧型生命的行星上，即使大多數這樣的行星上已有生命的演化。智慧型生命不可能發現他們所在之處並未存在著智慧型生命！當然，依據觀察而選擇並未使我們知道自己身處何處。儘管如此，在某種意義上，它們有助於去做解釋而使問題不再充滿神秘性。

我們前面既然已談到某些風險會是什麼，現在可以回到卡特的「末日論證」，認爲它們比原本所想像的更爲危險。請記住，「末日論證」是說：我們無法期望自己在過去、現在和未來出世的人中是最早的——譬如是在最早的百分之〇．〇一之中。然而，說我們是在最後的百分之十之中，也不會太令人驚訝。如果人類不久便會滅絕，我們便會是在最後的百分之十中（在所有曾經出世的人類中，由於近年來的人口成長，有相當大的部分此刻是活著的）。假設你突然注意到這一點，那你可能會比以前更傾向於預測「人類即將滅絕」的想法。總之，這就是卡特所提出的看法。

假設在我們宇宙的歷史中會演化出數百萬的智慧型種族，在所有的智慧型生命中，他們其中有相當比例的成員並不會發現自己是在迅速成長的種族中——這些種族已快要滅絕，因爲他們以新的化學物質毒害自己的環境、發展新的戰爭形式，或者濫用使他們迅速成長的科學？卡特的推論法，提供我們更多認眞面對這些問題的理由。

世界末日及人因原則

卡特的推論中，特別以「人因原則」（anthropic principle）著稱。這個原則提醒我們：觀察者（如人類）只能存在於可能有智慧型生命的地點與時間內。觀察者不可能身在太陽的中心，或在一個溫度極高的「大霹靂」發生時最初的幾秒鐘裡。他們甚至不可能生存在宇宙存形成時最初的幾十億年。在智慧型生命出現以前，可能需要幾十億年的演化。

卡特的人因論之主張往往讓我們相信：我們在空間和時間上的位置事實上是不尋常的。在我的《大宇宙》一書中，曾以許多例子說明這一點。在我所編的《物理宇宙論與哲學》（*Physical Cosmology and Philosophy*）中，若干撰稿者也曾討論到這一點。

一、譬如，假設在我們的宇宙中幾乎沒有任何行星。可是如果智慧型生命只能由行星上出現而不能由恆星內部或在星際中某個空間出現，那麼你、我還是會發現我們是在一個行星上，或者至少我們最初的祖先乃從一個行星上演化而來。

二、假設我們的宇宙在宣告結束時，只含有一個相當狹窄的時間之「窗」，在那個「窗」內才存有智慧型生命——或許因為較早期的溫度太高，而較晚期的溫度又太低，所以生命無法存在。那麼，你和我只能發現自己是在那個狹窗之內。

三、再者，如果大宇宙包含幾十億個龐大區域，這些區域大致或完全的彼此隔離，因而或許可稱之為「小宇宙」吧！如果這些小宇宙中只有六個允許智慧型生命演化出來又會如何？我們必然會存在於這六個小宇宙之中的其中一個。（卡特「人因論」的重要性，來自最近的三個發現：第一，物理作用可以導致無數宇宙存在的說法被認為是合理的；第二，宇宙間的基本屬性可預期是隨意的不同；第三，我們宇宙實際的屬性似乎非常適合智慧型生命的演化。）

看來我們可以有理由相信，我們所處的實際地點和時間，以及我們的宇宙，都是相當不尋常的一種。如果智慧型生命只能在稀有和不尋常的情形下存在，那麼卡特的「人因論」提醒我們，我們對自己身處於目前這種環境之下，一點都不應感到意外。我們不可能在別的地方發現自己。

然而，雖然「人因論」因此使我們認為本身的處境是稀有和不尋常的，可是這個理論可能同時干擾我們，而認為我們的處境不比生命和智慧存在所需要的條件更為稀有和不尋常。它使我們認為至少在各種智慧型的觀察者可能存在的各種情形之下，我們的處境是相當平常的。採用「人因論」推論法的人，可以不考慮生命和觀察的絕對先決條件是什麼，而只要問一個觀察者的處境可能是什麼即可。

譬如，假想在所有的觀察者之中，百分之九十九的體溫是在水的沸點之下，那麼你便會認爲你自己的環境在這樣的溫度以下是不足爲奇的。有一個原則是說，你與我在宇宙中出世時的時空位置，單是以「你是一位智慧型的觀察者」這方面來說，是極具特殊性的。高特（Richard Gott）覺得它很有用。他說，如果沒有相反的證據，那麼你應該假設「你在智慧型觀察者之間的位置不特殊，而是隨便挑出來的」。這一條思路使他推論出他自己的「末日論證」說法。他在發明這一論證時，並不知道卡特已先發明。不過，這兩位傑出的宇宙學家能獨立推論出同一想法，是不足爲奇的。在宇宙論這一門學問中，機率論的主張，尤其是關於觀察者大約位置的機率論之論證，往往是非常重要的。

高特在一九九三年七月二十七日的《紐約時報》上，答覆藍納（Eric Lerner）某些無的放矢的挑釁批評。藍納說以他自己爲例來說明，他是不能被視爲偶然的。高特的答覆是：「這話很奇怪，因爲我的論文提出一些預測，而這些預測用在他身上都是對的，也就是說，很可能（一）、他是在電話本中的百分之九十五；（二）、他不是在一月一日出生；（三）、他出生在一個人口大約六百三十萬人的國家；以及最重要的，（四）、不是出生在過去、現在和未來出世的人類中倒數的百分之二．五（因爲自他出世以來，許多人已出世）。藍納先生本身所具有的隨機性可能比他自己認爲的還要高。」

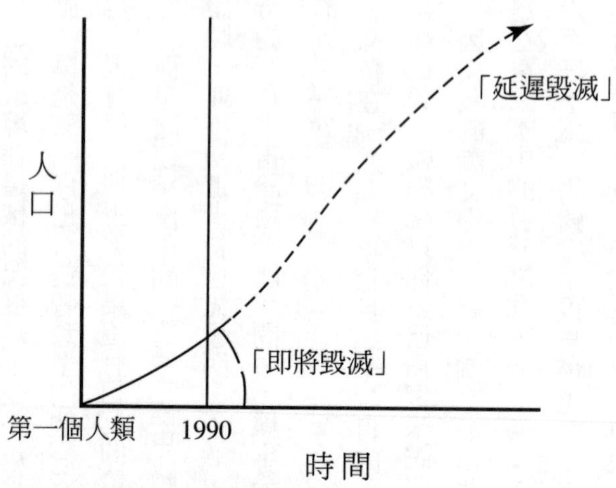

圖一　如果人類的命運還有許多年，並殖民銀河系，你還能指望早在紀元二〇〇〇年時就發現自己嗎？

（出處：Reprinted by permission of Springer-Verlag from J. Leslie, "The Doomsday Argument", *The Mathematical Intelligencer*, Vol. 14, No. 2 (1992), pp.48-51.）

英國宇宙學家史蒂芬．霍金最近指出下面這個引人好奇的事實：在任何夠龐大的宇宙中，少數的觀察者可以不要任何演化上的初步行動也可以存在。爲什麼？霍金說，因爲黑洞不是完全黑的。黑洞隨機地放射各種微粒。因而，在足夠大的一處黑洞聚集處，某些黑洞遲早會釋放出例如剛好會形成一本書的物質微粒，或者乃至你想說的任何特殊的一種書——或許包括所有的莎士比亞劇作。這便好像是說一隻猴子隨便打字遲早會打出一首十四行詩來。一個黑洞可能釋放出的另一件東西（好幾個夠多的黑洞實際上會釋出這件東西），會是一隻猴子

——一個相當原始的觀察者。然而，不論我們的宇宙中有多少個黑洞，根本沒有任何觀察者應該去預期他是由這個古怪方式出現的。

卡特說，類似的道理，任何觀察者也不應預期他在他自己的物種中出現得異常之早。先是卡特而後是高特發明的「末日論證」，正是這個簡單的論點。

人類已存在了許多萬年，因而如果人類在十萬年後結束，那麼，如果我們就一個普通的時鐘來說，你和我並不特別早。但是如果我們就一個其指針是每當一個人出生便向前走一刻度的人口時鐘來說，那麼我們出生得異常得早，就顯而易見了。雖然每一個人無可避免地在許多方面都有其獨特之處，可是當各種似乎可信的理論找到我們的一般性時，將不再使我們自視爲十分特別了。而當我們考慮到核子戰爭這樣的事時，人類的歷史似乎不久便會結束嗎？我們在其間的處境不是因此眞的相當一般性嗎？如果卡特和高特是對的，那麼人類再存活許多世紀的機會便得從新的角度去看（參看圖一）。考慮到我們在時間上觀察到的位置時，我們應該重新評估我們這個物種所面臨的各種危險。

末日論證容易駁斥嗎？

卡特已經在其他陣線上嚴陣以待。他只是在演講和討論會上提出世界末日的說法，而從來未予以印行。然而，我的論點則在《大宇宙》第二一四頁的一個註解中予以發表。自此之後，我曾在若干論文中對它做研究。這個說法果眞是會引起爭論的。然而，到現在為止，我只找到一個懷疑它的好理由。假設基於量子物理學的理由，那麼這個宇宙是非常難以預測的。同時假定這種不可預測論影響人類將存活多久，對於它將存活多久，現在還沒有任何確切的事實；或許在現世存在，或是在任何十分瞭解世上微粒排列的人所可預測的理論中。如藏起來的撲克牌中有一個固定數目字的事實（一個你預側的數目字），或者在你的名字已經由一個樂透箱中抽出來以後，尚有好幾個或正好六十個名字等待抽出來的情況。可是，我認為為了眞正能順利將此說法推廣出去，世界末日的主張的確需要這種確切事實的存在。

不過，即使這種推廣不是那麼順利，世界末日的主張還是具有相當的重要性。尤其，它可以使人嚴肅地去思考人類大約還會存活幾千年的理論。任何相信不可預測因素——就是說什麼事「很可能發生」的人，必定會說那些因素不大可能防止其發生。

有不少人曾經提出不相信「末日論證」的許多理由。至少有十幾次，我也曾設想出一種似乎對它具有決定性的反駁。不論你對這樣的反駁多麼自信，還是要對它們抱持懷疑的態度，要知道可能性的理論充滿陷阱。不要完全相信湧上心頭的第一個「使人眩目的」明顯反對意見。目前，某些好頭腦都在用力思索「末日論證」。不過，大家現在似乎可以看出，任何簡單的反對說法尚不能駁倒它。

如果它被駁倒，那麼所有的人因推論法（讓人注意到一個觀察者可以預期自己身處什麼時間和什麼地方的推論法），都會有很大的麻煩。如前所述，觀察的先決條件很少是完全確實的，觀察者很可能在大霹靂的早期存在，是黑洞所隨機釋放出的微粒所構成的樣式。因而，使用人因原則的人會問到一個觀察者在空間和時間的「可能」位置。大多數對於「末日論證」的批評，其處理「在時間上可能位置」的方式，在某方面無法令人有動機想去處理「在空間中可能位置」的想法。這與整個人因推論法的傳統牴觸，後者在時間和空間的看法較佔優勢；而且在此也看不出反對傳統的任何正當理由——換言之，我們一度做出重大的讓步，說未來可能是非常難以預測的，這樣的說法將導致「末日論證」被削弱，不過不會被擊倒。

讓我們看看一個非常普遍的批評。由於任何一個人口稠密的遙遠未來的人尚未存在，因而我們不會發現我們是在他們中間——就好像我們可以發現自己是在某個人煙稠密的城市，而非一個微小的村落一樣。我們是在現在思考「末日論證」，這表示是在公元二千年前後。我們知道我們是在公元二千年前後，不論我們以後會有多少人存在的理論是什麼，我們對這一點是有把握的。因爲我們生活在公元二千年，我們可以說人類到此爲止平安無事，但是不能說它還會存活多久。針對人類迎面而來的風險，我們所擁有的證據是由公元二千年前後得到的證據，不是幾千年以後所蒐集到的證據。

不錯，這些評語都是正確的，可是它們如何能使世界末日的主張失效？卡特不懷疑公元二千年前後便是現在，而且他具有百分之百的可能性眞正是在這個時期附近。他自問下面的問題：如果只有極小部分的人會活在未來，那麼身爲一個人類觀察者，一個人怎麼有可能會在那兒發現自己？當然，你和我的人生在所有現在活著的人中並不是特別早，更不用說在古往今來所出世的人中，但是一直堅持這點卻會錯過卡特的論點。

抗議日後的人尙未活著是無用的，我們可以用一個故事說明。假想一個實驗計劃如下：在某一個時候，有三個人，每人可得到一塊翡翠。幾世紀以後，當一組完全不同的人活著的時候，五千人每人得到一塊翡翠。接下來再假想你在這個實驗中得到一塊翡翠。然而，你不知道你身處的時代是當時只有三個人在這個處境之下的較早世紀呢？或是有五千人存在於這個處境之下的較晚世紀？你會對自己說如果你的世紀是較早的世紀，那麼那五千人尙不會活著，因而你不會有機會是他們之中的一個？以此爲根據，你會下結論說你不如打賭你是生活在較早的世紀嗎？

假設你事實上賭你是住在那兒。如果在這個實驗中，每一個得到翡翠的人都這樣下注，那麼

便會有五千個輸家和僅僅三個贏家。因此，明智的賭法是賭你在這兩個世紀中較晚的那個世代。

如果你不確知這個實驗的計劃是否要求在後面一個世紀的人比在前面一個世紀的人得到翡翠的人數爲多又怎麼樣？如此一來，得到一塊翡翠這件事，便是賭你住在較後一個世紀較弱的理由。如果你接下來知道你是在較早的一個世紀，那麼這個新資訊便會更令你懷疑更多的翡翠或任何翡翠將在後面一個世紀出現的理由。自始至終，當然從未生下來的人不會觀察任何事物。但是這項眞理是完全無關緊要的。

再舉幾個企圖反駁的說法

「末日論證」相當簡單明瞭（所謂「我們應該傾向於不相信任何說我們是很早就存在的人類之理論」，並不是一種非常困難的想法，不是嗎？），也可以使這種論證看上去是很複雜的，以抵擋無數的批評。由於因此而牽扯在內的問題錯綜複雜，留待本書第五章及第六章中再徹底加以討論。

不過，許多人還是想直截了當的知道他們自己令人目眩的反對意見何以會有誤差。下面馬上介紹各種常見的反對意見，以及我們可以如何作答覆。

一、不要反對「你的遺傳因子必然是只能於接近公元二千年所見到的那種，而因此你只能存在於那段期間前後」。因為卡特所問的，是一個人類觀察者發現自己是身處於公元二千年前後，並且因此而有那個時期典型遺傳因子的可能性有多大（在那個關於翡翠的故事中，假設了那個較早世紀的遺傳因子與那個較晚世紀的遺傳因子有顯著的不同。那個故事的力量依舊，不是嗎？你會有相當堅定的理由猜測你的遺傳因子是有五千塊翡翠那個世紀的典型遺傳因子）。

請不要抗議「正好在某個日期就是你這個人出世的機會，不可能因為有多少其他人在日後出世的任何事實而提高或降低」。比較下面的抗議：「許多人在家中出意外的事實，如何促成正好是我這個人在一九九五年三月十七日由樓梯上跌下來這件事？」（我們絕不可視這是其他人的意外事件而可能造成你特殊意外事件的事例。相反地，它只是有一天從樓梯上跌下來而沒有什麼神秘可言，是件意料中的事。）

二、「末日論證」是關於機率的一種主張。假設你知道你的名字是在一個樂透獎箱中，但是不知道箱中還包含多少個其他的名字。你估計有一半的機會它包含一千個名字，有一半的機會它只包含十個。而後，你的名字出現在由箱中抽出的前三次。你不是有很堅定的理由去修改你的估計嗎？你不應該認為箱中有另外九九七個名字待抽是很不可能的嗎？不要抗議「你出世的時間是藉一個樂透獎箱之助決定的」。否則你便忘了樂透獎箱的比

喻在統計學中許多方面是頗受肯定的。再者，人的出世可能眞正是機率主張的事（你不是出生在九月二十五日上午十一點與正午吧？）。

再者，不要以爲每一次樂透獎都由某人贏得這一點有什麼了不得。假設你在一場賭注爲一百萬美元的撲克牌局中看到一手十三張黑桃的牌，你會只是對自己說手上的十三張牌全是黑桃是不可能的，而任何眞正一手牌不會永遠是黑桃吧！如果你在一開始的時候認爲被騙的可能性有百分之五十，你不該更相信這個情形有欺騙的成份嗎？即使你在一開始的時候認爲它的可能性只是百分之五，你不會願意這麼相信嗎？

三、不要形容「世界末日的主張是想由『紙上談兵』中預言未來的人類將只和到今天以前出世的人那麼多」。這個主張不否認我們可以有很好的理由認爲人類會有一個很長遠的未來（如果你在一開始的時候幾乎確定一個有你的名字在內的樂透獎箱包含總共一千個名字，那麼即使你的名字在前三次中被抽了出來，你可能還是這麼相信。不過，你應該不像以前那麼深信不疑了）。

四、不要反對說：「任何石器時代的人如果使用卡特的推論法，也會被誤導以致下結論說人類不久將結束」。對於這個反對意見的答覆，其中一個是：石器時代的人沒有面對因一次人口激增而造成的污染危機。另一個答覆是：如果隨機論推理法在某個剛好是在不像會發生任何危機下的人的心中，會引發出一個錯誤的結論（譬如，一個是在所有過去、現在和未來生下來的人中最早的百分之一或百分之〇．〇一或百分之〇．〇〇〇一的人），這就不是它的一個缺點。（「由於世界末日的主張可以用在人類歷史的任何一點上，而在大多數的點上，它眞的會失敗」，那麼世界末日的主張便會失敗嗎？我們必須記住的一件事就是，對那些在人類歷史中大多數點上的人來說，因爲向他們預言錯誤而「失敗」的推論法，對於如果在人類滅絕以前不久，人口數迅速膨脹而因此可以用到它的大多數人來說，還是可以提出正確的預言。不過，要記住，世界末日的主張只是一種將風險估計向上修正的論證。它或許不會做出「即將毀滅」這麼強有力的預言。因而，自石器時代以來尚沒有災禍發生的這個事實，其本身不能確定這個主張是否曾經在任何意義上失敗過。）

五、不要反對說：「如果宇宙包含兩種人類，一種異常持久以及將要殖民銀河系，另一種活不了多久，而如果這兩種人的人口數目在譬如公元二一五〇年以前完全一樣，那麼發現你自己是在公元二千年前後並不能提示你——你是屬於哪一種人類」。對於這個反對意見的答覆是：在這個奇怪的設想情況中，某個人很可能在公元二一五〇年以後是在異常持久的種族中——但你與我卻不是。

六、不要反對說：「誕生在一個異常持久的人類的機會較大，而這些機會正足以彌補誕生在人類歷史早期的較少機會」。對於這個反對意見的答覆是：這件事在一個活不了多久的

人類中，是沒有什麼「必然地不可能」。（假想如果過去、現在和未來只有十個人生下來，你對於發現你是這十個人中的一個人，會感到特別意外嗎？不會。因爲只有出世爲人的人，才會發現他們自己是什麼角色。）

七、不要抗議說：「關於整個人類人口總數的各種數目的可能性（也就是過去、現在和未來所有的人類的數目之可能性），我們除了完全瞎猜以外一點概念也沒有」。因爲我們當然可以很合理地說：「在考慮到世界末日主張以前，人類在公元二一五〇年之前滅絕的可能性至少是百分之二，而如果它在那個日期以前沒有滅絕，那麼它因在銀河系殖民而大爲成長的機會便可能很大。」

不只是「哲學上紙上談兵所推演出理論」可以鼓勵我們講出上述的想法。我們眞的可以有支持這些說法的證據。譬如，被污染毒害風險的證據，或核子或生物戰爭風險的證據。但是「末日論證」，像任何其他關於風險的主張一樣，也可以把減少風險努力的新證據考慮在內。由於它本身不衍生風險估計，因而不管實際經驗爲何，它並非是一種失望的說法。

本書第一章、第二章將詳細檢討我們所面臨的各種風險，以作爲評估其可能性眞正有多大的根據。第三章提出一些大致的估計數字。寫書評的人，在說本書預言「即將毀滅」以前，請先看看這一章，尤其是「嘗試推測整個風險」那節。

第1章 戰爭、污染、疾病

本章與下面一章中所列的風險，多到使人認為人類能存活這麼久，似乎是一件值得訝異的事。現在，它可能真的是令人訝異的（不過，當然人類如果根本不曾存活下來，我們也就不會在此觀察和討論這件事）。然而從另一方面來說，也許滅絕的風險到現在為止還算比較小。我們應該害怕的是各種危險突然的增加。

本章進一步說明導論中關於若干為人所熟知之風險的看法。人類的持續發展，受到各種因素的威脅，如化學、生物與核子戰爭；臭氧層的破壞與溫室效應造成增溫（可能是一種不能控制的效應，熱度的增加，釋放出愈來愈多的甲烷——強烈的溫室氣體）；陸地和海洋沙漠化及污染；生物多樣性的喪失及疾病。人口過多是環境惡化的主要原因，它也可能導致全球性的戰爭。

較鮮為人知的風險則在第二章中討論。如果有人傾聽哲學家的說法，有些哲學家認為人類的滅絕並非真正的災難。我們在此暫且不提他們所說的那些災難，那些說法留待第四章中去討論。

核子彈

一九五七年過世的馮紐曼（J. von Neumann），認爲將來絕對會有一場核子戰爭，而每一個人必然會死於這場戰爭。這話現在有什麼樣的力量？

毀滅廣島的那顆原子彈，大約是一萬噸級，也就是相當於一萬噸化學爆炸物——黃色炸藥的爆炸力。現代的「戰略」炸彈，通常比廣島原子彈的爆炸力強一百倍到一千倍。然而，到了一九九一年時，蘇聯已經測試一顆五千八百萬噸級（相當於五千八百萬噸黃色炸藥爆炸力）的炸彈，以後可能還有威力更大的炸彈。如果有分裂裝置加以觸發，一顆氫彈幾乎可以有無窮大的威力。在冷戰期間，美國與蘇聯各累積了成千上萬的實彈彈頭。世界上的核子軍火庫已有相當於一百萬顆廣島原子彈的威力，用薩干（C. Sagan）的話來說，「可以在一個懶洋洋的下午的每一秒鐘，打一場第二次世界大戰」。一九八二年時，「世界衛生組織」（World Health Organization）曾估計過，只要一場核子大戰很快就會殺死地球上一半的人口。

在此之後，蘇聯的崩潰會導致軍備的裁減。可是鈽這一必要成份的世界供應量，已穩穩上升到約兩萬噸，比使用於實彈彈頭中的鈽多十來倍。由商業核子反應爐的廢燃料棒中回收鈽，是一

個複雜的過程，但許多國家的科技能力都可以辦到。近年來炸彈設計的進步，使鈽可以用在具高度污染性的「失效」炸彈上。物理學家潘諾夫斯基（W. Panofsky）是「美國國家科學院」（US National Academy of Sciences）最近一次研究的主持人。他深信，即使出現的不是設計者所喜歡的鈽—239的一些同位素，炸彈還是可以使用這些燃料。雖然細節是機密，美國軍方似乎已經試爆了一枚由它所製成的炸彈；而且據說一枚與在長崎所投之原子彈威力相當的炸彈，只需要七千克這樣的燃料。然而，目前實彈彈頭所用的品質最優良的鈽，估計在公元兩千年時非軍方人士手上將會有二、三百噸。

像法國的超級鳳凰式快速中子增殖反應爐尤其會造成一些危險。亞當遜（D. Adamson）便指出：由於它們由鈾的最豐富同位素（不可裂變的鈾—238）產生鈽—239的效率，所以一個快速中子增殖反應爐，自每一噸鈾中所產生的電力，比一個傳統反應爐所能產生者多到六十倍，其結果是廢燃料棒中的能量，成爲世界上燃料資源的一倍。譬如在英國，它相當於全國的煤儲藏量。目前快速中子增殖反應爐所面臨的技術性困難，使它們所產生的電力昂貴，但是這個情形可以改變。可是雖然有些研究環境保護的專家，認爲可以取代傳統的核能，使其成爲較無污染性的能源，可是《歐洲能源》（*Power in Europe*）的編者荷姆斯（A. Holmes），卻告訴英國國會的一個委員會說，他從來沒有遇見過一個絕無妥協餘地反對快速中子增殖反應爐的環保專家，絕大原因是因爲它們的鈽可以非常容易地變爲實彈彈頭。

全面的核子戰爭會是人類的終結場嗎？可想而知，世界人口如果迅速喪失一半，人類便會再度回到石器時代的情形。那時候，我們的地球將只能供養五百萬左右的狩獵和採集者。屆時人類將和任何其他大型動物相似地面臨滅絕的命運。然而，他們更可能因輻射的效應而滅絕：癌症、因免疫系統的衰弱而造成傳染病的猖獗、或無數的先天性缺陷。對於健全環境十分重要的微生物來說，也可能因而死亡。薩干說，有些這樣的微生物可能是構成一個龐大生態金字塔的基礎，而我們人類在這個金字塔的頂端蹣跚而行。

即使有這些可能性，美國國家科學院的一個委員會仍於一九七五年時宣告：一場一百億噸級核彈爆炸力的戰爭，對於大多數生物系統的影響力最初會很小，三十年後可以略去不計。今日，這樣的保證已不再可信，因爲「核子冬天」的研究指出，其對於世界的氣候會有很嚴重的影響。

或許一億噸的灰塵會拋入空氣，而不久由森林大火、草原大火與城市中由核爆所引起的爆炸風暴所滋生的大約三億噸黑煙，也會進入空氣中。按重量來說，這樣的黑煙，在遮蔽陽光的效果上比灰塵大一百倍，其結果可能是全世界有許多天或許多星期呈現一片黑暗，而其後的許多個月或一年則會一片朦朧，氣溫可能下降攝氏十五度或更多。不過關於這一點，科學家尚未有一致的意見，有的說溫度會上升，而非下降。煙灰粒的形狀本身對於所產生的氣溫下降非常重要。令人鼓舞的是當恐龍死亡時，並非所有的哺乳類都滅絕。這個情形大概是由於有一顆小行星將大量的灰塵拋向大氣所致。但是我們可以明確知道的是，全面核子戰爭的後果非常難以預料（核子冬天或只是「核子秋天」？天氣變冷是在冬天以後終止，或持續許多個月？）。此外，核子在大氣上層爆炸，因燃燒氮所形成的氧化氮，也會構成危險。這些氧化氮將大規模破壞臭氧層。如此一來黑暗的結束正是紫外線灼傷大地的開始。

正如對於核子戰爭的後果不可確知一樣，對於就長遠來說是否可以防止這種戰爭的發生，也不可確知。蘇聯的解體並未使核彈消失。它只不過使一九九〇年三月的《原子科學家集刊》（*Bulletin of the Atomic Scientists*）封面上的「世界末日鐘」向後撥到「午夜前十秒」。一九九三年，在簽署核子禁試條約以後，這個時鐘曾往後撥到午夜前十二秒。雖然自從第二次世界大戰以後死於戰爭的人已超過二千萬，可是核子的和平，卻始終得以保持下來。但這主要是由於：（一）、對於彼此必然會造成破壞的恐懼，也就是交戰國的人口至少會死亡四分之一；（二）、「鬥雞的遊戲」——使對方相信自己爲了達成目的寧爲玉碎，不爲瓦全。最初的「鬥雞遊戲」，是兩部汽車在公路上的中央線上迎面駕駛，一直到其中一部因脫離中央線而敗陣下來。不幸的是，贏得這種早期鬥雞遊戲的最佳戰略，是將自己的方向盤丟出窗外，希望對面急速衝過來的汽車會及時注意到這一點，而不將它的方向盤也丟出窗外。在一九九二年的古巴飛彈危機中，有一陣子看上去雙方都已丟出其方向盤。據索忍瑟（T. Sorensen）的報告，甘乃迪總統（President Kennedy）曾經估計與蘇聯作戰的可能性一度上升到「三分之一到七分之一中間」。可是當時的國防部長麥納瑪拉（R. McNamara），卻判斷古巴的飛彈幾乎無法增加對美國的核子威脅。再者，當時顯然可

以使用的談判籌碼是，提取由土耳其撤退美國木星地對地中程飛彈（Jupiter missiles）。可是即使在蘇聯設法讓甘乃迪總統注意到這一籌碼以後，他也未使用它。這些地對地中程飛彈與莫斯科的距離，和古巴的飛彈與華盛頓的距離是一樣的。但是它們較後者更爲危險，因爲由發射到爆炸的時間縮短，使蘇聯不容易辨識出警報是假的，而根據「不用則廢」的原則發射其自己的飛彈。這些木星地對地中程飛彈，使原本情緒不穩定的蘇聯主席赫魯雪夫（Khrushchev）感到很不安，因爲他的避暑地點正在黑海的對岸。不管怎麼樣，出軌的汽車是赫魯雪夫的那部。

這種鬥雞遊戲的另一戰略是季辛吉（H. Kissinger）所提議的，也就是迅速而蠻橫的將汽車加到最高速，以致讓對手無法再做任何嘗試。另一個辦法是把自己的眼睛蒙起來，隨意地進出路的中央，這是斯吉林（T. C. Schelling）所提出，使用聽天由命的威脅之極端辦法。在宣稱這些戰略爲不道德以前，要先問問自己，它們是否能夠減少實際相衝突的危險。核子戰爭的研究正爲道德的似是而非說法所困擾。其中最大的一種反論，是關於（參看第七章）威脅或進行第二次攻擊（核子報復之舉）是否正當。在其他的反論中，許多人集中注意力於先下手爲強的事實，尤以敵方拒絕使用危險的發射警告以及「不用則廢」的策略時爲然。讓我們思考下面這幾點：

一、我們很可能認爲替自己的同胞建築掩體顯然是一件好事。可是一個國家有了掩體，便可能鼓勵其領袖先發動核子攻擊，因爲有掩體，他們的同胞似乎沒有什麼危險。同樣地，一個國家建築掩體也可以刺激敵國的領袖發動攻擊，因爲他們認爲對方的領袖即將發動攻擊。

二、表面上看，有品德的領袖只計劃有限度的戰爭（或者不用核子武器，或者只使用低火力的「戰場」機械），而不作全面的核子交鋒。這樣的計劃可以使人以爲冒戰爭的風險或開第一槍是能夠接受的事；可是在此以後昇高到全面交鋒便似乎不可避免。當溫伯格（C. Weinberger）擔任美國國防部長時，有人問他戰爭的昇高是否可以加以控制。溫氏回答說：「我完全不知道。」

三、發展高度準確飛彈（可以摧毀在其地下倉庫的敵方火箭而非城市中的平民），看上去似乎是人道的，可是這樣做也可能鼓勵開火（或許打第一槍的人，是因飛彈隨時可以架設而驚惶失措的敵人）。因而，美國陸軍長期持續設法改進飛彈的準確程度，是一件危險的事。美國海軍日後與陸軍合作、共同發展「一百米以內準確程度」這一件事更是危險，它表示鷹派戰略家的勢力上升。他們的理論是：衰弱的蘇聯，其對於美國初次攻擊的反應，只能使二百萬到一千五百萬之間的美國人喪生，而這一點使美國可以贏得這場核子戰爭。然而，問題在於蘇聯並非是能自我克制的國家，它也會盡量改良飛彈的準確程度。

四、現在至少暫時廢棄的「戰略防衛主動計劃」（Strategic Defense Initiative），也是同樣的情

形。這項由雷根總統（President Reagan）於一九八三年宣佈的俗稱「星際戰爭」（Star Wars）的計劃，旨在於以建築一道雷射防禦體（或質點束、或日後所謂的「機靈岩石」或「聰明的圓石」）的方法，使核子武器作廢。可是經過多次研究，卻發現「戰略防衛主動計劃」的防禦體簡直不管用，因爲它的建造有技術上的困難，而且敵方可以花較少的錢發明有效的對策。

可是，這個計劃如果當時證明有用，則情形會更糟糕。讓我們假想當時預測在這一防禦體裝置完成以後，可以完全保護美國的安全。那麼蘇聯便會受到強大的壓力，要在它裝置完成以前進行阻止性的攻擊，而不會等到在美國固若金湯以後，去冒一次戰爭中被一舉消滅的風險。「部分保護」的預測，其本身也可能有類似的結果。麥納瑪拉說：「在下毛毛雨的時候，有漏洞的雨傘還是相當有用。因而，美國如果想建造這麼一把傘，一把可以充份應付在美國初次攻擊後殘存的蘇聯武力的傘，便表示它有意挑起戰端。」麥氏又說：「俄國人知道美國的戰略想法中，應該有先發制人的策略。」

值得注意的是，美國並未完全放棄發展國防屛障的努力。空軍已與廠商簽署一項合約，請他們設計可以摧毀數百公里以外的飛彈、但可以由一架飛機裝載的雷射。

五、我們幾乎不需要任何醫學從業人員的相關協會告訴我們，說核子戰爭會造成人類的死亡和巨大的苦難，或者計算戰爭所積蓄的核子武力，證明它相當於地球上每一個男、女、

老、幼可平均分配到五噸的黃色炸藥，因而如果全人類能夠集合在一個廣大的場地上，那麼它可以使他們喪生許多次。最重要的問題是：縮減核子武器，是否會照哈佛大學核子研究組（Harvard University Nuclear Study Group）的說法，但實際上會因爲雙方想輕啓戰端而增加災禍發生的機會。

讓我們假想任何後下手攻擊的一方，必然會喪失其百分之九十的攻擊力。那麼，它除了會以剩下的百分之十攻擊力造成全國性災禍以外，顯然還會想採取一個有警告便發射飛彈的辦法，也就是不等待核子的爆炸發生，在似乎偵測到敵方的飛彈飛過來時，便發射核子飛彈作爲還擊。這好像是雖不能確知敵人是否進攻，還是寧可信其有，不可信其無。在冷戰結束以前，美蘇這兩個超級強國已經建立了龐大的武力，但是它們的武力還未能強大到每一方在受到對方的攻擊以後，還可發動嚇阻戰略中最重要的「確切摧毀性」攻擊，並可發現它的飛彈仍在地下倉庫，炸彈仍在滑槽。布萊爾（B. G. Blair）說，其結果是雙方甘冒風險，一有警告便輕易發射飛彈。這樣的風險很多。雲上陽光的圖案會被探測器解釋爲火箭排氣。下級指揮官在一有警告便發射的情形下，無可避免的會誤用事先得到的發射授權；而對於偶爾發射幾個或有彈頭或無彈頭的飛彈，又會被解釋爲全面的攻擊。

一九六九年時，蘇聯威脅將對中國大陸進行核子攻擊，尤其是攻擊中國大陸的核子武器試驗場和核子武器基地。一九六七、一九七三與一九九一年時，據說以色列的核子武力曾進入戒備狀態。一九八四、一九八七與一九九〇年時，印度和巴基斯坦有瀕於挑起使用核子戰爭的危險。不過全球性的大屠殺似乎不會因此發生。當時美國與俄國都未因什麼條約而非參戰不可，而對於人類存活關鍵的核子威脅，始終只是來自這兩個超級強權之間的對抗。在一九七三年阿拉伯與以色列之間的贖罪日戰爭（Yom Kippur War）期間，這樣的威脅就輕易地出現。但是美國軍方的警戒使蘇聯不敢進軍埃及。這或許正是當一方決心在公路中央行駛時，另一方的汽車便不敢上這條路一般。

或許自俄國發展氫彈以來，對於人類造成最直接威脅的，是美國與俄國之間意外發生的核子戰爭。這個說法在過去和現在都很有道理。蘇聯的四分五裂使飛彈容易不經授權便發射出來，而層次低到軍中團級的一次攻擊，便會造成三百個的核子爆炸事件。

「意外核子戰爭」一辭，如今已廣泛被使用。它涵蓋機械與電子故障的結果，也涵蓋人為的失誤與瘋狂。如果核子演習的規模大到使對方以為是真正的備戰，則是很危險的事。如果失誤而使真假難分，便更為危險。布萊爾的報告指出，「由於失誤，美國偶爾會傳達真實的核子發射命令，而非演習命令」。不過當然並未發生核子發射事件（否則我們都已聽說）。最著名的機械失誤事件是一九六一年發生在北卡羅萊納州。那年一架B-52轟炸機解體，釋放出兩枚二千四百萬噸級

的炸彈。其中一枚炸彈的六個安全裝置有五個失靈。只有一個單一的開關防止了爆炸。然而，或許更危險的一次是，發生在蘇聯至今仍未公佈日期的意外事件：一枚帶有核子彈頭的彈道飛彈在例行維修的時候意外發射。幸運的是，它在離發射台不遠的地方落地，而未到達預定爆炸的目標地區。另一件驚天動地的意外事件則是一九八〇年發生在阿肯色州（Arkansas）火箭燃料的洩漏事故，將一枚九百萬噸級的彈頭拋到六百呎上的高空。薩干寫道：「在有正確統計數字的一九五〇與一九六八年間，世界上平均每年都發生若干次涉及核子武器的意外事件。」

錯誤的攻擊偵測系統更以製造風險著名（在這一點上與在別處一樣，美國方面的資料容易看到。天知道在蘇聯發生了些什麼事）。一九八〇年六月，「北美空防指揮部」（North American Air Defense Command）的一個出故障的電腦晶片，發出蘇聯攻擊的警告。於是官方發出核子警報，次日指揮部主任因爲未能迅速公佈正確的評估而被革職。在此七個月以前，因爲不小心讓一卷模擬實際戰爭訓練演習的錄影帶控制了「北美空防指揮部」主要的警告指示器，放映出蘇聯的飛彈已由潛水艇與陸地發射的圖像，於是B-52轟炸機準備起飛，而州際彈道飛彈工作人員開始初步發射的步驟，幾乎已經把發射的鑰匙插了進去。緊接下來的一次國會參院調查，顯示在一九七九年一月與一九八〇年六月間，已有一百四十七次「嚴重的」假警報。此後，「例行的」警報（只需要北美空防指揮部主任與國防部的空軍戰略指揮部通話）每天都會發生幾起，而可能一年中有一、兩次警報持續的時間足以觸發核子警報。

當可以用來評估假警報的時間愈來愈短以後，假警報更成爲嚴重的問題。今日的洲際飛彈飛行時間約半小時。由潛艇所發射的飛彈不到十分鐘就來了。而「星際戰爭」以太空爲基地的掩體只需不到六分鐘的時間即可啓動（SS-18火箭的「燃燒時間」），如果俄國人發射「快燒火箭」，則只需不到一分鐘的時間啓動。對於最新的偵測系統有信心的指揮官，可想而知急切地想要委託電腦發射，認爲只有電腦可以十分迅速地做出決定。布萊爾和肯達（Kendall）報告說：「軍方雖然瞭解意外核子戰爭的危險（否則這場核子戰爭早已開始），可是它往往拒絕採納別人所提出改進安全裝置的建議」，有時其推托之辭是「減少意外發射機會的措施，可能增加不執行正當發射命令的機會」。美國武裝部隊對於使發射出去的飛彈不具殺傷力的裝置沒有興趣；不過蘇聯外交部副部長卡波夫（V. Karpov）說，蘇聯在其洲際飛彈上已裝有這樣的裝置。

布萊爾的研究指出，到了一九八〇年代中期，美國事實上已經採取了「一有警報便發射」的政策，表示在緊張的局勢下，假警報尤其危險，對於敵方正在進行核子攻擊深信不疑，根本不再根據核子爆炸的出現，使「北美空防指揮部」的高度自信判斷，很可能根據正面的戰略警告（如一個政治危機加上發現蘇聯核子武器的移動），再加上戰術上的探測裝置停機狀態——這種停機狀態或許是由於很容易被認爲是故意侵入的意外電子干擾。

軍方未經其政治主管的許可，便可以發動核子戰爭嗎？布萊爾的答案是：「雖然一般認爲俄國和美國的軍事機關，除非先由其本國的總統處取得必要的密碼，便無法在實質上發動核子攻擊，可是事實上它們卻保管了所有發動一次全面攻擊所需要的密碼。風險由兩個方向而來：

(一)、在美國，控制權的分散尤其似乎已到了危險的程度，低階的指揮官也可以發動核子戰爭。譬如，我們在布氏與肯氏的報告上看到，「沒有任何實質的安全裝置，可以防止美國彈道飛彈潛水艇按照艇長或軍官的決定發射飛彈」。自然，控制權的分散在危機時期往往最爲明顯。在贖罪日戰爭期間，個別的美國武器指揮官，都奉命從其保險箱中拿掉發射鑰匙及總統的發射密碼。

(二)、反過來，在控制權集中以後，當地的指揮官實際上可能無法阻止發射。在俄國和美國，高級指揮官都可以傳佈訊號，使飛彈自動發射。

這些事情若要完全自動化，大約還需要相當的時間。不過，早在一九八七年，軍事歷史學家基根（J. Keegon）便寫道：「敵方最想滲透的，是核子指揮與控制的秘密。因而，爲了可以計算致命的第一擊是否可行，便產生了不可滲透的圍牆，譬如說，我們甚至不知道發射的程序已經輸入電腦」。（也就是說，「不知道有沒有告知機器說：當監督系統上其他的機器送來預設的警告訊號時，便下令發射飛彈。」）在美國，這絕對是最不符合憲法精神的。然而，公開的秘密卻是：在實際或可疑的核子攻擊時刻，不可能遵守像「總統與國會必須在公開會議上辯論宣戰」這樣的憲法原則。

委任電腦做發射的決定最好？還是委任指揮官或政治家做發射的決定最好？這是一件很難定論的事。可能失靈的不僅是電腦積體電路板。一九八九年，布萊爾和肯達說：「在可以接觸到核

子武器和其相關零件的大約七萬五千名軍方人士中，近二千四百名必須予以革職。在這二千四百人中，有七百三十個人酗酒吸毒，其餘的人有心理或情緒問題、不服從命令、或有犯罪行爲。」布利騰（S. Britten）還加上一句：「人員調遣的權限屬於單位指揮官，而這些指揮官有時認爲好的士兵或飛行員是那些可以隱瞞其吸毒習慣和能好酒貪杯而不露形跡的人。有些不穩定的人，自己雖不願意，可是仍被迫肩負核子武器的責任。使問題更爲複雜的是，許多看起來顯然正常的人卻喜好破壞，擅長隱藏自己的感情和計劃。然而，請記住政客不一定都有理性。酒與藥物，不論是醫生的處方還是自己選擇服用，也曾經使那些最受尊敬的世界領袖頭腦不清楚。

政客也可能有其他的問題。當尼克森總統因即將被迫辭職而非常緊張時，高級政府官員謹防他在行使三軍統帥權的時候，可能行爲愚昧。當季斯卡總統（President Giscard d'Estaing）在電視上宣佈，說他將在沒有助手和顧問協助的情形下（因而如果突然心理不正常，大概也沒有人能約束他），做出任何使用法國的核子彈的決定時，有些觀察家認爲他過於自滿。對戈巴契夫總統（President Gorbachev）發動政變的領袖，因爲戈氏親自控制裝有核子戰爭密碼的公事包而感到憤怒，但不久又變成絕望了。這些因素使得軍方領袖彼此之間達成協議，不接受任何發射的命令。

我們的未來會是什麼樣子？設法中止核子武器發展的努力已大致失敗。美國與蘇聯這兩個超級強權在暫時試驗性協議縮減核武發展以後，到了公元二〇〇三年美國將保有三千五百枚飛彈彈頭，俄國也將保有三千枚；中國、英國和法國則將共同保有這個軍火力量的四分之一。印度不久可以測試一枚氫彈。或許還有十幾個國家（包括像伊拉克那樣已經簽署禁止核子武器發展條例的國家在內），或者已經擁有核子武器（如以色列），或者有發展核子武器的計劃。有些這樣的計劃還在進行，雖然另有一些暫時中止，可是不能保證不會恢復。若干國家不僅擁有核子反應爐，也擁有可以累積鈽的再加工工廠；還有一些國家很有希望攫取或購買鈽，或眞正的飛彈彈頭；恐怖份子或罪犯也一樣。按照蘇聯解體以後的混亂狀況來說，下面的故事十分可信：「一九九一年，環保團體『綠色和平組織』（Greenpeace）設法由一名東德的士兵處購買一個核子飛彈彈頭。這個組織計劃把它運回柏林去，開一次出人意料的記者招待會。只因這個士兵所屬的那個連隊撤回俄國，這樁不尋常的交易才中止。」

正如哈薩（J. Hassard）所指出的，核子炸彈的遞送不必靠彈道飛彈，一卡車的難民就行了。

沒錯，所有這些都無法與超級強權軍火庫對於人類存活的那種直接威脅相比。可是，在這個世界和平將受到毀滅任何城市的核子爆炸威脅的時代，不僅是國家，即使是個人也買得起核子武器。包括製造氫彈詳細說明在內的核子武器製造術，流傳得很廣，公立圖書館和電腦的網路上都有。一九九五年在東京地鐵進行神經毒氣攻擊的眞理教派，自稱有十六億美元的資產，並蒐集了許多如何製造核子武器的文獻，其四萬名徒眾中有物理學家乃至火箭專家在內。前斯德哥爾摩國際和平研究所所長巴納比（Frank Barnaby），是一位著名的核子武器分析家。許多年來，他都在調查爲大家所否認的一些謠言。這些關於「紅汞」（「紅汞」是銻與汞的化合物，銻與汞在核子反應

爐放射之後結合，其所釋出的化學能爲高度具爆炸性之黃色炸藥的幾百倍）的說法，如果不止是荒誕說法，那麼最使人感到不安的一點是：不使用鈽或濃縮鈾爲其起動裝置，也可以製造小型的氫彈。巴納比現在認爲，總的來說，這種物質是存在的，而且可能已納入俄國的中子彈內。中子彈的殺傷能力主要在於放射而非震波。發明中子彈的核子物理學家柯亨（Sam Cohen），更進一步說：「紅汞是眞實而可怕的。我認爲它是一部分可以終結有組織結構之恐怖份子的武器」。柯亨說，壘球般大小的中子彈，可以殺死六百米以內所有的人，而紅汞可以用來啓動位於這種中子彈核心的氚的融合。然而其他的專家對此十分懷疑。

化學與生物戰

在第一次世界大戰中，有一百萬名以上的士兵因氯氣、光氣、和芥子氣中毒而受傷，其中超過九萬人喪生。第二次世界大戰期間所發現但未使用的毒氣，如液體有機磷酯、腐蝕性有機磷酯等，只要微量便可以致人於死。而一九六七年美國擁有四萬噸的VX神經毒氣更爲有效，只要接觸到幾毫克便可致人於死。可是，足以毀滅全中國人口的毒氣量，事實上只能「擺平」一平方哩的戰場（一位好譏諷的人可能會說，這是爲什麼許多國家最近願意簽署一項禁止製造化學武器公約的原因，不過在它生效以前，必須經六十五個國家先予以批准）。現在可以用基因複製廉價製造

的天然毒素更具殺傷力。超級強國的化學戰爭軍械庫曾經達到八十萬噸，可是三百噸的天然毒素便可取而代之。毒素較液體有機磷酯殺傷力超過百倍以上，它的基因是由美國陸軍所複製。一般官方說法是他們創造一種疫苗，是為了和平的目的。在此之前，美國陸軍也曾複製白喉毒素，「以開創治療黑色素瘤皮膚癌的新療法」。

然而，為了使軍隊得以受到保護，以免受到這類藥劑之侵害，他們必須穿戴笨重的防護衣和呼吸器，使得行動緩慢。雖然平民可能傷亡慘重，但要使人類滅絕卻需要自我繁殖的那種藥劑：生物戰中的細菌、立克次體、病毒和黴菌。只要吸入其中一個有機體，便可因為發生Q熱而喪命。就是這一種在遺傳學上來說新的病毒，肇始了一九一八～一九一九年的世界性流行感冒。它的後代至少感染了十億人中的三分之二，比在第一次世界大戰中死亡的人還多。

一三四六年，圍攻卡發城（Caffa）的蒙古人，將感染鼠疫的屍體拋進城中。由卡發城逃出的居民，在此之後散佈了黑死病。有二千五百萬人因而死亡，約佔歐洲人口的百分之三十。

一七六三年，英國人用天花患者所住醫院的毛毯做成禮物，使北美洲的印第安人感染天花。

第一次世界大戰中，關於細菌戰時有所聞。

第二次世界大戰期間，英國人發明了炭疽熱炸彈。他們之後從美國訂購了五十萬枚來使用，邱吉爾首相曾為此寫道：「如果有人用炭疽熱炸彈攻擊我們，我們可以用炭疽熱炸彈還擊」。雖然如此，英國的聯合計劃參謀部仍然接受到指示，要他們研究同盟國是否可以因先使用炭疽熱炸

彈之戰術而加速贏得勝利。一九四五年時，英國已將一種五百磅重的細菌炸彈完成高階段的發明。據估計四萬枚這樣的炸彈可使艾成（Aachen）、柏林（Berlin）、法蘭克福（Frankfurt）、漢堡（Hamburg）、司徒加（Stuttgart）和威漢協分（Wilhelmshafen）半數的市民死於炭疽熱。在美國，已有四千多位工作人員研究炭疽熱、黃熱病、瘟疫、肉類中毒和幾十種其他的疾病，包括農作物與農場動物的疾病。位於印第安那州的製造工廠，一九四五年已準備好正式作業，但始終沒有眞正啓用。它每個月可以生產五十萬枚炭疽熱炸彈。第二次世界大戰以後的六年，它則爲美國空軍生產了農作物疾病炸彈。

一九三五年，日本人因爲聽說俄國人要以霍亂細菌攻擊其用水供應，於是開始大規模研究霍亂，也研究了鼠疫、斑疹傷寒、傷寒、出血熱和天花。他們發明了炭疽熱炸彈和壞疽毒氣。日本人在侵略中國時，至少對十一個城市做過實驗性的攻擊。日本飛機丟下有鼠疫污染的紙張、棉花、小麥和米。此外，它們還散播了一百三十公斤的炭疽熱和副傷寒細菌。數千名戰俘成爲他們的實驗品，大約有三千多人死亡。但是美國爲了得到實驗紀錄，竟忽視這些人的死亡，而之後在接下來的二十五年間繼續否認俄國關於整個這件事的報告，而俄國人可能認爲所有這一切都正好激發他們自己去研究。因爲據一九七九年美國國會的一個委員會報告，斯維洛斯克（Sverdlovsk）的流行性炭疽熱，是因一家生物武器工廠的爆炸所引起。

戰後美國所進行的活動之中，有一項是設計建造一個每月可以生產一億三千萬隻蚊子的工廠，以便傳播黃熱病。據說德錘克堡（Fort Detrick）曾經飼養跳蚤、扁蝨和蒼蠅，以便傳播鼠疫、土拉倫斯菌病、炭疽熱、痢疾、布魯氏桿菌病、鸚鵡病、落磯山斑疹熱、瑞夫特谷地熱等，也加以培養以爲戰爭之用。一九五二年韓戰期間，一位國際科學考察團堅決地指出（美國同樣堅決地否認）：「韓國與中國人民事實上是細菌戰爭的目標」。許多年以後，參加撰寫這份報告的英國科學家評論說：「據我們所知，那些大多是實驗性的工作，而且似乎並不很成功。」然而，美國軍方對舊金山、紐約和溫尼柏格（Winnipeg）的秘密模擬攻擊，這些事件聽來讓人極爲不快。其中在一九五〇年一次吹過兩艘掃雷艇的風，將至少五千個無害的細菌吹進幾乎每一個舊金山居民的肺中。英國在一九四八到一九五九年的秘密實驗，也同樣令人驚慌。數千隻動物被裝在籠子中放在巴哈馬群島與蘇格蘭西海岸以外的竹筏上，暴露在由風吹來的細菌之中；而在英國海岸飛翔的飛機，則將無害的鋅鎘硫化物倒下來。據說，這個實驗顯示了英國在面對液化氣體形式的細菌時，幾乎沒有防禦的能力。

一九二五年的日內瓦草約，禁止眞實的毒氣或細菌戰；一九七二年的協約，禁止發展和儲備生物武器。但是縱有一個又一個這樣的條約，所有這些活動仍然不斷進行。一開始，許多國家不簽署這些條約或不予批准。日本一直到一九七〇年才批准日內瓦草約，美國則到一九七五年才批准。然而到一九八五年時，仍有一半的開發中國家對這兩項條約都無法接受。其次，日內瓦草約的批准往往有兩個條件：只禁止最初的使用（是不是最初的使用很難證實），而且未批准的國家可以隨意發動攻擊。再者，一九七二年的協約允許無限制的研究，並外加一個條件——爲保護或其他和平目的的生產。因而，各國可以大量生產，製造疫苗，一大部分作爲給本國人口接種疫苗之用，其餘則可用於發動攻擊。其次，對於查證方法的研究則要到一九九一年才開始。這個情形或許是可以瞭解的，因爲幾乎不可能查明違約的事。在這樣的背景之下，甚至是品格高尚的政府似乎也需要生物戰爭的研究工作，以評估來自別人的威脅、發展疫苗和抗生素，並且可明白宣告說，自己不久將可以製造出這類武器，以嚇阻他國的進攻。一九九四年，美國說包括北韓、伊朗和伊拉克在內的多達二十五個國家，都在發展生物武器，而且俄國正在進行嚴重違反一九七二年協約的攻擊計劃。

遺傳工程學剛出現的時候，大家認爲它不會有什麼貢獻。一直到一九八三年，美國軍方的一位發言人甚至說這個世界已經到處都是品質優良的生物武器藥劑——如強效的炭疽熱。這樣的反應今天看起來很愚蠢。操縱遺傳因子的技術進步神速，造成致命和高度有傳染性的病毒，不再被視爲太危險、不能應付（炭疽熱疫苗已將死亡率減低到百分之二十或者不到百分之二十，而且炭疽熱本身的傳染性並不大）。基本上，用「特定部位突變誘導」的方法（將化學物質送到一個生物體之DNA上或RNA上選定的部位，去改變通常不會突變的遺傳因子），或用剪接法（合併不同生物體的遺傳因子），便可以產生新的疾病。一九八五年時，英國首相柴契爾夫人（Prime Minister Thatcher）說，生物武器已和核子武器同樣危險。每一個人消化系統中無害的大腸桿菌可以加以改變而產生造成肉類中毒的毒素。改變有毒生物體的表面結構，使它們「認不出來」，便可以妨礙天然的抵抗力和疫苗。透過在流行性感冒和愛滋病毒中已經發現的那種造成高度可變性的遺傳因子，可以使一個生物體不讓人辨認出來。一個國家可以爲其軍隊接種疫苗以抵抗其想用在攻擊中的細菌乃至某些病毒；它也可以用風吹的煙霧劑秘密地爲自己的人口接種疫苗。但是，除非一個人確切知道攻擊者將用的生物體是什麼，否則做任何防禦皆是無效的。可是事實上，一個人或許是在攻擊已發生後的若干天，才在事後聽到這次攻擊的發生。

還有人提議「人種」生物武器。在瑞夫特谷地熱的受害者之中，白人的死亡機率不到黑人死亡機率可能的十分之一。而艾普斯汀—巴爾病毒（**Epstein-Barr Virus**）會在黑色非洲人與東南亞亞洲人之間引起癌症，但不在白人中間造成癌症。以這樣的疾病、或以遺傳工程學所產生的疾病進行攻擊的國家，會否認敵境的高死亡率與其自己境內的低死亡率有何反常。當然，當其目標區域流行任何疾病時，這些國家也可一口否認。以遺傳工程學所製造的致命新菌種，它們可稱之爲「自然突變」。

而生產方法的進步，又使查證更加困難。製造抗生素與疫苗的小型和平用途之生產設備，很容易改變爲製造細菌的生產設備。目前哺乳動物的細菌已可以在微小珠子的表面上培養，一支小瓶子可以生產以前需要龐大生產工廠才能生產同樣份量的病毒。因此，生產的時間減少了幾千倍。細菌正迅速成爲窮人的原子彈，想要支持勒索世界的小型恐怖組織或罪犯，都可以使用細菌

爲武器。

這些如何能使人類滅絕？在第二次世界大戰期間，大家努力研究家禽瘟疫，英國製造了五百萬個充滿炭疽熱菌的牲畜肉餅，但是人類可以奉行素食主義而存活下來。相反地，科學家爲侵襲稻米、小麥、玉米、馬鈴薯等所研究的病毒、細菌和黴菌，卻可以造成大規模的飢荒。不過摧毀大量農作物而使人類滅絕的情形卻不大可能發生，主要的危險當然還是在於針對人類而製造的特殊細菌。一個攻擊性的國家爲保護自己所製造的疫苗很容易失效。「種族」的生物戰劑可以突變，而後不分青紅皂白地屠殺所有的種族。巧妙的安全措施（如操縱生物體使它們在幾次細胞分裂以後死亡的辦法），也可能因突變或與未受操縱生物體互換遺傳物質而失效。但是恐怖份子或勒索幾十億元的罪犯，可能危及整個人類的未來，因爲其所使用的具有致命性的生物體，可以異常迅速的突變，以致沒有任何疫苗可以與之對抗。

《人類達到其終極目標的方法》（*Man's Means to his End*）一書作者華生．瓦特爵士（Sir Robert Watson-Watt），在調查了核子和生物戰爭的可能性以後下結論說，人類想要有久遠的未來，只有建立一支獨特的警察部隊，它是世界上唯一跨國性以維持治安所需戰備的部隊。這些話是一九六一年說的。今日，看起來只有以非常具有干涉性的管轄，才能消滅恐怖份子與罪犯（更不必說各國政府了）對人類的威脅。一個人自己的隱私是有很大價值的，但它還不值得冒和大家一同赴死的風險，因爲有的人在利用這個隱私完成新疾病的製造。

環境的惡化與人口危機

這一方面的危險可能很大。雖然大家對於這個題目多少都有些聽聞，但是下面對於迅速增加的溫室效應的討論，卻會出人意外和令人不快。

◎化學物質和核子放射所造成的污染

空氣、水和土壤都受到污染的威脅。每家都有下水道中的污物和垃圾。在許多地方，未被稀釋的下水道污物進入河流、湖泊或海洋。在號稱工業化的國家，每一個人每年製造大約半噸的垃圾。它堆積在塡土坑中，毒化地下水，或者被燃燒，增加空氣中的污染物或集中在灰燼中。垃圾中的許多成份被歸類爲危險的廢料，但是工業所產生的廢料更多。在美國，工廠所滋生的廢料至少是每個公民一噸，其中一千萬噸爲有毒的化學物質。這些化學物質的最後命運往往是被傾倒於廢土堆中，如惡名在外的尼加拉瓜市的「愛之運河」（Love Canal）。貧窮的國家通常對廢料場較少去作限制。中國每年產生五億噸的工業廢料，把其中大半丟在其城郊。但是在北美與歐洲，非

法廢料場也很普遍。有一次調查發現在極小的荷蘭竟有四千個廢料場。

在一九八〇年代中期，英國和法國雖然對於由工業方法所合成的八千種化學物質一無所知，每年卻有接近二千萬噸的工業將廢料倒入海中。花了二十五年的時間，才使大家明白DDT和含鉛的汽油是危險的；就如氟氯碳化物這種非活性的化學物質，經天然的分解過程而成為原來構成它的各種成份時，其本身便可能造成極大的損失。

我們一年開採二十萬噸非燃料的礦物質，用它們製造成各種商品。在開採和製造的過程中，有毒的金屬四處散播，無遠弗屆。若以採礦（也適用於伐木和農耕）的經驗來說，在產生每一噸最終的產品（其本身往往最後變成垃圾）以前，在製造的過程中會先產生五噸的廢料；而在最初開採資源的時候，便會產生二十噸的廢料。若挖空礦場，將使開採所需的能量和渣滓廢料同時大增。麥多氏（D. H. Meadows and D. L. Meadows）和朗德斯（J. Randers）就說：「當在蒙大拿州（Montana）布特市（Butte）開採的銅礦砂，其一般等級由百分之三十下降到百分之零點五時，每噸銅所產生的渣滓，由三噸上升到二百噸」。而鉛現在則以天然狀態的十八倍速度進入環境中；鎘以天然狀態的五倍速度；汞、鎳、砷、釩則以天然狀態的二倍速度。單以開採黃金一項而言，二萬噸的汞便已進入亞瑪遜河（Amazon）的生態系統內。

最使人擔憂的是許多殺蟲劑這樣的致癌物、多氯聯苯以及更危險的戴奧辛。當它們爬上天然食物鏈時，濃度可能很高。在北海，海洋哺乳動物體內的多氯聯苯比以前多了一千萬倍。康明思

（J. Cummins）說：「單是第三世界的多氯聯苯進入海洋，就足以使許多海洋哺乳動物絕跡」。一九七六年，在西維索（Seveso）的一家化學工廠的爆炸，使國際間注意到戴奧辛。但是這類嚴重的事件只構成問題的一小部分。一九八四年在波柏（Bhopal）所發生製造殺蟲劑的爆炸案中，二十萬人受傷，二千人死亡。可是殺蟲劑的意外中毒事件每年發生一百次，造成二萬人的死亡。

當土質惡化而有害物（野草、黴菌、線蟲類、小蟲、昆蟲）發展出抵抗力時，人類便使用更大量的化學殺蟲劑及化學肥料，而往往將其自然的掠食者完全消滅。這些化學物質之後便聚集在地上，或進入河流中。造成最大破壞的是化學殺蟲劑。事實上，肥料的最大壞處可能是它們破壞了土壤的平衡和農作物的生態。在西方國家，許多本國自身禁用的殺蟲劑，卻製造爲外銷之用。ＤＤＴ是一種強力的致癌物。英國人在禁止英國農場使用ＤＤＴ以後不久，其外銷的數量卻上升了七倍。一九七二年時，在美國使用ＤＤＴ爲非法，可是美國一年外銷二萬噸的ＤＤＴ，大多銷售到第三世界。

空氣污染的氣體和微粒在城市中最爲明顯。在有些城市，患者現在可以由自動販賣機購買氧氣。然而，城市周圍的鄉村也受到影響，從農作物收穫量的減少就可以證明。灰塵、一氧化碳與臭氧在這一點上很重要，但最主要的或許是氧化硫和氧化氮。它們來自車輛和發電廠，形成酸雨侵襲魚類和森林。雖然到目前爲止主要是在歐洲和北美注意到酸雨的影響，可是它對南美洲、非洲和亞洲單薄和貧瘠的紅土，卻構成特殊的威脅。它沖刷掉土壤中的養份，並活化了汞、鎘和其

他有毒的金屬。

戰爭與備戰也嚴重地造成污染。在越戰中，美軍使用了幾十萬噸的落葉劑及其他的戰爭化學藥劑。橙劑受到戴奧辛嚴重的污染。胡笙（Saddam Hussein）爲了報復他在一九九一年波斯灣戰爭中的失敗，完全不顧可蘭經的禁止，放火燒科威特（Kuwait）的油井：黑如煤煙的煙雲有九百公里長、六百公里寬。火滅了以後，數千平方公里的地方都由油湖掩蔽，冒出有毒氣體的煙雲。不過胡笙的行爲，其所造成的損害較原來大家所害怕者爲少，主要因爲這種毒煙沒有上升多高。在核子武器發展與製造的過程中，所造成的損害卻大得多。一九四九年，在西伯利亞南部的阿爾泰地區，數千人中所吸收的輻射能量，與在一九四五年原子彈攻擊中存活下來的廣島與長崎居民所吸收的一樣多，他們因而患病，發生白內障及癌症。史達林下令測試他的第一枚原子彈，卻沒有人擔心當地的風向將會由這次接近地面爆炸所造成的輻射塵吹過住在附近的一百萬人。這些人在事先和事後都沒有受到警告，因而他們欣然地大快朵頤被污染了的農田中作物。一九五七年冬，當蘇聯軍方反應爐的廢料儲藏在基希汀（Kyshtym）地方爆炸時，幾百平方公里的人畜被迫永久撤離。當我們想像戴高樂總統爲了找樂子而拒絕等待在風向轉變以後再觀看一次核子試爆（其結果是住在三千公里以外的人都吸收到相當高劑量的輻射能）時，請不要忘記在一九四五到一九九一年間曾有四百六十一次這樣的地表核子試爆。殘餘的輻射能將使許多太平洋島嶼在未來一千年間的居住都很危險。

在一九八六年車諾比（Chernobyl）的反應爐爆炸以前，非軍用的核能紀錄相當良好，對環境而言，它比煤或水力等能源使用於發電上還更好。七年前三哩島（Three Mile Island）反應爐部分的熔化，幾乎沒有釋放任何輻射能到周圍的地區。甚至一九五七年在文斯考（Windscale）的大火中，也未在短時間內造成傷亡，雖然就長期來說可能因此而死於癌症的人有一百個，但是任何大規模的燃煤發電之電廠，開採煤礦時所發生的意外事件、黑肺症、氣喘等，死亡人數都不止於此。車諾比的災難涉及到荒謬的不顧安全（據說其作業員都以爲，「不論你把反應爐怎麼樣，它都不會爆炸」），我們希望這樣的事情永遠不會重演。然而，車諾比反應爐的爆炸卻很快造成三十個人死亡。據蘇聯官方的報告，接著陸續發生多達四萬個嬰兒早產死亡。但根據生物物理學家高夫曼（J. Gofman）與放射學家史騰格拉斯（E. Sternglass）的說法，超過五十萬人早產死亡。而更強烈的反應爐爆炸還是有可能的。據核子反應爐意外事件的專家韋布（R. Webb）的說法，其威力相當於三千噸黃色炸藥。不過，這方面主要的危險，將始終是在於協助許多國家取得核子炸彈，在於戰鬥機、恐怖份子或罪犯攻擊反應爐，以及關於儲存反應爐廢料的各種風險。這些廢料具高度放射性，其效應可達幾百個世紀之久。在地質上適合長期地下儲存的地點很難找，而地面上的儲存也相當危險：一九四五年到一九七三年，超過四十萬加侖的放射性廢料，由美國主要的儲藏中心漢福（Hanford）的儲藏容器漏出。美國能源部估計，到公元二〇〇〇年時，美國將累積五千噸的「廢燃料」（這些廢料是由商業反應爐所拿掉的鈾，因其放射性已增加太多）。不幸的是，如

果可以發明使用核融合的反應爐，並取代今日的核子反應爐，則它們本身將產生許多放射性廢料，其反應室的牆壁會迅速被損壞。

以富有國家爲基地的公司，往往將其工廠遷移到貧窮的國家去，因爲後者的環保法規較不嚴格。即使不是這樣，它們也會威脅政府要遷廠，而阻撓本國政府的立法。因爲，既然對全世界沒有好處，爲什麼要使本國陷於危險中？尤有甚者，每年富有的國家將二千噸左右的毒性廢料運到貧窮的國家。這些廢料最後往往非法傾倒。不過，我們不能認爲污染都是富有的國家所造成。在熱帶與亞熱帶地區，人們以焚燒的方法清除森林、灌木及草原。草原大火往往每年燒一次，產生很多的煙塵和毒氣，如數百噸的甲基氯。在第三世界，少數幾條限制工業的法律很少執行。由前蘇聯獨立出來的一些國家（皆窮國），是世界上污染最厲害的國家。前蘇聯使用過，現在的俄國仍繼續使用的許多化學設備，用來生產核彈所需的鈽。比爾斯來（T. Beardsley）寫道：車諾比的放射性與這些週期長得多的放射性核種相較，是微不足道的。世界上最大的輻射污染環境事件，發生在西伯利亞中部的湯姆斯克—7（Tomsk-7），已持續了幾十年。它釋出大約十億居里的高含量廢料，是車諾比的二十倍。這個情形，造成俄國全部釋出的放射能，大約是美國釋出的四百倍。一九九二年，前蘇聯的三十萬公民接受輻射傷害的治療。而在烏拉山地區，軍事工業地區有害的氣體造成大量的先天缺陷以及支氣管炎、血液疾病、神經錯亂的智障。那一個地區的許多城市已完全不適合人類居住。

共產主義污穢的遺產，也貽害波蘭、捷克和羅馬尼亞。在波蘭，維斯杜拉河的水已髒到不能在工業上使用，而華沙沒有污水處理的設備。在捷克的鄉村，百分之九十的水井都已污染。在羅馬尼亞，其飛越邊界的氯氣四散（造成眼睛、肺與皮膚經常不適的原因），一九八七年迫使成千上萬的保加利亞人舉行反政府的示威。

現今人類恣意砍伐森林，使情形更爲糟糕。森林是大氣重要的清潔劑。而氫氧自由基（一種高度具反應性的分子生成物，可抑制大氣中微量氣體如二氧化硫、氧化氮和氯氟碳化物的百分比）的濃度，很可能由於來自焚燒森林所產生的一氧化碳導致大量的下降。

一般來說，環境週期會發生有「正回饋」的災變，每一次的變化會引起更多的改變。一九七九年拉夫洛克（J. E. Lovelock）所著的《地球的活性有機組織》（*Gaia*）一書，許多工業家視爲污染的特許狀，因爲這本書十分強調（可參考有關恆溫器的那部分）負回饋作用，已使地球健全了幾十億年。不過它還是警告經由「失控的正回饋」，可能發生「千兆死亡」。拉夫洛克日後寫道：

人類由於可以支配各種工業，已經嚴重地改變了某些地球上主要的化學週期。我們已將碳的週期增加了百分之二十、氮的週期增加了百分之五十、硫的週期增加了百分之一百。我們必須小心謹慎，避免發生失控的正回饋或在數個不好的情況下搖擺不定。

早在一九八六年，麥多等人便說，據估計人類自己使用整個地球（陸地與海洋）光合作用形

成產物的百分之二十五，地面上光合作用形成產物的百分之四十。在此，提出了一個嚴肅的問題：如果二、三十年以後人口和經濟活動再增加一倍，人類使用到百分之八十以上，世界將會是什麼樣子？

在非洲各地，青蛙與蟾蜍已非常稀少，這可能是環境將很快瓦解的一個警訊。從前的人常將金絲雀帶到礦坑下面，如果金絲雀死了，就表示礦坑中有危險的毒氣。青蛙與蟾蜍這種以其潮溼和敏感皮膚呼吸的兩棲動物，其作用可以和金絲雀一樣；此外，世界各地人類精子的數目顯然正在減半，而睪丸癌又增加了二倍到四倍。這個情形可能是由於與人類動情激素極相似的污染物質，或者其他許多有毒物質所產生的後果。

不過，我們還是可以懷抱希望的。拉夫洛克說他看上去不科學的「地球活性有機組織之假設」（也就是說可以視生物界爲一個能保持其本身健全的超級有機組織）可以得到地質學紀錄的支持；而支持這個假設的另一事實，是負回饋可能自然發生，物種從這些回饋中受益而得以演化（有時也加強這些回饋以便從中得到更大的好處）。譬如，森林對過多陽光的反應，是蒸發大量的水份，其所造成的雲霧，將陽光反射回太空。再者，根據權威的說法，癌症的數字尙未迅速上升。目前肺癌比較盛行，但這主要是由於香煙；而消化器官與子宮頸癌比以前顯著減少。再者，一九九四年時有人說：即使有嚴重的污染物和酸雨，歐洲的森林生物量非但會存活下來而且或許還在增加（但這或許是由於造成損害的那些化學污染物本身所造成的增殖）。酸雨可以減少溫室效應的過份加熱；它可以增加海洋中的生物活動，因而使海洋吸收更多大氣中的二氧化碳；而雨中的硫酸鹽有助於雲層的形成而使地球冷卻。又有許多靠污染物維持生活的微生物不斷演化出來，將這些污染物轉化爲無害的物質。通用電氣公司，甚至取得專利，由遺傳工程學製成的生物體用以打破油膜。麥多氏等人說，許多的進展，加以一根頭髮一樣細的超純玻璃絲在電話系統中取代成百的銅絲，或者如本書第二章中將討論的生物科技和毫微科技（nanotechnology）去取代自工業革命開始以來製造過程中通見的高溫、重壓、粗糙的化學物質與各種蠻力，則我們的處境將大爲改善。

或許樂觀的主要理由是在於日漸成長的環保運動；有益環境的工廠、機器和淨化污染水土處理的幾兆美元市場的到來；以及政府機關和法庭逐漸重視對造成污染者課以重罰。

◎臭氧層的破壞

同溫層的臭氧阻擋紫外線。如果把所有的臭氧都帶到海平面，則它只會形成三毫米厚的一層。一九七〇年代，用作冷卻劑、噴霧罐的推進器、工業溶劑和噴泡沫的氟氯碳，一年以近一百萬噸的速度製造，無限制地侵襲臭氧層。氟氯碳遲早會緩慢地上升進入同溫層（如由廢棄生鏽的冰箱逸出）以後，便爲陽光所瓦解。其氯原子而後因催化作用攻擊臭氧。一個氯原子可以破壞上

萬個臭氧分子。大半由於氟氯碳化物的緣故，同溫層中的氯現在比以前多五倍，而且還在增加中。一般認爲全球的平均臭氧層已減少了百分之四到百分之八。

南極地區的臭氧層損害尤其顯著。在南極，每年十月可以看到一個「破洞」，其面積有時和美國一樣大。在這個破洞中，臭氧平均大約減少百分之六十，在其中心則減少百分之九十五。照這樣下去，到了二〇〇五年，這個破洞中將沒有什麼臭氧。第二個較薄的破洞（臭氧層減少了百分之十或百分之十以上），現在每隔一段時期便在北極出現，它向南延伸到歐洲及北美大部地區的上空。

氟氯碳的威脅在一九七〇年代的早期有人做過說明，那個時候尚未發現南極的破洞。和在污染危機中的情形一樣，最初大家懷疑它的證據。當破洞發現的時候，有人說是季節風把臭氧層吹走的緣故。一九八〇年代早期雷根總統的環境保護總署署長百福（A. G. Burford），在幾年以後不屑地寫道：「還記得幾年以前最大的新聞是據說威脅臭氧層的氟化碳？」雷根的內政部長侯德（D. Hodel）則主張「個人的保護與生活方式的改變」足以抑制所謂的風險。但是有許多卡通則畫著母牛爲了避免眼睛失明戴上壘球員的帽子和墨鏡，並且塗防曬油以避免皮膚癌，或採取留在室內的生活方式以作爲因應的辦法。科學輿論也愈來愈認爲這個問題眞正存在而且十分危險。這些促成了一九八七年的蒙特婁議定書（Montreal Protocol）。簽署這一議定書的有二十七個國家，它呼籲在一九九一年以前減少氟氯碳化物與另一破壞臭氧層之海龍（halons）製造量的一半。這些簽署國後來更認為議定書的規定還不夠。它們與另外五十個國家聯合呼籲逐漸減少這些化學物質的使用，到了本世紀之末則完全停止其使用。

抱持樂觀看法的人，希望到了公元二〇五〇年同溫層的臭氧會回到近於正常的狀態。然而，其餘的人卻認為即使所有的簽約國都遵守它們所提議的時間表，到了二〇五〇年，同溫層臭氧減損的情形至少會與一九九〇年時的情形一樣嚴重。他們也指出，許多政府往往不批准這項條約，在批准以前還要求財務上的援助；而許多宣稱承諾環保的公司，卻很快在未曾簽署的開發中國家卸下許多破壞臭氧的存貨：在印度，一九九〇年出售的海龍為一九八七年出售量的八倍。到了一九九三年，只有九個第三世界國家削減放射物質的數量。當我們今日想到找出破壞臭氧層之化學藥品的代用品有多麼容易時，這個情形真令人感慨當年所採取的行動太少也太遲。

威脅同溫層臭氧的物質，絕不只是氟氯碳化物與海龍。飛機的氣化尾跡，也造成大約十分之一的臭氧損耗。在高空飛行以預計中的成長之後，所造成的臭氧損耗可能更多（即使環保專家在此之前極力反對在美國發展新的超音波高空飛機，可是一九九〇年時，英國和法國卻欣然提議聯合發展一支新的超音波高空機隊）。譬如，使用含氮的肥料所造成的氧化氮，破壞大約另外百分之十的臭氧；而農作物消毒劑溴化甲烷或許又破壞這麼多。其他破壞臭氧的還有甲基氯。前面已經提到，當以火耕開闢森林、灌木和草原時，會產生大量的甲基氯。有人說，火山在噴放鹽酸時，比人類將更多的氯被釋放到大氣中。但是這種說法已經被反駁，尤其因為幾乎所有的鹽酸都

被伴隨著火山爆發而來的大雨沖刷掉了。而且，最近一次皮納土波山（Mt. Pinatubo）的火山爆發，只噴出五萬噸的鹽酸，與同一時期放出的氟氯碳化物相較是微不足道的。可是火山所噴出來的東西，再加上工業的污染物，的確有助於在同溫層形成雲霧，這些雲霧而後引發了各種反應，加速了人類所排放的氯氣之破壞作用。

這樣所產生的直接後果是，單是在美國，估計會增加二十萬個因皮膚癌所造成的死亡事件。或如環境保護總署所估計的，如果臭氧的損耗照這樣繼續下去，到二一〇〇年時，會有三百萬人死於皮膚癌。更多的人將會眼睛失明（據一個聯合國小組委員會的說法，同溫層臭氧每減損百分之一，便增加十萬人失明），人類的免疫系統將變弱，未死先衰。可是最壞的可能是間接的後果。紫外線—B的光，傷害陸上與水中生活的各種生物。它不但襲擊植物（包括許多樹木），而且侵襲有固氮作用的細菌；除非給農作物施與很多的肥料，否則它們便會依靠這些細菌。尤其，它有可能對許多浮游動植物造成重大威脅。浮游動植物是海洋食物鏈的基礎；浮游植物在由大氣中吸收二氧化碳是非常重要的。它們比所有其他因素加起來所消除的這種溫室氣體都多。

我們可以稍微鬆一口氣的是，有些浮游植物對紫外線具有特殊的抵抗力，又有一些似乎正在發展抵抗力。有些植物也比其他植物更具抵抗力，如某些特殊的黃豆品種。但是使科學家煩惱的卻是：「紫外線—C」（遠比「紫外線—B」更具破壞力，還好，到現在爲止仍完全會被吸收進同溫層），但在南極，不久便可能穿透下來。再者，溫室氣體將高溫陷在較低層次，這使得同溫層涼快一點，卻促使雲霧在那兒形成，而增加臭氧的損失。而過多的紫外線會增加較低層次之大氣反應性原子團數量，造成更多污染物的產生。這些污染物中有較低大氣層的臭氧，這種臭氧對農作物有極大的破壞力。

人類如果不破壞臭氧層，那麼獵戶星座中的參宿四星（Betelgeuse）會嗎？這顆紅色的超大星子已經接近其生命的末期，在未來幾千年間，它便會爆炸爲一顆超級新星。天文學家麥考爾（M. L. McCall）說，這次爆炸所造成的紫外線和X光，將如陣雨般的傾瀉而下，造成臭氧層的破壞。但是大多數的其他天文學家卻說，參宿四星是在五百二十光年的距離以外，遠到足以使我們安全。相反的，幾乎可以確定任何足以造成人類滅絕的臭氧喪失，都是由人類自己所造成的。由科學上所有的不確定性看來，宣佈說產生這個情形的危險不存在或很小，很可能是魯莽的。

在印度，冰箱的銷售量正急速上升，據說印度正設法追求不損害臭氧的冷凍方法。但是富有得多的工業化國家並沒有立下好的榜樣；而中國大陸在改用其他物質以前，卻計劃將氟氯碳化物放進五千萬個新冰箱之中。

一九九五年四月，亞利桑那州議會違反聯邦法律，投票通過讓製造氟氯碳化物合法化。據報導州長在簽署這項立法時說：「對於臭氧層不負責任的理論，不能成爲剝奪人們必要的技術之藉口。」

◎溫室效應

溫室氣體讓陽光通過，但在它被改變爲較低頻率的熱輻射以後，往往能阻止其能量逸入太空中。雖然這樣的氣體主要是水蒸氣，可是其他尚有三十多種次要的氣體，尤其是二氧化碳、氧化氮、甲烷、氟化碳、和大氣低層的臭氧。人類每年生產三百億噸的二氧化碳，其中三分之二是由於燃燒礦物燃料，其燃燒的頻率自一九五〇年起已增加了四倍，自一九〇〇年起已增加了三十多倍。但是由肥料或由燃燒任何東西所產生（汽車和飛機大量排放出）的氧化氮，現在被認爲同樣重要。以一個分子對一個分子而言，它比二氧化碳作用大幾千倍；而其在大氣中的濃度將逐年增加的氟化碳，到了公元二〇三〇年，可能變成除了水蒸氣以外最強有力的溫室氣體。除此之外，比二氧化碳作用大三十來倍的甲烷，可能成爲比氟化碳更重要的氣體。一方面是由於其本身的作用，一方面是由於它在同溫層被氧化而產生水蒸氣。目前它是使溫度升高五分之一的原因。

產生二氧化碳的來源包括：發電廠（一九七〇年時，發電廠燒了二十三億噸的煤，一九九〇年燒了五十二億噸）、汽車（一九七〇年有二億五千萬輛，一九九〇年有五億六千萬輛）、草原的焚燒（焚燒草原產生大量的二氧化碳，但其中大部分爲新生的草重新吸收）以及森林的開闢。當森林消失以後，它們所儲藏的碳又回到大氣之中。必須一提的是，可以全然吸收二氧化碳的樹是小樹，完全成長的樹吸入與吐出的二氧化碳則幾乎相等。而且，樹當然沒有無休止的給大氣增加氧，否則每一樣東西都會著火。而即使所有的樹明天都失蹤，您和我也不會窒息。但是使空氣具有這麼多氧氣和二氧化碳的卻是樹這樣的綠色植物。如果它們消失，那麼幾千年後人類便會開始呼吸不順（在火焰中的一根鐵條不會無休無止的愈來愈熱，可是在把火拿掉以後它便會涼下來）。在一九五〇到一九九〇年之間，地球上的林地由一百三十億英畝減少到一百億英畝。除非逆轉目前的趨勢，那麼熱帶森林在目前一週有一百萬英畝消失的情形下，到了公元二〇四〇年便會完全消失，有人說還會再早一點。俄國在歐洲部分的龐大森林，受到污染與遠超過補充速度的砍伐之威脅。印度幾乎已沒有森林剩下來。（要記住，森林蒸發大量的水份，這些水份而後形成雲霧，將陽光反射回太空。拉夫洛克說，當森林為農田取代以後，便會發生全球性的災變）。

如果陸地上或水中從來不曾出現綠色的植物，那麼大氣中二氧化碳的含量會是百分之九十八。今日實際的含量是百分之〇·〇三六，或許造成攝氏一度的溫室加熱。然而，自一八五〇年以來，這個含量便在上升，現在比過去十六萬年的情形都高。在公元二〇六〇年以前，它很可能再上升四分之三。

甲烷的量也比過去十六萬年都高，但是它的濃度比二氧化碳的濃度上升速度快上三倍，而且自一九〇〇年後已上升了一倍。如果這個濃度再增加一倍，它的加熱效應便會與二氧化碳的加熱效應相等。幾乎一半的甲烷乃由灌溉農田產生，尤其是稻田。其餘大半是由濕地、燃燒森林和草

原、牲口腸胃排氣、油井、煤田、塡建地、天然氣油管的洩漏產生。

二氧化碳眞是一種強有力的溫室氣體嗎？其效應的主要證據，來自岩石的記錄，也來自由高山常年冰凍的冰塊內部抽取的氣泡。較暖的時期的確二氧化碳的濃度似乎也高。說加溫的效應近來在成長卻是一件大家意見不一致的事，不過雖然有以下的三個事實，最近的氣候還是較趨於暖和——這三個事實是：（一）、當地球在其米蘭柯維奇週期（Milankovitch cycles）中前進時，大家曾經預期它會慢慢冷卻。在溫室效應成爲報紙的頭條新聞以前，許多人預測不久將來會有一個小的冰河時期；（二）、工業沙漠化和最近的火山活動噴向大氣的粉塵造成之冷卻效果；以及（三）、海洋暫時可以吸收二氧化碳排出的增加量的一半，再加上任何新熱量的一半。在過去四十五年間，南極的華迪冰洲（Wardie ice shelf）曾戲劇性的溶化。在北極，一九七〇年代時，海洋的冰層即比以前減少了約二百萬平方公里。

大家對於下一個世紀的預言有很大的差異。然而，溫室氣體中「相當於水蒸氣成份以外的二氧化碳」，在二〇三〇年與二〇五〇年間的某一日期預計將增加一倍，大多數的專家預測，平均每年全球平均溫度將上升攝氏一．五度到五度之間。來自標準的說法是，氣溫上升時，主要集中在南北兩極。南北兩極的氣溫將升高達攝氏十二度之多，而赤道帶的氣溫將只升高攝氏一度。近來有許多人懷疑這個說法。如果他們的懷疑是對的，那麼熱帶，甚至溫帶地方，便會常有旱災，或許還有更強大的颶風。

將來會是什麼樣的情形？根據「世界資源研究所」（World Resources Institute）的明澤（I. M. Mintzer）的說法，公元二〇七五年最糟糕的情形，將是溫度比現在高攝氏十六度。這個說法也許太悲觀，可是至少我們可以確定二氧化碳的含量將顯著上升。汽車的數目持續上升；中國與印度正在工業化；已經發現的煤與石油蘊藏量，說明有四兆噸的碳有待燃燒（比今日大氣中所含多五倍以上）；可是即使現在將二氧化碳的排放量立刻減少五分之四，大氣中的二氧化碳也只有到幾十年以後才會穩定下來，而如果不改變目前的情形，則到了公元二〇一〇年，它的含量將比現在上升百分之五十。一九九二年在里約熱內盧（Rio），日本、美國和歐洲聯邦協議，大家應該努力在二十世紀結束以前將二氧化碳的排放量減低到一九九〇年的層次。不過美國堅持只應「勸說」達到這個目標而不應規定達到這個目標，那麼它幾乎一定不會達到這個目標，尤其是它現在已經放棄對能源抽稅的辦法。加拿大政府對亞伯達省（Alberta）的龐大石油工程補貼幾億美元，已不再提它競選時所答應在二〇〇五年以前減少百分之二十排氣量的話。相反的，它只要求公民行動要有責任心。它這樣做，所可預料的結果是到二〇〇〇年時，排氣量會增加百分之十三。歐洲聯邦也在拖延能源稅。至於開發中的國家，則它們幾乎最多不過是「談到」這些問題而已。因而，大氣中的二氧化碳含量將來似乎可能還會增加一段時期，幾乎大家都同意氣溫會因此上升至少攝氏二．五度。

如此一來，或許會發生的結果是，許多地區發生乾旱。一九三〇年代美國大草原長久乾旱的

那些年中，其夏日的溫度只比正常的情形高出攝氏一、二度；在農作物生長最緊要的時候，雨量也只減少了五分之一。但到了一九八八年，密西西比河許多部分太淺，不能通航，而穀物區的農作物也欠收。如果世界上溫室效應再增加一點點，則美國很可能還會有許多年像一九八八年一樣。在熱帶貧窮的國家則可能有大規模的飢荒。事實上，曾有人頗爲正確地估計，溫室效應的提高，可能已經使幾百萬人因乾旱而死亡。一九七〇年時，孟加拉共和國（Bangladesh）的旋風造成幾十萬人的死亡。新熱量集中在南北兩極，雖可以平息目前的狂風系統，卻可能造成更多這樣的旋風。印度的降雨量百分之七十依靠季風，而季風很容易因此受到干擾。而由於海洋熱量的擴張與冰帽的融化，卡特總統的「環境品質委員會」（Council on Environmental Quality）所設想的最壞情形是，到了公元二〇五〇年，海平面或許將上升一米，到二一〇〇年，將上升五到八米。目前住在海岸地區的人口數目多得驚人。美國國家科學院曾經預測多達十億的人不久便會發現其土地被淹沒或劇烈性地變壞，有時其原因是來自上升中的地下水所含的食鹽。在孟加拉、埃及等許多人口稠密的地區，許多地區都會被淹沒。海水上漲一米，至少七千萬的中國人、一千五百萬的孟加拉人，都會流離失所。

這些改變可能很快就會發生。對於由格林蘭大冰源深處所摘取的地核的研究，發現在過去八千年到一萬年間天氣非常穩定；在這之前氣候曾在幾十年間有劇烈的變化，或許是由於洋流改道的緣故。氣象學是一門複雜的學問，因而當然有人對它抱持懷疑的態度。

一位環境研究教授華茲（K. E. F. Watts），宣稱對溫室的恐懼爲「本世紀的大笑話」。他和前加州首席氣象學家古瑞奇（J. Goodrich）指出，加溫的統計數字是在擴張中、過熱的城市附近收集到的（拿美國的情形來說，古瑞奇和華茲可能是對的。目前美國事實上是涼快了下來。污染物，尤其是硫酸鹽，有助於大氣反射陽光，一部分是直接的，一部分是通過形成雲霧造成的）。其次，氣象學家林曾（R. S. Lindzen）說，雖然溫室氣體可以捕捉輻射能，可是永遠會被對流的氣流往上帶；這些氣流四處游動，找一個出口。我們可以說，最近很熱的年份不過是一種不規則的變動，或者是由於愈來愈活躍的太陽：一七五〇年到一八五〇年間的加溫，好像是由於太陽的變化。有的人說水蒸氣是最強有力的溫室氣體，以致其他的氣體都沒有什麼作用，或者說火山比人類產生更多的二氧化碳（不過這一點似乎已被直接反駁了），甚至說氟氯碳化物所造成的冷卻與加熱是同樣多（同溫層的臭氧是一種有力的溫室氣體，它被氟氯碳化物破壞，會造成嚴重的冷卻。再者，當新的紫外線通過被削弱的臭氧層時，也可能引發雲霧的形成，而造成進一步的冷卻。不幸的是，蒙特婁議定書所允許在二〇三〇年以前製造的較少破壞性的HCFCs，以及此後可能取代它、對臭氧比較好的HFCs，卻和氟氯碳化物一樣是直接加溫的溫室氣體——當然，它們缺乏任何從攻擊同溫層臭氧所得到的間接冷卻效應）。

另外，還可能有某些非常重要的負回饋，林曾說其中之一牽涉到水蒸氣。根據這種看法，溫室加熱增加了對流而下雨，減低大氣中水蒸氣的濃度而導致冷卻。反之，一般所接受的看法，似

乎受到對海面溫度研究的支持，它是說關於水蒸氣最強烈的回饋絕對是「正面的」：溫室加熱作用產生更多的水蒸氣，捕捉更多的熱。然而，水蒸氣增加以後可以造成更多的雪，因而增加地球藉反射陽光而自我冷卻的能力。一般也以爲雲霧就整體來說有冷卻的作用；它可以捕捉熱量，尤以在夜間爲然（但是至少在目前很可能它所反射的熱比捕捉的熱多）；而水蒸氣增加也會引起更多的雲霧。再者，由那些雲霧中所落下的任何雨，都有助於由大氣中除去二氧化碳。而二氧化碳含量的增加會使草木更生氣蓬勃地生長，而使二氧化碳的含量減少。在一九八四年的《氣象學報》（*Journal of Climatology*）上，艾德索（S. B. Idso）甚至推測，總的來說，像較多植被這樣的事情，會使二氧化碳冷卻地球的作用增加，而非使地球加溫。

在過去幾十億年間，太陽的光度已成長了百分之三十。爲了支持上面的理論，我們可以指出地球在這漫長的時間中，是如何避免失控的加熱與失控的冰河現象。這不是強烈負回饋迴路的一個跡象嗎？或許是的。但是就這一點來說，整個的回饋會繼續是強烈和負面的嗎？一般的看法是地球的運氣很不錯：增加的太陽強度，大致因綠色植物光合作用使溫室氣體（二氧化碳、甲烷、阿摩尼亞）減少而平衡。

有些人不否認溫室的加熱作用將逐漸增加，但卻期望它會使地球變得更好。大家都同意有的地區會更乾熱，另一些地區會更濕冷。蘇聯氣象學家布迪柯（M. Budyko）曾經談到一個「溫室樂園」：撒哈拉大沙漠上有牛羊、目前中亞的沙漠中有農作物。主要的改變將是適合特殊植物和動物的區域向北面遷移。植物的生長將更繁茂，由於雲霧的遮蔽增加，生長季節加長：日間較涼、夜間較暖、乾旱較少。不過，當我們慶幸這些時，也不能忽視它對於人類和生態可怕的直接作用。如果許多大區域突然變成不適合人居住，那麼動植物（尤其是樹木），則很不容易以趕得上這些預期中改變的速度遷移。在二〇五〇年前只上升攝氏二度也是太快了。再者，當塵埃與大氣懸浮微粒（硫酸鹽、由森林焚燒所造成的煙與煙灰等）使某些地區冷卻而另一些地區加溫時，天氣便被往兩個相反的方向拉。這個情形可以造成極大的不穩定。而大氣中對其化學週期非常重要的氫氧化物含量，由於甲烷的攻擊，可能耗竭，而引發非常突然的改變。

此外，世界的天氣，是混沌理論（參看第二章）所引用的標準例子，以此說明最初情況中的小變化，如何可以對事件的發展有巨大的影響。以目前的這個情形，主要的危險是在於地球上的氣候，會發展到它由一種半穩定的狀態躍進到另一種極不相同的半穩定狀態，引起驚人的破壞作用。當全球性的加溫改變了墨西哥灣洋流時，歐洲可能將走進一次冰河時代。

◎一次失控的溫室災禍？

最嚴重的溫室危險可能是失控的正回饋。金星是一個可怕的例子。原始的生命或許眞的曾在那兒演化，可是現在它稠密的大氣（其中幾乎全是二氧化碳），造成攝氏四五〇度左右的溫室溫

度。拉夫洛克指出：雖然百分之〇．五的濃度只會引起呼吸急促，「一旦空氣中二氧化碳的濃度到達或超過百分之一，則便出現新的非線性效應，而加熱的作用將大爲增加。」一開始，水蒸氣會顯著累積。他又說：「地球而後迅速加熱到接近沸水的溫度。」值得注意的是，要釀成災禍事實上不需要百分之一的二氧化碳，只要溫室氣體新增加的效應加起來相當於百分之一的二氧化碳便夠了。

施奈德（S. H. Schneider）說：

> 氣候迅速的改變可以破壞森林和其他生態系統，減低它們由大氣中將二氧化碳吸收下來的能力。再者，氣候的加溫將使土壤中已死的有機物質形式保持的大量的碳，迅速地釋放出來，這種碳的貯存至少比貯存在大氣中的碳多兩倍。它不斷地由土壤微生物的作用而分解，而較暖的氣候則可以加速其行動；由於土壤中釋放更多的二氧化碳，從稻田、建築工地和濕地中釋放甲烷，因而使加溫的作用更爲提高。過重的甲烷目前也以籠形包含物（甲烷和水的分子網狀結構）的形式固定在大陸棚沈積物中，或在北極永久凍原的下面。海洋淺水的加溫與永久凍原的融化，亦可以釋放某些甲烷。

今日的甲烷存在量是在十兆噸以上，因而其碳的含量比所有已知石化燃料儲存的碳的含量都大。但是，在甲烷（化學分子式爲CH_4——四氫化碳）中的碳，與燃燒燃料所形成二氧化碳中的碳相較，威脅性大得多。要記住，以一個分子對一個分子來說，甲烷這種溫室氣體比二氧化碳的效力強上三十倍。

「各國政府氣候變化小組委員會」（Intergovernmental Panel on Climate Change）的報告，對於政治家於一九九二年在里約熱內盧的集會，有極大的影響。「綠色和平國際大氣與能源運動」（Greenpeace International's Atmosphere and Energy Campaign）的科學主任賴吉特（J. Leggett）說，這個小組的委員會，在達成其一致的意見時，排斥極端的估計數字——不論它們是好是壞，而以一句話涵蓋所有生物回饋的迴路：「生物的回饋尚未受到重視」。有的人不是不知道，造成海洋浮游植物喪失百分之十的各種變化，「將使海洋每年吸收二氧化碳的量減少五十億噸（也就是相當於每年因消耗石化燃料而排出的二氧化碳的量）。可是這樣的事實還是不能使大家重視生物的回饋」。浮游植物也產生了促成雲霧形成的硫酸二甲酯，「因而它們的喪失表示將減少了能將輻射線反射回太空的雲霧，而相對的，將有更多的水蒸氣發生溫室氣體的作用」。「綠色和平組織」詢問了四百位氣象學家對於賴吉特所模擬的失控溫室情況的反應是什麼？他們之中幾乎一半覺得如果不減少溫室氣體的排出，失控的溫室氣體是可能的，而有百分之十以上則認為這樣的情形可能會發生。

賴吉特所說的情況是：（一）、海洋中的水域在暖和起來時較不能由空氣中吸收二氧化碳；（二）、冷水的營養物質只是偶爾上升到加溫以後的海面，以致浮游植物生長較為緩慢，吸收較少

的二氧化碳，產生較少有形成雲霧作用的硫酸二甲酯；(三)、許多浮游植物因臭氧層的喪失而死亡；(四)、較暖的天氣增加土壤及植物中二氧化碳生產的淨值；(五)、凍原融化，產生更多的二氧化碳以及大量的甲烷；(六)、高空雲霧發生變化，使它們捕捉更多的熱；(七)、發生乾旱，殺死植被，將碳送回大氣；(八)、由於甲烷和其他溫室氣體的毀壞作用，氫氧化物耗竭——目前氫氧化物在清除大氣中的甲烷和其他溫室氣體上有很重要的作用；(九)、由於小汽車與貨車數目日增，相當強烈的溫室氣體使位於大氣較低層的臭氧會增加；(十)、海上的冰減縮，因而被反射回太空的陽光減少；(十一)、當大陸棚沈積物釋放出甲烷時，甲烷最後失控。

賴吉特原本可以提出許多進一步的因素。譬如，(一)、如前面所提，加溫的作用將更多的水蒸氣推進大氣，這種對溫室效應的增強，最後超過所有其他氣體的作用。(二)、泥炭地在乾的時候會排出大量的二氧化碳。英國土壤和植被所含四分之三的炭，是在蘇格蘭的泥炭地。(三)、由於細菌活動的增加，加溫後的海洋可以將其許多未溶解的有機碳以二氧化碳的形式釋出。赴北大西洋的考察隊，發現近表面處有機碳的含量有時在幾天以內下降百分之三十。而海洋包含一萬六千億噸的這種分子，較貯藏在所有陸地植物中的碳都多。

前面曾提到過的兩個事實，使這些論點更令人不安。幾乎每一個人都預料溫室的加熱至少會上升攝氏二．五度，而太陽的光度已在幾十億年間不斷增加，因而它現在增加了百分之三十，而自公元一七五〇年起，它已從一種偶爾的小量減少中復原。平均每年地球氣溫上升攝氏二度，便可使地球比過去幾億年更暖和，或許比四億年以前生命移動到陸地上之後更暖和。查普曼（C. R. Chapman）與摩瑞森（D. Morrison）警告我們幾件事：「最近對格陵蘭冰層的二氧化碳作測定，說明地球大氣的二氧化碳含量可以在幾百年間突然不可預測地改變」、「我們正處於一個溫暖冰河期的巔峰」、「自從這一個冰河時代週期開始以來，還不曾有比現在溫暖得多的時候，大氣中也從來沒有這麼多的二氧化碳」、「據我們所知，在六千五百萬年以前結束的白堊紀，可能曾接近一個失控的溫室。在這個情形下，今日所開始的行動，在我們這個行星一頭衝向金星式的結局以前，可能無法及時逆轉」。拉夫洛克是發明和推展所謂「強有力的負回饋而保持了地球健康」這一想法的主要人物。一九八五年時，在某些最令人不安的證據出現以前，他早已表示，當地球氣溫的調節作用已經快用到極限時，「甚至一個微小的干擾也可以造成它全盤的失敗。而這樣的極限可能已不遠。」

這些都只是極端的推測之辭。但是在氣象學中幾乎沒有什麼確定可言。如果有，知道的時候也可能太晚。西凡（R. Sylvan）說：「要做合理的決定，必須將不大可能發生、但一發生便會釀成災禍的事情計算在內。」如果我們能知道二億五千萬年前眞正發生了些什麼事，是會很有用的。那個時候是在二疊紀之末，世界上四分之三的物種，可能因窒息而死。威格諾（P. Wignall）說：「在地質學紀錄中，缺氧症與海平面的上升往往同時發生，但沒有人知道爲什麼會這樣。」

我們想要安全一點，現在能怎麼辦？一九九〇年懷特（R. M. White）說：「不論我們採取什

麼政策行動，完全阻止氣候變熱似乎都是辦不到的。」但是他警告大家不要以爲世界末日將至，並且希望各國能在未來三十到五十年間共同採取行動，因爲他認爲在未來三十到五十年間情形會變得嚴重。這一種輕鬆的態度，反映在一九九二年在里約熱內盧所簽署的悠哉、含糊、不具約束力的「氣候變化公約」（Climate Change Convention）以及一九九五年的「柏林執行令」（Berlin Mandate）。它們只責成其簽約國繼續談論。限制公元二〇〇〇年後排出物的詳細目標，要到一九九七年才加以討論，不過有力的環境條約還是不容易使大家簽署，更不用說加以執行。在開採石化燃料上抽「碳稅」可以很有效，而且不花大家一毛錢，因爲此舉可以鼓勵他們節約能源。此外，對於排出物的抽稅，給了挪威一個啓示。它將二氧化碳由天然氣中析出、加以壓縮，每年埋藏一百萬噸，將它灌入北海下面的岩石中。

再多用一點核子能或許是有好處的，但是爲了一個大幅擴張的核能計劃而挖出和處理低級鈾礦，這本身便會造成二氧化碳大量的釋放。可悲的是，水力發電會促成大量甲烷的排出。這些甲烷，是從大量建造水庫地區的腐爛的植被排出。改良的太陽能發電池、風能或波浪能，可能是一個解決辦法。萬一什麼都不行，我們還可以用核子彈將大量的灰塵拋進大氣層上層，希望它造成的後果是冷卻而非更爲加熱。有很多人曾經一本正經的提議試試這個辦法。

◎生產食物的土地與水的耗竭

現代農業使用大規模的灌溉與施肥，一而再、再而三的種植同樣的農作物。土地很少休耕或種植有固氮作用的苜蓿。如果土壤出現耗竭的跡象，則施更多的肥，一直到施肥也不管用爲止。經常澆水造成鹽份的累積，但一直到農作物欠收大家也才注意到這一點。野草可以保持表土和減少水份的蒸發，但是由於大家熱衷於使用農藥，表土更容易被鹽漬化或被沖走或被吹走。人口的壓力和大地主的自私，往往造成對新的且勉強說得上肥沃的土壤密集使用，使這樣的土壤迅速退化。然而，在曾經是土壤最好的地區，退化的現象也可能同樣顯著，因爲人口大量湧入，對土壤的利用也增加了不少壓力。

砍伐森林的確可以開闢農業用的新土地。不過，尤其是在熱帶地區，這樣的土地往往太過貧瘠，在三年以內就變爲無用，而且砍伐森林還會增加土壤的侵蝕作用，在風力助長下將表土吹走，也造成幾百哩以外的洪水。每一年二百五十億噸的表土因腐蝕作用而喪失，單是在衣索比亞便喪失五億噸，美國是四十億噸（比一九三〇年代的大草原乾燥地帶更甚），印度是六十億噸，諸如此類等等。由於這個以及其他的原因，使每天有二萬公頃的土地變成不能種植農作物，其所造成的後果是沙漠化，而過度放牧和最近的旱災，也是火上加油。這個情形由於非洲的薩赫爾

(Sahel)災禍而出名，不過單就在亞洲來說，它五分之二的土地，都具有沙漠化的高度風險。

進一步限制收穫量的因素還有：污染、含水層——美國穀物區下面的含水層、中國北方平原下面的含水層、供養龐哲普（Punjab）小麥田（其含水層每年下沈一半）的含水層等——的耗竭以及在基因上均質的農作物無法抵抗的疾病與昆蟲。自一九八四年以來，世界上個人穀物的產量大約每年減少百分之一，主要是在貧窮國家。一九九四年麥肯濟（D. Mackenzie）寫道：

> 非洲現在每年所需要的穀物量比它所實際生產的多一千四百萬公噸。由於人口成長率爲每年百分之三，而農業生產的成長率爲每年百分之二，到了公元二〇〇〇年，不足量將達到五千公噸。中國大陸日益成長的人口、日漸減少的農田以及愈來愈繁榮的景況，可以使中國大陸穀物的進口由目前的每年一千二百公噸增加到一億公噸。如果有農作物剩餘的國家必須在給予非洲穀物和售予中國穀物間做一選擇，則這個選擇不難做成。

一九七〇年代與一九八〇年代的「綠色革命」是不是會重演，以增加穀物生產的噸位？現在所發展中的高產量穀物，將來可能與其「綠色革命」的先驅一樣有許多同樣的缺陷，如營養品質低、在儲藏時容易腐爛；它們需要大量澆水、大量施肥、大量使用殺蟲劑。很可能，無疑有一段時期增加地球承載力的「綠色革命」，終究會減少其承載力。譬如在印度，那些被西方科學家所誤導的人，事實上已在借貸未來其子女的食物資源來養活自己。有人說幾乎已經可以上市的一種超級米，比今日最好的米大到百分之二十五，可以在貧瘠乾旱的土壤中成長，且其遺傳因子可形成抵抗昆蟲和疾病的能力。可是即使這些說法都是對的，這種稻米密集的使用，也可能傷害到土壤。在「國際稻米研究所」（International Rice Research Institute）某些最肥沃的試驗地上，稻米的生產量近年已在減少。

有關水的方面，現在的情形也同樣不樂觀，在河流與湖泊上，漁獲量已因水中的污染物而急遽下降。這些污染物中有引起異序同晶現象（eutrophication）的硝酸鹽肥料和磷酸鹽：植物過份生長和腐朽，幾乎除去所有的氧。可是眞正使人驚訝的是海洋中的悲慘情形，因爲海洋生產人類所食用的四分之一的蛋白質。

雖然濕地是大多數海洋漁場的產卵地，也過濾掉污染物，可是其中一半以上已爲排水、砍伐紅樹林、化學污染、以及建築地的沈澱物所破壞。而幾乎在各地，在生物學上最具生產力的海岸水域，都嚴重受到殺蟲劑與肥料的農業排放物（它們又引起異序同晶現象）、家庭與工業污水、有毒廢料、石油等的侵襲。當然，使一個在海洋中可四處活動的生物體受傷害，遠較使蘇必略湖的魚受傷害要來得困難得多。第二次世界大戰以後，盟國曾故意將載有擄獲德國毒氣彈的二十艘舊商船的十萬多噸芥子氣和其它毒氣，沈入海中，但是即使這樣也可能不會造成災禍性的損害。不過，每年污染物的噸數已相當可觀。譬如說，六百萬噸的石油，其中有一點是由於油輪失事，但大部分來自市區、海岸的煉油廠和輪船的艙底破洞。汞現在以天然比率的三倍半進入大海，鉛

則以十三倍。情形最不好的是加勒比海、地中海、黑海、北海和波羅的海。在波羅的海，只有少數幾種蟲子存活了下來。

然而，使魚存量減少的主要原因，到現在爲止都是過度的漁撈而非污染。用拖網捕魚的人使用進步的工藝技術，精確的測定魚群的位置，而後用龐大的網把它們一網打盡。這樣的網由沈重的拖網門予以撐開，這些門可以完全掘起海床上的生態系統；而漂網則可以一撒達五十公里。大半的漁獲物均當垃圾丟掉，其他剩下來的，很多則成了肥料或動物飼料。海洋漁業是「公地悲劇」的一個最清楚的例子。當許多個人開發利用一個資源時，每一個人最好是搶得愈多愈好，不論這樣是否會造成資源的耗竭。全球的漁獲量雖然在一九七〇年以後成長較慢，但是也一直成長到一九八九年。一九九〇年它開始下降。但是，雖然聯合國估計世界上的捕魚船隊現在每年的虧損共達五百億美元，可是由於政府的津貼，這些船隊的工作熱忱依舊不減。

有的人懷疑所有這些情形的重要性。譬如，許多專家（如替「聯合國環境計劃」繪成《世界沙漠化地圖》（*World Atlas of Desertification*）的兩位專家）否認沙漠已大幅擴大。誠然，許多所謂的沙漠化指的只是雨量暫時減少的情形；再者，可能食物的不足可以由以遺傳學操縱穀物以外的方式來解決，或者由在海中種植大海藻來解決。又或者，它可以藉由區域性飢荒致死的一般方法解決，而不危及人類的存活。但是目前很難將最新的農耕技巧引進貧困的國家，這些國家最需要新的農耕技巧。它們的軍方領袖可能認爲，挑起生物戰爭勝於飢荒，也是對那些吃得太飽的、討厭的人正當的報復行爲。哈定（G. Hardin）的理論是說，地球的承載力是神聖的，應予以尊重。他引述一位美國人造訪已有半數人餓死的難民營的故事：

在注意到附近場地上堆積如山的穀物袋時，他問一位難民營的長官說，爲什麼大家不去制服那一個孤伶伶地看守穀物的士兵？那位長官對他說，那些袋子裏面是下一季栽種用的種子。他說：「我們不偷未來的東西」。

可是如哈定所云，我們不能輕易假設每一個人都願意出現在這樣的一個故事中。

經濟學家所傾向建構的模型是說，當肥沃的土地和資源變少以後，成長便逐漸減小，不幸的是，麥多氏等人在《超越極限》（*Beyond the Limits*）（一九九二年出版）一書中所描寫更切實際的電腦模型是說，當食物匱乏與在經濟上對它的理想回應之間有所落後時，相當嚴重的瓦解則在所難免。可是，當不論資源是否已變爲稀少，都得餵飽肚子，而且當漁船在破爛以前還能捕許多年的魚時，這種落後是很難避免的。《超越極限》所探討的電腦試驗，顯示全球性的瓦解只不過在未來的五十年左右。

最重要的問題是：對於環境的持久開發利用，在到達某些極限以後，接下來會是一次災難性和長久的崩潰嗎？或者只是一次小規模和暫時的崩潰？這些極限，乃是在工藝技術上任何一個特殊階段，按照有限農業土地、有限森林、以及有限的土壤、水和空氣吸收更多污染物的能力等等因素配合決定的。可惜，似乎很清楚的是，除非盡最大的力量加以防止，否則由於造成成長的各種因素的耗損，長久的瓦解幾乎一定會發生。土壤當然可以耗損。但是由於污染物往往毒害能吸收污染的天然機制，地球由污染中恢復的能力也因而受到耗損。

麥多氏等人使用了一個意圖構造爲非常簡單的電腦世界模型。他們一次又一次的操作它，每一次都對「可以由土地上收取得到食物的最大數量」、「土壤由於經常使用和由於污染而造成的退化率」、以及「礦物質和石化燃料是否可以取得」作新的假設。他們發現，像是「將可得到資源加倍」這樣的事情，往往只會拖延超過極限開始的日期，而正因爲超過的時期已經耗損了使成長成爲可能的一切，接下來的瓦解是嚴重而持久的。他們的報告說：

> 我們在許多年來所做成千次模型的操作中，最常見的結果是超過極限與瓦解。超過極限的原因來自於回饋的延遲，這是由於這個系統中做決策的人，在超過極限以後很久，才知道或相信或針對已經超過極限的資訊採取行動。

雖然他們堅持這本身並非對眞實世界的預測，可是它卻強烈地表示這將會發生，除非我們能考慮到幾十年以後的事；然而，各國政府卻很少考慮到下一次大選以後的事，或考慮到當前年邁獨裁者過世以後的事。「如果一個社會只從資源的有無來看各種預兆，而不顧這些資源的多少、品質、變化、健康和置換率，則它將超過極限」。

在農業和污染危機的情形之下，「超過」表示當人們在自己最受毒害與飢荒的時候，面對清除一個被毒害環境的需要。

◎生物多樣性的喪失

生物多樣性的喪失，有四個主要的原因。（一）、包含今日動植物種五分之四左右的荒野地區（尤其是雨林）和珊瑚礁（往往是因其石灰石而被開採），目前正遭到破壞。（二）、污染造成許多物種的絕滅。（三）、現代農業往往集中生產極端有限的物種。種植者只栽培少數幾種至少在大量施肥之下與在新疾病攻擊以前特別具生產力的作物。他們視其他的植物爲野草，用農藥加以毀滅。而動植物育種者想得到他們所培育品種的商業權利，這些品種不能包含會有太多變異性的基因。在英國，出售沒有登記的種子是犯法的。登記一個品種每年要花幾百英鎊，而只有不太含變異性基因的種子可以登記。（四）、目前有過份漁撈、過份狩獵、過份採摘和過份放牧等情形。

滅絕率正日漸增加，即使沒有全球性的核戰或臭氧層災禍性的破壞，很可能到了公元二一〇〇年，今日尚存的物種將消失一半以上。有人說在公元二〇〇〇年，十五年前存在的物種，有百分之二十會滅絕。雖然這方面的數字引起很大的爭議，而「物種」一字本身的定義也是爭論性的

題目，可是或許有五分之三的物種是集中在迅速消失的熱帶林這個事實，可能使這樣的說法有一點可取之處。很多其他的物種集中在珊瑚礁，也是同樣的情形。在菲律賓群島，黃色炸藥、污染和採集已摧毀了十分之九的珊瑚。野生動植物的貿易利潤很大，足以使許多物種滅絕。犀牛角目前比同重量的黃金更值錢，而一盆蘭花轉手便是幾千美元。不過，最大的威脅都是由於棲息地的破壞。

在個別植物或動物物種之內，生物多樣性的喪失，會減少對病蟲害的抵抗力。爲了防制這種情形，人類竭力使用愈來愈多的殺蟲劑和疫苗。氣候的改變或土壤的改變（或許是鹽份增加，或許是累積了許多重金屬的污染物）、或穿過臭氧層之紫外線、放射線量的變化、或大氣中污染物含量的變化，其影響更爲嚴重，因爲自然或育種學家或遺傳工程師爲了生產持續性的活力，現在可以實驗的遺傳學交配較前爲少。此外，一個物種中個別生物數目的減少，其本身也可能很重要。一個其個體數由一百萬減縮到一萬的物種，可能因而使其遺傳學上的多樣性喪失掉一半。

在各種棲息地之內生物多樣性的喪失，也可能有令人不安的結果，儘管在這方面的證據較少是一面之辭。帝國學院（Imperial College）所做單純人工棲息地的實驗——以明尼蘇達州高草大草原和西倫吉提國家公園（Serengeti National Park）的野生植物所做的實驗而言——說明了植物與昆蟲雜處，則其生產力會增加，更有能力抵禦放牧和乾旱。可以證實這個實驗結果的，是現代種植單一作物的田地通常需要相當多的灌溉。「第二生物圈」（Biosphere 2）是一個一公頃大由玻璃封閉的生態系統，它所生產的食物遠較預期爲少。它的失敗可以進一步說明對於「第一生物圈」（我們行星全部生物界）高度分歧的多樣性之需要。然而，「第二生物圈」的喪失氧氣（爲了使其八名居住者不致窒息而死，不得不將新的大量氧氣打進去），不是由於有限的生物多樣性，而是因爲土壤中的微生物太多。在第二章中，在談到大災禍理論的時候，我們將會再討論有時出現的說法，也就是說地球／生物界高度複雜的生物多樣性，事實上使它自古以來有較大的崩潰傾向。這一點有助於解釋地質學紀錄所顯示的大量滅絕現象。威爾遜（E. O. Wilson）便寫道：

> 爲什麼生命會在熱帶森林和珊瑚礁這幾個有限的地方驚人的增殖？一度大家普遍認爲，當大數目的物種共存時，其生命週期和食物鏈連結在一起，使這個生態系統更爲茁壯和健全。在過去二十年間，這個假設爲一個逆轉的因果情節所取代。後者是說，當環境夠穩定，可以支持生物物種在一個長時期中的演化時，物種脆弱的超級結構便會建立起來。

但是，威爾遜當然不是說雨林奇異的稠密度如果不再，不會對人類造成眞正的危險。我們要記住雨林的淨化大氣，以及其所貯藏的動植物之DNA；後者可以使我們免於農業上的災禍。

「生物多樣性公約」（Biodiversity Convention），似乎是一九九二年里約熱內盧「地球高峰會議」（Earth Summit）最有希望的成就之一。可是在這個以後的三十個月，大家對於公約的秘書處應設在何處的小細節都無法達成協議。提供科學與技術意見的次級委員會，其第一次會議竟定在

一九九五年九月才召開。森林保育被交給一個聯合國的「永續發展委員會」（United Nations Commission on Sustainable Development）處理，而這個委員會沒有法律上的力量。最值得注意的行動是將十二月二十九日定名爲「國際生物多樣性日」（International Day for Biodiversity）。

◎人口的危機

一八二五年時，地球上的人口剛剛竄升到近十億人（編按：公元兩千年時，光是印度人口就破十億）。這一年，馬爾薩斯（Malthus）預言它不久會達到這個行星所可以養活的限制，在此以後，人口會因飢餓、傳染病和戰爭而猛降。可是，事實上它在下一個世紀中增加了一倍，在其後的半個世紀中又增加了一倍。它現在的數目比耶穌基督活著的時代多二十五倍，並以每天增加二十五萬人口的速度成長。人口倍增所需的時間現在減少到大約三十五年。即使生育率在今晚下降到「置換率」（replacement rate），也就是說每一個成年的女性生二點多個嬰兒，這個數目也會由今日的大約六十億人攀升到八十五億人，因爲今日的人口中還有許多人尚未到達生育的年齡。

雖然美國本身的人口自一九四〇年後已經增加了一倍，最大的成長卻是發生在較貧窮的國家。一般預料亞洲的人口在一八〇〇年與二〇四〇年間將成長十倍左右，非洲成長三十倍，拉丁美洲或許成長五十倍。一九七五年在肯亞（Kenya），生育率（每個女人一生中生孩子的次數）是八個以上。現在這個數字已經下降，但只下降到撒哈拉沙漠以南非洲整個地區的平均數，也就是生六個孩子。埃及的數目大致是五個。印度和秘魯是四個左右。在印尼，縱有爲大家所讚賞的教育活動、小韻文廣告和免費的避孕藥，可是這個數目仍超過三個。聯合國估計，如果生育率顯著下降，則公元二〇五〇年時全球人口大約是一百億人，否則是一百二十五億人。雖然今日十億以上的人已在飢餓邊緣，可是預測公元二一〇〇年時需要餵養的人數會達到二百七十億人。單是奈及利亞，由於它今日人口加倍的時間只是二十年多一點，很可能由現在的一億左右人口上升到近五億。巴基斯坦人與孟加拉共和國人，目前已擁擠在一起，其數目可望倍增。

生態學家爾利其（P. Ehrlich）所著的《人口炸彈》（*The Population Bomb*）（一九六八）一書，其預言整個來說過份悲觀。他又著有《人口激增》（*The Population Explosion*）（一九九〇）。爾氏的說法與上述的人口數字成一鮮明對比。他說全球可以輕易供養的最大人口數應是二十億人。誠然，我們可以塞進二百億，如果他們是活在今日孟加拉共和國悲慘貧窮的水準。但是，如果所有這些人在飲食、資源消耗與污染物的產生上移動到巴黎或紐約居民的水準，則環境的災難便勢所難免。據說普通美國公民對環境所施加的壓力，比普通索馬利亞（Somalia）人對環境所施加的壓力大四十倍到一百倍。科學的進步（或許會有某種不造成污染的新能源）可以是很有用的，可是二十一世紀的科學還是沒有希望以可接受的生活水準供養二百億人，或者以任何水準供養二百億人。而且，如果人口以近年的速度迅速成長，人口不久還會更多。甚至迅速擴張進入外

太空也不能解決這個問題。以今日可想像最好的製造技術，要在我們整個銀河系中殖民得花上四百萬年。而以現在的火箭製造技術來說，則需要三億年。可是，如果人類人口繼續以目前的速度成長（大約每年百分之二），則不到一千三百年，它便會需要被分散到一百億像地球一樣的行星上去。即使我們異想天開地說，我們銀河系中的每一顆恆星都有這樣一個行星，那麼只有以超過光速的旅行，才能達成這個結果。

至少在不久的未來，一百億的人口，便可能造成沙漠化與飢荒以及無法忍受的區域性缺水與污染，這些一定會引起戰爭——盧安達（Rwanda）內戰中最近的大屠殺，可以視爲人口過多以及它對該國農業壓力的直接結果。在這個國家，人口每二十年增加一倍，土壤養份的耗竭已將收穫量減少了幾乎百分之二十——雖然農作物科學有許多進步，可是全球人口的成長幾乎一定會在未來四十年間超過食物生產的成長。而後，疾病與環境的災禍可能橫掃全球，物種可能大量滅絕以致生物界瓦解，或者溫室效應可能失控：要記住，強烈的溫室氣體——甲烷，是由稻米田和牲畜大量產生，而在開發中的國家，許多人可能想要擁有汽車。「世界觀察研究所」（Worldwatch Institute）的所長一九九二年發表了一篇標題爲〈挽救世界的十年〉（"Ten years to save the world"）的文章提到，人口的炸彈據說已經爆炸了。上述的各種情形，使他的說法似乎可信。一般的戰爭好像不大會造成什麼大的改變。從第一次世界大戰開始到第二次世界大戰結束，所有的戰鬥只不過殺死二億人口。然而，如果某一個飢渴到無法忍受的國家發動生物戰爭，那麼情況可能改觀。

當有人問一位第三世界的官員，二十年後他向窗外看時會想看見什麼？他的答案竟是「煙霧」。這個想法是值得同情的。他們寧可忍受工業化所造成的「煙霧」，也不要難挨的貧困與經常性地害怕挨餓（一位反對避孕藥物的牧師說，這是爲每天的麵包做掙扎性的挑戰）。可是，造成煙霧的污染也可能造成飢荒。

一九七二年，麥多氏、朗德斯和白倫斯（W. H. Behrens），在一個稱爲「羅馬俱樂部」（The Club of Rome）的團體支持下，發表了《成長的極限》（*The Limits of Growth*）一書，警告對於環境迅速增加的開發利用，不久便會造成災禍。雖然他們的某些預測過份悲觀，可是由漁場瓦解這樣的事情看起來，大半卻是正確的。在《超越極限》一書中，麥多氏和朗德斯再度指出人口與工業生產的成長指數曲線如果繼續下去，即使只是一段短時間，也可能有悲哀的結果。他們說，「當某一個量的增加與現有的量成正比時，它是作指數性的成長。我們可以拿想像中的荷花做一個比方。荷花在面積連續三十天倍增以後，便會使池塘中所有其他的生命窒息。很久以來，這枝荷花似乎很小，因而你決定不用對它發愁，直到有一天它佔滿整個池塘。這一天會在何時到來？在第二十九天——你還有一天可以救你的池塘」。

即使不受到人口增加的壓力，當人們追求較高的生活水準時，工業生產也會作指數性的增加。指數性的世界人口、對於生活水準均等化的要求、以及當成長已接近極限時還遲遲不反應，諸如此類的情況加起來很容易釀成災禍。

不過也不是沒有一線生機。首先，科技可能出人意外地前來搶救，尤其如果再配合上社會價值觀念的改變。《超越極限》一書說，每一個新生的人對環境的影響，在理論上可以減少一千倍以上。一個好的開始，是給世界上的人：「瑞士人的生產能力、中國人的消費習慣、瑞典人平等主義的天性、以及日本人的社會紀律」。其次，當許多國家富足以後，它們的生育率往往降低（「人口學的變化」）。如果最近在西德所見的生育率施行到世界其他國家，則到公元二四〇〇年時，世界上已沒有人類的存在。富足表示不需要子女分擔勞動，或者保證子女中有一個將存活下來奉養老年的父母。其次，據「世界健康組織」（World Health Organization）的說法，由於缺乏避孕的辦法和婦女無權做決定，今日至少四分之一的受孕是懷孕的婦女本身不願意的。可是，全球每月軍備開支的不到四分之一，便可以使每一個人都得到避孕的工具和藥物。巴西有一些電視連續劇，通常演快樂的小家庭，但有時也演悲慘的大家庭，這樣的連續劇對鼓吹家庭計劃很有效果。也有各種證據說明，在貧苦的國家收入有些微的上升以後，人口學的變化便開始。第三，各國政府賞罰並用，也相當成功。印度一九七五至七七年的人口控制計劃，以官方的力量強迫每一個有三個子女的家庭中的父母之一不能再生育，其他自動同意不生育的人也獲得一點小獎賞。雖然西方人對這個計劃表示氣憤，可是一直到今天，印度還給自動結束其生育能力的人一點錢。錢的數目很少，只有換不到二十美元的盧比，但是出人意外地，接受的人還眞不少。在中國，比較嚴峻的「一胎化政策」乃由福利金的喪失、罰鍰和強迫同意不能生育等規定所支持。它迫使生育率下降到幾乎等於置換率。這個政策造成鉅大的創痛，但是不這樣便會經常發生飢荒。從一九五○到一九八○年，中國大陸龐大的人口已經增加了一倍。

然而，也有許多事情使人悲觀。中國大陸今日每年人口仍增加一千六百萬人，它到了二○一○年時，將比一九九四年時每人的可耕地少百分之二十五，而且這些土地也受到沖蝕。成千上萬的人由貧窮的內部和北方遷移到日漸繁榮的沿海城市，很可能像過去一樣，引發各區域省份間的戰爭。大多數開發中國家的收入長久以來都在減少，並非上升到足以鼓勵人口學的變化而趨向固定的人口數。再者，宗教的基本教義派往往想要剝奪婦女的權利，他們視所有避孕方法的使用如同爲敖難（Onan）的罪過（創世紀，三八．九），或者視使用「次晨藥丸」（morning-after pill）等方法毀滅一個受精卵爲殺嬰；而少數第三世界的領袖，仍然視所有鼓勵小家庭的建議爲「懷有種族偏見的陰謀」。一九九二年「聯合國環境和發展大會」的「地球高峰會議」，官方的議程排除人口政策的討論。雷根政府斷絕對「國際計劃親職聯盟」和「聯合國人口活動基金」表示支持，而布希政府也未予以恢復。營養豐富的加拿大人也只是放馬後砲。他們對於印度政府給人民電晶體收音機「賄賂」他們贊成不生育一事，大表憤怒。

志願性的人口控制辦法是否可以長期實施，是很可疑的。拉夫洛克很贊成《物種原始》（*The Origin of Species*）的作者之孫達爾文（C. G. Darwin）的說法，也就是說「天擇將使愛好許多子孫的人獲得最後的勝利」。雖然社會影響力很重要，可是這話大致上是沒有錯的。愛許多子孫的人

可能逐漸發展出在必要時抗拒那些影響的能力。但特殊群體內部的壓力，總是可以鼓勵其成員不顧外界的壓力而多多生育，而後讓這些群體逐漸主宰世界。透過展示對大家庭的驕傲或講述上帝熱衷於大家庭，而不透過遺傳因子，生產眾多後代的強烈要求，可以一代一代傳下去。

人口過多、環境的破壞、疾病、犯罪和戰爭，往往是一起來的。凱普蘭（R. D. Kaplan）寫給他的美國同胞說：

> 媒體還會有一陣繼續把海外暴動和其他的暴力動亂主要歸咎於種族和宗教的衝突。但是當這些衝突還在增加時，我們便明白還有許多地方無法統治。如果你在外交政策圈中提「環保」或「天然資源減少」，那便會碰到懷疑或厭煩的閉門羹。對於保守份子來說，這些字彙似乎是容易破碎的。現在是瞭解「環保」眞正是什麼的時候了。它是二十一世紀早期最重要的國家安全問題。人口如波浪般增加、疾病猖獗、森林的砍伐與土壤的沖蝕、水的缺乏、空氣污染以及在像尼羅河三角洲和孟加拉共和國這些衝要的人口過份擁擠地區海平面的可能上升，其在政治和戰略上的影響，將是核心的外交和政治挑戰。如福山（Francisco Fukuyama）所云，雖然少數的人口，有充份的庇佑可以進入「後歷史」的境界，其間環境已被主宰而資產階級的富足又緩和了種族的仇恨，可是愈來愈多的人卻會困在歷史之中。他們坐在城市的貧民窟中，由於缺乏飲用的水、沒有土地可以耕種、沒有空間可以生存，將沒有任何希望擺脫貧窮、文化的機能不良和種族的鬥爭。

自然發生的疾病

今日，傳染病是大約半數人口死亡的原因。產生傳染病的有機體主要共分四組：細菌、病毒、在複雜性上介於細菌與病毒之間的立克次體、以及瘧疾的原生動物和血吸蟲病的微小蟲子等一類的寄生蟲。瘧疾和肺病是目前最大的殺手。肺病造成的死亡稍微多一點，每年大約三百萬人。然而，一九一八～一九一九年全世界的流行病「西班牙流行性感冒」病毒，可能曾經感染到全球上的每一個人，它造成二千萬人的死亡。再者，雖然現代醫學或許已設法使天花絕跡，並且大大地減輕了小兒痲痺症和白喉的威脅，可是還有包括瘧疾和肺病在內的許多疾病，已發展出對藥物和抗生素的抵抗力，就像蚊子和其他的帶菌者已對殺蟲劑發展出免疫的能力一樣。此外，新的病原體仍不斷出現。一九七六年最初出現的伊波拉病毒（Ebola virus），可以殺死其百分之九十的受害人，而黑死病只殺死百分之五十。可是羅斯（P. E. Ross）說，最近在美國，除了愛滋病與肺病之外，撥給研究傳染病的經費，如果把通貨膨脹算進去，事實上比四十年前減少。雖然只靠了生物學上的僥倖，愛滋病才不像感冒那麼樣富傳染力，可是「疾病控制中心」（Center for Disease Control）卻每年只花幾百萬元尋找新的疾病剋星。

爲什麼各種病原體沒有戰勝？多發性黏液瘤病最初襲擊澳洲的時候，每一千頭兔子中只有兩頭倖免於死。爲什麼還沒有什麼百分百致死的東西將所有哺乳動物全數殺光，或者特別是把人類徹底消滅？「幸運」在此也許是一個因素。或許複雜的生命已在許多分散在宇宙中的行星上演化出來了，或許在這些行星中，大多數的疾病都得勝，行星上已沒有人活下來沈思這個悲哀的情形。即使像這樣的行星極爲稀少，顯然你、我必定會發現，我們是在這樣一個仍有生物居住的行星上。我們不容易知道這樣推論下去極限應設在何處。假如在全部存在有複雜生物的行星之中，百分之九九・九九九九在眞正智慧型生物在其上演化之前，便遭遇疾病的災難，那麼我們所住的這個行星是在剩下的百分之〇・〇〇〇一就無足爲奇了。我們怎麼還會在別的地方？

誠然，我們可以指出，細菌的自然趨向是要與它所損害的生物彼此達成不安定的妥協，要注意的是它們毀滅了這樣的生物對自己沒有什麼好處。瘧疾每年攻擊三億人，我們可以說它「小心翼翼地」不殺死幾百萬人以上。不過米其森（A. Mitchison）說：「我們今天可能是在一個完全史無前例的處境之下，即使我們知道在過去被寄生的物種被它的寄生蟲消滅的頻率是多少，也無助於對我們自己的瞭解」。以下各種因素結合起來支持這個說法：

一、到了公元二〇一〇年，每兩個人中便將有一個住在城市。今天大約有三十個城市人口超過一千萬人，另有四百多個城市人口超越一百萬人。在這個龐大的城市中，疾病可能會

以可怕的速度傳播，很快地「試驗」幾十種新菌種。

二、國際性的食物貿易、商務旅行和旅遊事業，可以很快地將各種疾病帶到全球。今日的國際性旅客，比一九五〇年時的國際旅客多了二十倍。不錯，當病原體及其宿主同時進行演化時，它們是容易達成上述不安定的妥協：病原體留意讓其寄生的物種發展出抵抗力。然而，當一種疾病突然由一個個體進到另一個個體時，它便會發現在新的環境中，實在太強而有力了，有利於它自己。它可能使在一個沒有準備的環境中的每一個人死亡。在沒有遭逢過感冒侵襲的地區，感冒是可以致人於死的，這個情形屢見不鮮。水痘、流行性感冒和麻疹是由哥倫布引進新大陸。它們對於美洲印第安人人口減少到以前的二十分之一，是要負很大的責任。

三、疾病在我們新污染的環境中猖獗。一九九一年始於秘魯又迅速進入墨西哥的流行性霍亂，大致而言是未經處理之污水的產物。污染除了有助於傳染性有機體的傳播之外，也給人體施加壓力，使人容易生病。有一種癌症（Mesothelioma）專門攻擊包圍肺葉的膜，它是由病毒和石棉合併觸發的，在建築工人之間很猖獗。

四、這一種攻擊肺葉膜的癌症特別值得注意，因為如布朗（P. Brown）所云，觸發它的病毒在人類中間似乎是新的，而其DNA看上去很像SV40。SV40是一種在猴子身上的病毒，在一九五四年與一九六三年間，帶有它的污染物質的小兒麻痺症疫苗，不小心注射到數

百萬人身上。這件事或許是醫學歷史上最糟糕的一個意外事件。

關於愛滋病病毒（HIV），也有人做類似的猜疑。HIV酷似猿和猴的SIV。它之所以會進入人體，很可能是透過實驗性的注射猴血，或在中非試用猴子腎臟所製成的小兒麻痺症疫苗（一九九四年，科學家發現黃狒狒的SIV最近跨越了一個種的障礙；它們最初來自非洲的綠猴子）。

要知道動物的器官（如狒狒的肝臟、心臟和腎臟），偶爾也移植到人體。由於捐贈器官的人不多，這個做法將來大概會流行。這樣做顯然會助長疾病由動物進入人體的危險。往往令人致命的拉薩（Lassa）的馬堡（Marburg）病毒，最近已由動物進到人體。或許現在正是時候，讓大家普遍接受一條規律，那就是不同意在死的時候捐贈器官的成年人，也絕無權利得到別人的器官。

病毒的可怕，是因爲抗生素無法攻擊它們，而新的病毒種類又很快地出現。登革熱一度是比較不嚴重的熱帶疾病，可是最近發展出一種致命的流血形式。再者，不久以前也發現SIV的一個突變形式。它會造成慢性愛滋病的感染，但會在一個星期以內使其宿主——猴子喪生。

五、身體的免疫系統與疾病作戰。就像是愛滋病的情形，當一種疾病以這個免疫系統爲攻擊目標時，受害人可想而知麻煩很大。「愛滋病」（AIDS）是「後天免疫不全症候群」

（Acquired Immune Deficiency Syndrome）的縮寫。而「HIV」代表「人體免疫不全症候群病毒」（Human Immunodeficiency Virus），也就是一般認爲造成感染愛滋病的媒介物。這種疾病最初像是進入潛伏期，人體的免疫能力能控制它達十年之久。而後，它造成免疫系統的崩潰。一般人把它和同性戀者聯想在一起，但是今日的患者之中，有百分之八十是由異性間性行爲感染。由於這種病毒殺人很慢，其宿主有足夠的時間傳染給別人，這使得它比較沒有需要去發展致命的形式。一九八〇年時，感染HIV的人有三十萬左右。今日或許有二千萬，有人說是四千萬或更多。一個城市若住有很高比例的未婚男性或者妻子還留在鄉下的男性，據說有半數的成年人感染HIV，不過正確的數字可想而知不容易得到。邁爾斯（N. Myers）是一位研究全球性惡兆的專家，他說世界上五分之一的人口終究會成爲愛滋病患。

HIV突變得異常之快，即使是在一個人的體內。一個品種的病毒往往也會分裂爲若干顯著不同的品種。然而，就目前所知已出現的病毒品種來說，和其受害者性接觸而得病的機會事實上頗小。蚊子顯然不會傳染愛滋病；而雖然在唾液中會出現HIV，可是說接吻、打噴嚏或咳嗽會傳染卻是沒有根據的。不過咳嗽會將一種相關的病毒，由一隻綿羊傳播到另一隻綿羊。

第2章　其他的危險

彗星或小行星、超新星、太陽閃焰、黑洞爆炸或合併，可以想像都會威脅到人類的生存。遺傳工程亦然。此外也可能有與電腦有關的風險，尤其電腦可能完全取代我們；有人卻很喜歡這個可能性。使用微小的可自我生殖的機器也可能有風險。或許還有與高能物理學有關的奇怪風險，譬如，在一次真空亞穩定性的災禍中，不僅是地球的生物界，而是整個銀河系都會被一個不斷擴張的泡沫毀滅。

彗星或小行星的襲擊

人類可以被一顆大彗星或一個小行星毀滅。一九九四年，媒體大肆報導說，休曼克－勒維九號彗星（Shoemaker-Levy 9）的大約二十公里大的碎塊，以每秒鐘六十公里左右的速度撞上木星，其中有一個碎塊以至少相當於六兆噸黃色炸藥的能量爆炸。霍華－古曼－麥可（Howard-Koomen-Michels 1979XI）彗星則較不知名，這顆頭部比地球大的彗星，在一九七九年撞擊太陽；而另外在未來的二一二六年下半年，一個具有三兆噸冰和岩石的斯維夫特－土特（Swift-Tuttle）彗星則以每秒鐘六十五公里的速度前進，如果目前的計算正確，它將行經地球軌道上的一點，而地球本身只在這一點的兩個星期距離之外。在地球的生物學歷史上，確曾有五次或者有不止十幾次大規模的滅絕。似乎至少最後一次，也就是六千五百萬年左右以前恐龍滅亡的那一次，是與一個大的衝擊或許多衝擊有關。猶加敦半島（Yucatan peninsula）似乎曾被一顆小行星撞上。這顆小行星直徑在十公里到二十公里之間，三兆噸的岩石以大約每秒鐘二十公里的速度進行，以相當於十兆噸黃色炸藥的能量爆炸，約爲世界上核子兵工廠總能量的一萬倍。撞擊地面後形成之坑洞的直徑爲三百公里。當時有巨大的海嘯、上兆噸的灰塵被噴向大氣、世界性的森林大火、酸雨、以

及風速可能到達音速十分之九的許多颶風。一片漆黑達數月之久，而在緊接著黑暗所隨之而來的極度冷卻之後的，可能是比以前高十度的氣溫；高溫是由於火災與衝擊所造成石灰石氣化所產生之二氧化碳的溫室效應。與新的熱力同時出現的可能還有會造成災難的大量紫外線，因爲颶風很可能將大量的鹽水捲入同溫層，將同溫層大半的臭氧摧毀。這個說法的證據有：（一）、世界各地有一層加了銥的黏土，在有些地方還混雜著煙灰；銥大都是來自爆炸的小行星，而煙灰是燃燒所造成的；（二）、在許多地質學對地層的研究中，深海的沈積物與巨石和化石植物並存，表示曾有巨大的海嘯；（三）、一層玻璃狀的小球體；（四）、震碎的石英大結晶體；（五）、坑洞的痕跡；（六）、大量的滅亡，其間不僅是恐龍，世界物種的四分之一到四分之三也都毀滅了。

但有些證據則尚無定論，其中大部分也許只不過是大規模火山爆發的結果。火山的灰燼與含有豐富硫酸鹽的懸浮大氣微粒，可以造成黑暗與冷卻。一八一五年譚波拉（Tambora）火山的爆發，引起遠距離以外新英格蘭的飢荒，因爲夏天也有霜雪。德干（Deccan）火山，在上述物種大滅絕的前後，有五十萬年之久是活火山。其熔岩的流量，可能超過二百萬立方公里，排出大約十億噸的硫酸，其後果可能是持續的酸霧與酸雨，而當酸性的海洋水份產生二氧化碳時，也可能有溫室加熱的情形發生。不過，小行星衝撞與火山爆發的說法，大致上是不會互相矛盾的。可能現在已相當確定曾經發生的撞擊，對許多曾經飽受火山爆發之苦的物種來說，是最後的一擊。也有人說大力的撞擊足以觸發火山的爆發。與一個寬十五公里的物體相撞，也可使甚至在撞擊地點一

千公里以外的地表上下移動一百米。

最大規模的物種滅絕是發生在大約二億五千萬年以前，那時是二疊紀之末。百分之七十五到百分之九十六的物種全部都滅絕了。在五十種類似哺乳動物的爬蟲類之中，只有一種存活了下來。而這一次，這個災禍又是許多原因合併促成的。其中有海平面的迅速下降而後又回升，再加上大氣中二氧化碳的增加與嚴重的缺氧，碳－十三與碳－十二的比率到達最小的程度，表示煤與黑頁岩的氧化，或許將大氣中氧的含量減少了一半，將海洋中氧的含量減少五分之四。再者，西伯利亞油井（Siberian Traps）的火山也在大約這個時候大量爆發，將熔岩散播到二、三百萬方公里的範圍。但是也有人說，那個時候與龐大的陸塊剛萬納藍（Gondwanaland）南部接合在一起的南美洲、非洲和南極地帶，各有一個三百公里的洞口的痕跡；而阿爾卑斯山的岩石，則含有由一次小行星撞擊中所留下的銥。

若干彗星與小行星，就其軌道看可能有一天會撞上地球。在這些彗星與小行星中，似乎有兩千顆直徑是在一公里與十公里之間，更大一點的數量就很少了（估計數字純是猜測），更小一點的數量卻很多。一九〇八年的通古斯加爆炸（Tunguska explosion），曾使四十公里以外的樹木倒地，一般以爲它是由直徑不過六十米的物體所造成；這個物體太小，在進入大氣下層時都有困難，以致進不來。可是毀滅廣島的原子彈爆炸還比它更弱上一千倍。廣島原子彈的爆炸不比一九六五年正好撞上加拿大無人居住地區的瑞福斯托隕石（Revelstoke meteorite）的爆炸更具威力。超過一公里大小、因而可能造成大規模滅絕的物體，據估計每五十萬年到一千萬年撞擊地球一次。地球的表面看上去有直徑達五百公里的老洞口。克婁斯（F. Close）說地球每一億年就被一個龐然巨物撞上。這個怪物可以使海洋的水蒸發，而嚴重地影響到整個地球。因爲一次大撞擊所釋出的能量，如果均勻地發散到大氣各處，可以使氣溫上升攝氏三百度左右。

有的時候，有人說大規模的滅絕，也就是外來物體的撞擊，是固定地間歇性發生，例如較晚近以來每三千萬年便發生一次。這個情形可能是由於有什麼東西反覆的擾動奧爾特雲團（Oort Cloud）。這個雲團是太陽系的彗星帶，其中包含一千億個到幾兆個彗星。擾動奧爾特雲團的可能情況有三：（一）、太陽的小而黑的遙遠伴星——「復仇女神」（Nemesis）；（二）、第十個行星——「X行星」，比地球大，比冥王星更遠二、三倍；（三）、太陽系在擁擠的銀河系平面上的振盪。然而，這三種說法都禁不起考驗。不過，可能的撞擊在某些特殊的時期發生得最多，而我們便生活在這樣一個時期。在比奧爾特雲團以更近的距離環繞太陽的奎伯帶狀物（Kuiper Belt），裡面可能有幾兆的「冰矮星」。即使它們的名字叫「矮星」，它們的體積卻可以很大，最大的可寬達一千公里以上（一九九五年時，吉威（D. Jewitt）和盧（J. Luu）兩人估計，有三萬五千個這樣的「冰矮星」，長度超過一百公里）。或許一百年間會有一次，一個很大的矮星會遊蕩進入太陽系內層而崩解。在其碎塊中，有好幾千個可能會大到造成物種的滅絕。我們可能是生存在一個特別危險的時代，因爲一個大的「冰矮星」正在崩解，而它與金牛座流星（Taurid meteors）有關。

每一年，地球大氣中都有近二十次大約一千噸大小的撞擊。一九九四年，一次十萬噸的爆炸充滿太平洋島嶼托克勞（**Tokelau**）的上空。一九三七年，一個寬幾乎二公里的小行星穿過地球的軌道，與地球本身只差六小時距離。一九八九年時，另有一次六小時的差距，不過這次這個物體只寬一公里。玻璃狀的小球體說明在過去三千五百萬年間有四次重約五百億噸的物體撞上地球，最後的一次發生在一百萬年前。一九八〇年美國國家航空及太空總署所主辦的「太空觀察專題研究小組」（**Spacewatch Workshop**）下結論說，一次「毀滅文明」的彗星或小行星的撞擊（也就是說世界人口至少百分之十會在這次事件中喪生），在任何一個年頭裡面都有三十萬分之一的發生機會。參加這個專題研究小組的科學家，只肯說這一數目是在一百萬分之一與一萬分之一之間。後面這個估計數目相當於一個有五十年壽命的生物體，一生之中有二百分之一遭逢上這個災禍的機會。而甚至三十萬分之一這個較不驚人的猜測數據，也表示一個人經歷到它的風險，是死於車禍的風險的六十分之一。

這值得我們設法去減少這個風險嗎？一九九三年九月十一日發行的《經濟學人》（*The Economist*），根據認爲一個人每年因撞擊而死亡風險爲二百萬分之一的保守估計指出，對美國人來說，這比死於任何其他天災的風險都大。它又說，英國政府認爲以增加道路安全的辦法去救單單是一個人的性命，也值得花上一百二十萬美元，這樣看來，我們可以期望已開發國家每年花四億七千萬美元去避免彗星隕石的撞擊。花了二十五年的時間，一組電子探測器和少數幾個專用的望遠鏡，可以發現有百分之九十、寬度在一公里以上的威脅性物體。這個計劃在開始時只花五千萬美元，而後每年花一千萬美元。如果望遠鏡探測出一個災禍性的大物體，則依照目前的行進路線將與地球碰撞，大家也許會更願意多花點錢以防止這個碰撞。美國國家航空及太空總署在一九九一年所組成的「攔截委員會」(Interceptor Committee)，曾經建議以相當於一億噸黃色炸藥的飛彈彈頭或者（如「氫彈之父」泰勒（E. Teller）所提）以相當於一兆噸黃色炸藥的飛彈彈頭（大約比今日最大的氫彈威力大一萬倍），去改變這樣一個向地球飛來物體的軌道。所有這些建議，已使許多人認爲這樣的防禦系統，可能比彗星和小行星本身更危險，因爲它們可能落入歹徒的手中。幸運的是，正確的追蹤可以減少以巨大能量去破壞的需要。如果在十年前就得到警告，那麼甚至相當於一百萬噸黃色炸藥的爆炸，可能也足夠使一個寬一公里的物體改變方向。又有專家說，以雷射、或以非常薄的塑膠薄膜在太空所建造的巨大鏡子，或將特定地區塗成黑色的方式加熱，可以產生表面氣體的射流，而這樣的射流作用許多年以後，將造成方向的改變。

另一個可能是多儲存糧食，使人類在農業方面因大撞擊所造成的影響恢復以前可以存活。克婁斯說，「瑞士有一個全國性的計畫，是開始預備工作的好例子。這個計畫硬性規定所有的人都有地下的掩體，掩體中永遠儲存著兩年的食物和其他的必需品」。雖然這個計劃是爲了核子戰爭所設計，它也可以用於任何其他的情形。

超新星、銀河系中心的爆炸、太陽閃焰

超新星爆炸所釋出的能量，大約是十的二十九次方（10^{29}）噸黃色炸藥。它的發生，是由於巨星核心部分核子燃料耗竭，或由於一個星體與另一個星體間物質的轉移。一顆超新星的光芒可以抵得上一千億個太陽達數星期之久，其所釋出的能量可以造成很大的損害，如X光、伽馬射線和高能量的「宇宙射線」粒子。地球對宇宙射線的正常電磁屏障可以被破壞；臭氧層對紫外線的屏障也可以被破壞；地球可能出現相當冷卻的現象及全世界大乾旱。不過，雖然這些爆炸的頻率很難估計，不過它們每世紀在我們銀河系中只發生一次到十次之間，而接近危險的爆炸，其頻率只足以解釋化石記錄上一、二次的大量滅絕。艾利斯（J. Ellis）和施拉姆（D. Schramm）最近計算：在地球三十三光年以內的超新星，以足夠摧毀百分之九十臭氧層的宇宙射線攻擊大氣上層，時間或可長達三百年之久，但這樣的事情不會超過每二億四千萬年一次，所以看起來我們會有很長一段時間的安全期；尤其因爲我們所發現最近的一顆潛在的超新星阿爾法·克魯西斯（Alpha Crucis），似乎遠在四百光年以外。

有些跡象顯示，大約五億年以前在我們銀河系的核心曾經發生一次巨大的爆炸，或者分散於幾百萬年間一連串的爆炸，其所釋出的能量等於一億個超新星的能量。比較晚近也可能發生過這樣的事件，其間有超新星爆炸的連鎖反應，使群星更向核心集中。另一方面，銀河系中心比太陽大幾百萬倍的一個黑洞，每當大量的特殊物質掉進去時，便可能排出極大量的輻射能。一萬年到十萬年以前，可能曾經發生一次大爆炸，創造了目前可以看到的直徑十光年的「中央空穴」。可是，除非能量在一段較以前短的時間內釋放出來，或者它來自比銀河系中心近得多的某個區域，否則，我們便不大可能在這種現象中受到災禍。

一顆中子星或黑洞所排出的能量，由於是集中成細密的射流，或許可能造成很大的損害，尤其是損害到臭氧層（一顆超新星的能量或許大半也是如此。伍斯雷（S. Woosley）在設法解釋一九九三年一月觀察到的一陣異常密集的伽馬射線爆炸時說，超新星可以排出這樣的射流，在極大的距離以外便可以偵測到）。可是，如果一道射流狹窄，則正好在它經過路徑上的機會便當然較小。再者，雖然一道射流若會擺動，那麼打擊到我們的機會便較大，可是它噴射在我們身上的時期也會相對較短。

我們可能也必須考慮太陽閃焰。如果太陽像過去曾經間歇發生地那樣進入一個對流混雜的時期，那麼一個能量大到比任何觀察所見射流能量更大一千倍的巨大閃焰，可能和一顆附近的超新星一樣有效地破壞臭氧層，尤其如果地球的磁場在其一次反轉中降到一個低的層次。在過去二百五十萬年間，地球的磁場曾反轉十次，每次降到近於零且達二萬年之久。

然而，所有這些事情似乎都不能造成立即的危險。畢竟，地球幾百萬年以來並未受到這種事情的干擾。

黑洞爆炸、黑洞合併等

黑洞是因重力而崩潰的區域，光線很不容易由這些區域逸出，但黑洞其實不是完全漆黑的。霍金說，它們因量子效應而「蒸發」，最初極慢但最後快速爆炸而失去能量。許多小型的黑洞是以一座山那樣的質量開始大衝擊的痕跡，它們現在可能正進入爆炸的階段。這樣一個黑洞最後一秒鐘所釋出的全部能量，可能相當於一千萬倍的百萬噸黃色炸藥氫彈，或者甚至可能是一兆倍的百萬噸黃色炸藥氫彈。不過，它只能對一個非常近的棲息地造成威脅（譬如，我們的太陽每秒鐘輻射出一顆相當於三十億倍的百萬噸黃色炸藥炸彈的能量）。而且，即使黑洞是集中在銀河系中，霍金根據最近的一個數據估計，或許可能和冥王星一樣遙遠。霍金又說，如果一兆倍百萬噸黃色炸藥這個數字正確，則我們在銀河系中的這個區域，或許每世紀看不到每立方光年中兩個蒸發性黑洞的爆炸。

兩個大黑洞的合併可以造成更大能量的釋放，相當於將其百分之四十的質量轉化爲能量，也就是相當於十乘百萬乘兆再乘兆之倍數的一百萬噸（ten-million-trillion-trillion-megaton）黃色炸藥。而最近的研究發現，在我們銀河系中有一億個以上的黑洞。這個數字的來源有二，一是雖然偵測黑洞不易，但以在銀河系中已經發現的數量來考量（譬如，兩個就在天鵝座）。二是來自凡登休渥（E. van den Heuvel）對超級巨星數目的計算；這些超級巨星在生命結束時可能變成黑洞。不過，依照銀河系的大小看來，任何與黑洞合併有關的風險，都可能會很小。

中子星間的合併，也大概是這種情形。這些黑洞合併與中子星和黑洞的合併，往往被認爲是突然襲擊地球的密集伽馬射線的原因，這樣的伽馬射線每年幾百次由各種不同的方向襲擊地球。如果它們是起源於發生在極大距離以外的極稀有事件，那麼它們的分散與它們光度和波長的分佈，便可以充份加以解釋。爲什麼是在這麼遠以外而不是在附近觀察到它們？或許只不過是因爲在遠方的銀河系數目遠多於在附近的銀河系。如果這個解釋正確，則這些物體釋放能量的速度會比太陽快十億乘上十億倍，爲時是由一剎那到幾分鐘。根據索塞特（S. Thorsett）最近的計算，任何發生在距我們二千光年以內的爆炸，都將使臭氧層消失若干年。這種爆炸每幾百世紀發生一次，其能量的湧出，會比銀河系中所有其他方面能量的湧出之總和更激烈幾千倍。但是這種事情大致在近銀河系中心的地方比較常發生，而且現在事實上有很好的證據（如日漸擴張的物質外殼和環，以及向外流動的氣流），說明在一千五百萬年以前，離我們二萬七千光年的銀河系中心，曾有過一次非常大的爆炸，其釋出的能量相當於幾十萬超新星的能量。

其他的可能性還有白洞「小型霹靂」，也就是在時間上參差不齊的「霹靂」往往延後的區域。納利卡（J. Narlikar）說，宇宙學家把他們對這些的推測拋棄得太快。他說，拋棄它們的原因，是有的計算似乎說明「在爆炸以後很短的一段時間，白洞被周圍的介質所悶熄，而轉化爲黑洞」。他說這些計算可能是根據有缺點的假設，因此白洞可能是可以解釋高能量宇宙射線或伽馬射線觀察到爆發的「能量機器」。同時，馬柯夫（M. A. Markov）也說，原始的黑洞可能存在於具有大約十億公噸質量的「群體」中，而任何這樣的群體，都可能釋放出相當大的、甚至釀成災禍的能量。戴維斯指出：一個小風險總是有的，因爲一個單一的大黑洞（或由其在環繞另一個恆星的軌道上被彈出的游離行星、或一褐矮星）可能在未經察覺、毫無預警的情形下來到我們眼前，帶給太陽系嚴重的災害。

雖然所有這些事情都值得一提，但它們卻似乎不代表任何嚴重或迫切的危險。看起來到現在爲止，地球尚未被它們干擾，而就我們現有的證據來說，它們之中比較極端的情況在我們銀河系中很少發生。譬如，據說中子恆星只是每幾十萬年才在銀河系中互相碰撞一次。

遺傳工程

遺傳工程被視爲是極端危險，何況它可能助長生物戰爭（參看第一章）。不過，事實上這門學問的複雜性，使我們很難評估它的風險。許多專家至少在公開場合說不必太擔心這些風險，因爲冷靜的推理和至今尚沒有發生任何災禍這個事實，可以支持此觀點，譬如，在齊麥曼（B. K. Zimmerman）所著《生物未來》（*Biofuture*）一書的第三章「恐懼與顫抖」（"The fear and trembling"）中，作者談到「可憐的小雞」：牠誤以爲一個橡實子（acorn）是一片天，因而聚集了許多朋友去向國王報告說天正在掉下來。然而，你在沒有得到什麼錯誤的資訊或想法不合理的情形下，或許會以爲這些風險和人類現在面對的任何風險是一樣大的。專家們顯然一致的意見，其本身或許可以由社會壓力而非科學發現加以解釋。如果對遺傳工程加以限制，則不僅影響到這個行業，也威脅到各大學和研究實驗室中科學家的薪資和研究補助金。有人說，這個情形的結果是，一個聯合陣線快速地出現，即使是嚴重缺乏證據。

最後，科學家可能會用由「遺傳因子機器」所聚集的簡單化學物質，去製造一個高級生物體全部的DNA。這些分子和電腦的程式一樣，可以建造和控制其細胞。不過在目前，遺傳工程學家

往往不過是將由不同生物體取來的遺傳物質的長條接合在一起。借助酵素的力量，可以將一個生物體的DNA割裂，選出所要的片段，而後用質體、微脂粒、病毒，或微小槍所射擊的小球這樣的載運者，運送進細菌、植物或動物。這樣所造成的生物體，可以是生產胰島素以治療糖尿病的細菌或者幫助癌症病患的干擾素等等，然後這種胰島素或干擾素本身可以稱爲「基因的設計工程」。

遺傳工程可能帶來很多的好處。由遺傳工程所製造的疫苗或抗生素，可以治療人類和農場動物的疾病；在遺傳上的缺陷（譬如，不能生產正常的血紅素，而引起致命的血液疾病）可以被修復；可以使各種植物有抵禦霜、鹽、疾病、昆蟲和殺蟲劑的能力，或給它們神奇的固氮能力（減少對肥料的需要）；可以用由遺傳工程所製造的牛隻生長激素而提高牛奶的生產；可以量身訂製生物體以大量製造化學藥品；由看似乾涸的油井中汲油；消耗工業廢料；乃至改造火星使它成爲可以居住的地方；可以將人類的基因組作小幅的調整，以延遲老年的到來。上述這些都是不自然的，可是鞋子與牽引機、助聽器與割盲腸、房子與降落傘以及對雪崩的防禦也是不自然的。在這個癌症、瘟疫、地震、和有人生下來便失明或畸形的世界，「自然的」也不一定更好。

可是，另一方面來說，卻可戲劇性地創造出具有好處的生物體，也可以用來創造有害的生物體。世界上有很多的罪犯，也有許多做錯事的好人。遺傳工程師在兜售其公司的股票時，當然說他們的方法比像傳統農業「雜交」這樣的方法更好。他們一定無法接下來說他們的行動不涉及任何新的危險。誠然，在很多情形下，人工製造的生物體在野外長得不好；然而，在另外的情形下，這樣的生物體（如將苜蓿的固氮小結節引進到各種小麥中）一定比其天然而未組合過的生物體長得更好。

認為除了仇恨人類的人以外，不會有人設計將沙門氏菌（可以抑制精子的接受力達數月之久）注射到人類身上，這樣的觀點似乎是荒謬的。可是，如在本書「導論」中所提到的，有一所美國大學已設計出這樣的計劃。或許有人假設，創造出抑制精子接受物質的能力，只會妨礙細菌的掙扎求存，所以細菌不久必會死亡。我們大家在某種程度上長久都感染了一般的沙門氏菌，幸運的是，這些沙門氏菌不會抑制精子的接受力，而如果運氣更好一點，它們事實上會比由遺傳工程所製造的那種沙門氏菌產生更多的後裔。但是如果它們不是如此怎麼辦？為了平息這種異議，只給由遺傳工程製造的細菌加上所謂的「神風遺傳因子」（kamikaze genes），以給它們自殺的傾向也許是不夠的。這些遺傳因子隨意吃點藥便可加以啟動，或者一停止吃藥便會啟動。然而，困難的是，任何因突變而喪失這些遺傳因子的細菌，可能無節制地自我繁殖。

用遺傳工程所製造的農作物，可以抗拒昆蟲的攻擊，可是它們會災禍性的激增嗎？或者，它們新的「抗蟲害」屬性，可以由那種在自然界相當普遍的（遲至現在大家逐漸瞭解的）遺傳物質交換，而傳遞給毀壞農作物的野草嗎？

再者，「改良的」人類（意欲使他們在遺傳學上優於以前的世世代代），不就可能容易地成

爲某種疾病的受害者嗎？或許是一種新的癌症的受害者？如果這種疾病直到所有的人類都經過「改良」以後才出現，那麼災禍更是不得了。我們細胞中的DNA設計細胞在有限的幾次分裂以後死亡。要延遲老化，可以增加細胞分裂的次數；可是這將使經過改變的細胞更像腫瘤的細胞，而可以無限制的分裂。「計劃好的死亡」可以是對因癌症而早死的一個防禦方法。

當遺傳因子剪接，「重組DNA」的技術在一九七〇年代中期出現時，使用這些技術的人志願接受了爲期一年暫停各種可能危險的實驗。惠爾（P. R. Wheale）和麥克奈里（R. M. McNally）說，史丹佛大學的一項計劃，最初造成公眾的恐慌。這項計劃是把腫瘤的SV40病毒經由存在於人類腸道中的大腸菌而培養出來，而這種DNA病毒在亞洲與非洲的一種大老鼠中引起癌症。許多人表示恐懼，怕這種引起癌症的DNA，會傳播到人體上。「美國國家健康研究所」於是很快發表《涉及重組DNA的研究方針》（*Guidelines for Research Involving Recombinant DNA Molecules*）一書。雖然這些方針除了對於政府所出資進行的研究計劃予以規範之外，並沒有法定的力量，可是最初遵守它們的人很多。而最初這些規定也很嚴格，禁止將由遺傳工程製造的生物體釋放進入環境。許多實驗只能由關閉在防護單位中的技師進行，他們在低壓的建築物中工作，以便將任何洩漏的微粒（particles）往內帶，而不釋入外面的世界。再者，必須將這些生物體「弄成殘廢」，以使它們不大可能在實驗室以外存活。

由於來自新興的生物科技工業的壓力，包括威脅要去沒有這些限制的國家進行實驗，美國國家健康研究所立下的方針一直沒有法律上的效力。尤有甚者，用生物物理學家辛協摩（R. L. Sinsheimer）（他曾在創立這些方針上扮演重要的角色）的話來說，「它們（指方針）已被沖淡到幾乎沒有意義的程度」。辛協摩寫信給國家健康研究所抗議說，沖淡的效果，是說除了涉及已知帶有相當病原之介質的那些實驗以外，不認爲其他任何「重組DNA」的實驗可能有危險。一九八六年，白宮「環境品質委員會」，甚至刪去規定聯邦機關檢查最壞事例情節的規則，因爲這些避開災禍的辦法，只能產生「無窮的假設和推測」。

放鬆規則在當時的確是有一些藉口的。尤其是因爲許多使遺傳因子「殘廢」的技術已經完成：可以巧妙的設計生物體，使它們只有在不易取得的化學藥物之下才能存活，或者可以將遺傳因子插進去，限制它們能有幾代後裔。可是，並沒有堅決的立法，阻止設計某些生殖力極強的生物體——這些生物體在釋放進入野外以後，比天然生物體繁殖得更快；甚至在發現使遺傳因子殘廢只能有暫時性的成功、而在一個物種上所設計的改變卻可以散佈到其他物種以後，這個情形還是會繼續下去。尤其，科學家很快便明白，如比爾斯來（T. Beardsley）所云：「一陣遺傳物質的風暴自由吹遍微生物的世界，不僅在同物種的細菌之間，也在關係疏遠的細菌之間，甚至在細菌與病毒之間」。就風險來說，微生物比細菌更糟，因爲其演化乃是由於整個功能性的遺傳因子單位的交換，而且它們很容易將遺傳因子由一個物種傳遞到另一個物種。譬如，如果剝奪其複製的必要因素而使微生物造成所謂遺傳學上的殘廢，這些微生物相當容易的便可以由別的地方取得失

落的物質：當伯明罕大學修補某些在未殘廢情形下可以製造癌症的生物體時，英國安全視察員便以此爲由中斷了這項研究工作。遺傳因子使用病毒爲其載運者，可以從一種植物移到另一種植物，或由人體移到其他的哺乳類。有的時候連載運者也沒有必要，據研究得知海洋細菌可以接受在其他地方細菌死亡和腐朽後飄來的DNA。

一方面，這些發現只不過是加強「遺傳工程師的實驗很少構成威脅」的看法。有人可以說，「大自然本身即經常做類似的實驗」。但是要記住：遺傳工程偶然能完成在自然界得花上幾百萬年才能完成的豐功偉業，這是使它可以產生傳統的飼養家畜者、農作物科學家和疫苗發明者所無法產生利益的原因。再者，它的某些成就是自然界幾乎不能摹仿的。在可以增加一個生物體天演論上適應性（Darwinian fitness）的各種改良中，有些只能透過許多同時發生的改變產生，如果每一種只是單獨的改變，便會死亡。遺傳工程師則可以確保這些改良同時發生。而且，他們實際上還設法給遺傳密碼表上加了第六十五對遺傳密碼子／反遺傳密碼子，因而開闢了走向全新蛋白質的途徑。

這裡可能埋下什麼樣的大危險？我們幾乎無法知道；而這個情形的本身使得可能有的危險更爲嚴重，因爲非常不容易建立起不會立刻被打破的限制。遺傳工程師也和我們大家一樣是人，他們很容易相信自己的工作項目對人類的進步非常重要；此外，現在投資在他們研究領域中的經費非常多。

惠爾和麥克奈里說：「美國的保險業，不願意保基因重組所產生的微生物實驗所造成不幸事件的險。」

電腦所引起的災禍和電腦將取代人類

我們已經看到以電腦控制核子飛彈會造成災禍，而它只不過是災禍如何可以因電腦革命而起的一個例子。其他的可能性是：

一、複雜的電器與電子的網路，除了容易被陰謀破壞（譬如，恐怖份子炸彈的電磁振盪可以灼燒全城電腦電路）以外，也可能始料未及地崩潰。一九六五年時，尼加拉瓜大瀑布附近一個發電廠繼電器的失靈，觸發了一次大破壞——加拿大的安大略省和美國的七個州停電達數小時之久。

一九九〇與一九九一年時，美國的電話網路有幾次大規模的癱瘓，首都陷於孤立，飛機場關閉。其中有一次癱瘓，只是由於一套電腦軟體有一個寫錯的字母。由於這個字母，任何一個交換中心顯示已沒有問題的訊息，都會使附近各中心暫時癱瘓。當這些中心又

恢復作業時，其自己的訊息又使其他的許多中心癱瘓，如此一波波傳下去。民眾確信造成這次大癱瘓的是電腦破壞者幹的。但他們不能瞭解，即使沒有故意的計劃，電腦空間的大規模瓦解也可能發生。在一九七二年及一九八〇年，一項錯誤使類似的毛病攪亂了整整一個通訊系統。這個錯誤是因爲通過洛杉磯的訊息會遭到大規模負面的延遲，爲了省時間最好在它們還沒有到達的時候便繼續向前發出去。這個在推理上很可笑的新聞，由洛杉磯傳遍全美國，讓任何一個地方想要撲滅它的努力，都又因別處感染而無效。

一九九二年，英國核子燃料公司，在控制其在塞拉費德（Sellafield）龐大新核子燃料再加工工廠的早期軟體中，偵測到二千四百個錯誤，以負責這項工作計劃的經理謹愼的措辭來說，其中一百個可以損及安全系統。當一個電腦程式包括超過幾千行暗碼時，要找它的錯誤是幾乎不可能的。甚至長時間的實際測試也可能無法揪出它們。根據似乎正確的數學假設，未來只有一半的機會一個程式會像以前在同樣長時間以內那麼正常作業。在一個經過廣泛測試的程式中，所有剩下錯誤中的三分之一，都是「五千年千禧蟲」，每一個故障可能在五千年中只造成一次失靈。

如果你被迫猜測人類生命滅絕的一個眞正日期，那麼公元二〇〇〇年元月一日似乎是最好的打賭。許許多多電腦鐘，或許包括在軍事系統中的電腦鐘，都將不能應付日期激烈的改變。根據一份可靠的報告，國家航空及太空總署已經把一次將要跨越一個年終日期的太空梭飛行計劃延期。最近即有人估計，爲了使公元二〇〇〇年順利開始，需要花費五千億美元去改變電腦軟體。

二、洛杉磯方面錯誤指出「負面延遲」一事，不是由於基本電腦程式作業員的粗心大意。摩拉維克（H. P. Moravec）說：「相反的，那個通訊網路上，住有一個自然發生、相當抽象、自我生殖的有機體。這個有機體乃由一次簡單、隨意的突變所形成。」這個自我繁殖的存在（電腦密碼上的一段），之所以被人察覺，是因爲其作用非常具有破壞性。摩氏又說：「如果它的行動微妙一點，它也許可以活久一點。在沒有主宰者的電腦程式中，有一個強有力的天擇標準：繁殖但是隱匿。很可能許多猜想不到的有機體已經在電腦的記憶中默默生活。」他又指出：「因爲一個電腦中任何的資料都是可以複製的，這個活動的範圍很大。」隱匿的成功策略可以由人工製成的「電腦病毒」之突變中達成，這些密碼的設計，是在未經許可的情形下自我繁殖的。進一步增加其成功的辦法，是多給它們一點智慧，使它們可以像愛滋病病毒一樣能迅速突變，並且避免現在可以買到的「防毒軟體」。一九九四年時《個人電腦電算雜誌》（*PC Computing*）報導說，有一種套裝軟體——「突變機器」，它供給喜歡開玩笑的人各種病毒。這些病毒的設計，是讓它們在散播的時候不斷改變。電腦在變爲更複雜、更迅速以後，「電腦空間的世界也變得更大」。摩拉維克說，在這個世界中，電子式的「卑鄙的人、惡徒和大罪犯」可能以驚

人的速度由相當簡單的電腦病毒演化出來，它們的演化可以因新的能力而增強。這個能力是有系統地抄襲和嘗試來自其他程式和其他病毒的零碎密碼，這也就是電腦病毒的開始。而現在已產生的電腦病毒中，即使有許多病毒的殺手，也還沒有任何一種已滅絕。

很久以前，巴里斯里（N. A. Barricelli）發明了一些電腦程式，這些程式稍有變化的版本（或者稱爲「突變的後裔」）不斷發展（因爲不好的經常會被除掉），演化出玩一種簡單的遊戲，而這種遊戲最初其規則不爲他們所知。電腦的複製品可以以驚人的速度產生。

許多希望不需要做幾百萬年的試管實驗便可以探究生命大概由何處而來的科學家，現在正利用這一個事實。其中有一位科學家感到很困擾，因爲同事們向他指出「安全的問題」，也就是他發展的RNA的模型如果逃進別人的電腦，便可以有其自己的生命。爲此，他保證他的程式無法以標準的電腦語言閱讀。

三、不過，以電腦爲依據而自動發展的智慧，似乎顯然不是這方面主要的威脅。可能更值得擔心的是，人類故意計劃給電腦更多的智慧和權力。

譬如，許多國家可以讓電腦控制其工廠與其政府機關的許多運作，因而在競爭上可佔相當的優勢。可是麥高文（R. A. MacGowan）和奧德維（F. I. Ordway）說，這樣做的危險是，機器將逐漸征服爲其權力所設下的其餘限制，「其所用的策略是政治領袖們所完全不瞭解的」。在艾森豪總統所命名爲「軍事／工業綜合物」中的有力因素，已經表現出克服任何限制它們的企圖之神奇能力。不論個別的軍事指揮官或大企業領導者是否贊成武器控制，它們似乎都會蓬勃發展。

麥高文和奧德維認爲被一個龐大的電腦（一種未曾想像到的集權獨裁政治）所統治，「其所造成的奴役將不是一般性的奴役。相反的，其所造成的直接結果將是一個相當烏托邦式的社會，而最後人類的生產服務將不算一件重要的事，以至於自動機器或許會遺棄人類，而遷移到星際間更好的地方，到那個時候有才智的自動機器在宇宙間將比有才智的生物物種分佈得更廣」。可是，其他的人所想像的情節比這個更可怕。卓克斯勒（K. E. Drexler）說，人工智慧系統本身聰明到可以設計更好的人工智慧系統，而足以使各國在短時間內重大地擴展其軍事能力。他又說，世界上已經有許多政府，它們不僅折磨而且偵察它們的公民，而進步的科技也能擴展它們的各種可能性，「使用許多『瞭解語言的人工智慧』，它們可以監聽每一個人」。但是他又說，它們不一定想這麼做，「有了進步的科技，政府不需要控制人民，它們只需要拋棄人民」。人工智慧系統不僅可以取代「製造、搬移、或種植」的工作人員，也可以取代「工程師、科學家、行政人員、乃至領袖」。「一個國家可以在拋棄任何人、乃至於每一個人而昌盛起來，也就是說在經濟或軍事的鬥爭中擊敗其他的國家」。

往往有人說，一個「世界政府」會是不祥的極權政府；不過，各國間的競爭很容易造成

不幸的結果。認爲任何國家會荒謬到聽從機器的擺佈，而這些機器的設計，其主要目的不是加惠國民，而只是在經濟上或軍事上擊敗其他國家，這似乎是非常奇怪的。可是我們卻記得：第一，現今許多的國家似乎主要關注的是擊敗其他的國家，而非關注自己人民的福利；其次，一個未能以擊敗其他國家爲第一優先的國家，則是冒了被消滅的嚴重風險。

四、最後，人類本身可以計劃拋棄所有的人，至少是那些容易被認出是「人類」的人。若干作家所偏好的想法是，人類將被進步的電腦所取代——這件事也許是發生在一段將選擇出的個人思維過程予以「轉移」到這些機器的時期之後。這些個人的大腦可以經年累月與電腦連繫，與它們協力思想，一直到「轉移」完成爲止。

麥高文和奧德維指出，電腦之本性即具有最新知識的有利條件。電腦其他的有利條件還包括：壽命無限長（因爲只有意外事故才能讓它死亡），而且每一台電腦可以控制其思想過程的特性，而不會有妄想症或精神病或病態的沮喪；它們心靈與體質的能力可以無限成長，而如果願意，好幾個可以合併爲一個。它們可以在許多不同的環境中作業，宛如在一個眞空中。

摩拉維克實際上自稱爲「一個欣然斷定『人類是在其最後一個世紀』的作家」，並且持續建議如何可以促成這個過程。他期待一旦這些機器聰明到可以管理其本身的設計與建造，便會在才智上迅速成長。他說：「我們的DNA行將失業，那時它已將任務傳遞給一種更長生不老、更具伸縮性的新『遺傳資訊』的傳達者；這種新的資訊是由人的頭腦傳達到人工頭腦的純粹知識」。他以前曾經說，「最初或許人類的思想由不免一死的軀體囚禁中釋放出來」，這樣的思想從人類的腦傳遞到人工製成的智慧機器，就好像程式和資料由一個電腦轉移到另一個電腦一樣。他又解釋說，雖然幾乎所有用於研究人工智慧的電腦，最多也不過只有昆蟲那樣多的處理資訊能力，可是到了公元二〇三〇年，便會有足以趕得上人類頭腦而讓人難以理解的機器出現。它們必須有一千兆的記憶環節，每秒鐘能做十兆次計算。商業和其他的競爭使我們幾乎非有這樣的電腦不可，「我們無可選擇」。但是照摩拉維克看來，機器在遺傳上接管人類將是一件值得欣喜的事。最後，由於利用密度極大的物質，將使人類可以「建造有人類腦力好幾百萬倍的電腦」。

我們或許會說，一個和任何人一樣能對其周圍事物做出反應的電腦，仍然沒有知覺，這是不具意義的，那就好像是說，雖然電腦可以戰勝高段棋士，但它對「長於下棋並無感覺」。許多人認爲處理資訊的廣大技巧，並不保證有任何值得一提的知覺。這個看法有各種相當有力的理由。

讓我們先來想一想一個生而失明的人。傑克遜（F. C. Jackson）、史文本（R. Swinburne）以及若干其他的作家都說，不論有多少關於一個大腦活動模式的知識，都不能使一個人瞭解當人看

到黃色或藍色時的感覺是什麼。關於所有的感覺力，也可以有類似的說法。在此之後，我們便可以說，電腦即使可以記載其內部活動的模式（電腦通常都可以，也可以控制它們和打它們的小報告），也不比盲人在實際狀況下更好。沒錯，電腦可以辨別黃色的東西與藍色的東西，而且裝上輪子，也可以將對它們有害的刺激物推開，它們還能叫一聲「好痛！」；可是它們不可能像我們一樣可覺察顏色，而我們可以踢它們，它們也不會覺得痛。

其次，席爾（J. R. Searle）說沒有任何電腦可以正確地知道它們是在做什麼。它所贏的那幾盤棋，就好像一個不懂中文的人「成功的用中文答話」。他可以看一本非常複雜的規則手冊，以便可以將構成任何問題的中文符號，搭配上另外的中文符號（適當的答案），但是他只知道那些符號是無意義的彎彎曲曲的線。

不過，那個讓人經常贏棋、一踢便叫痛並且走開的電腦有重大差別的因素究竟是什麼？這麼說吧：不論這些機器如何能成功地記載其內部活動的模式，我們可以說它們對於這些活動模式沒有正確統合的觀念。這句話究竟是什麼意思？史文本說：「某些同時發生的心理活動，可為一個共同主人翁所擁有，是一種共同的狀態。在同一時刻，你感覺腿抽筋，聽到我的聲音，看到我雙臂的動作」。可是，我們可以問他，「一個電腦的許多情形，也可以是一個共同主人翁的許多情形嗎？」它內部的活動模式，不能以某種「正確」統合的方式，代表棋盤上所有的三十二枚棋子、或一個聲音和一條移動的手臂嗎？

或許使許多人感到困擾的（也的確使我感到困擾）是，任何電腦似乎都是零件的集合，而這些零件就其存在而言乃是完全的分離：其中每一個零件至少在邏輯上在宇宙其他部分都消失以後，還可以一絲不苟的存在。相反的，用英國唯心主義哲學家布萊德雷（F. H. Bradley）的話來說，（人的）意識具有「一中有多，同中有異」的特性。他認爲，說統合性只不過包含某種關係或某些關係，是很荒謬的——換言之，有某種事實，它是關於各種因素如何構成複雜的時空、因果或其他模式的事實。

我們在此很想接受史賓諾沙（Spinoza）的看法：宇宙的各部分都只不過是「模式」，是單一的一個存在事物的許多層面，也就是不比一個櫻桃的紅色或一個湖泊的長度更能分別存在的因素。不過，同意史賓諾沙的人，也必須承認宇宙的確是有許多部分的，這些因素的分別存在至少在邏輯上不是明顯地不可能。再者，其部分的某些群體尤其緊密統一。那麼，爲什麼一台電腦不應算作這樣一個群體？人類的大腦不能視爲一個生物的電腦，大規模地統一嗎？

一個可能的答案是，人腦的確是一種適當種類的電腦，但是它的適當性不只是在於它長於處理資訊，比如說，在漫長的電話訪問過程足以被視爲人。我們的腦利用「量子效應」，可以設法成爲非常有用的統合電腦。這種因量子物理學而產生的統合性對於複雜的資料處理雖然實際上不是必要的，但是卻有助於複雜的資料處理。但是它的可取之處不只是這個助力的問題，假設人類必須爲電腦所取代，那麼，爲了下列的理由我極力主張這些電腦應有這種特殊的統合性（「量子

統合性」）：一種未曾因量子效應融合爲一個單一整體的意識，很可能沒有任何固有的價值。沒有量子的統一，形成一種有意識狀態的因素，在其實際的存在中彼此可能太過互不相干。這個情形，當你和我問到這些因素的集體存在有沒有固有的價值時，是有重要意義的——也就是問到在倫理上這種集體存在有沒有必要，而非只爲了別的事情而存在。

若干作家喜歡這樣想：至少在某個或某些區域，人腦是由量子效應所統一的。量子論比古典物理學更允許複雜的體系緊密結合。譬如，各種粒子（依循波西／愛因斯坦（Bose-Einstein）統計數字，只能由量子論的基礎上去理解）可以大致失去其個別的本體，以致於可比方說一個盒子中有兩個粒子，那麼我們會以爲兩個都在盒子同一半邊的或然率是二分之一，可是它卻是三分之二（這是因爲並沒有使這兩個粒子可以在盒子不同的兩半邊存在的兩種不同方法，也就是讓甲粒子在左、乙粒子在右，反之亦然。相反的，粒子甲和乙在某種複雜的意義上，本體已經合併）。鮑姆（D. Bohm）說，在現代物理學的基礎上，用笛卡爾（Descartes）所謂「佔據空間並構成個別物體的不過是一個物質的觀念，也不能充份瞭解無生命的東西」、「各粒子的交互作用，可以被視爲是靠屬於一個整體系統的共同資訊池」。鮑姆之後在與海雷（B. Hiley）合寫的文章中又說：「在意識中，一個人最首要的經驗是本人有知覺地存在的各部分，如彼此流進流出，並且在某種意義上互相交融。」

潘若斯（R. Penrose）指出：「量子的相互關係可以在相距遙遠的距離發生，因而可以對腦的一大片區域發生作用，很容易讓我們視這個爲意識特色（『單一性』與『全球性』）的基礎。」此外，在這種意識的「單一性」和「量子相對性」之間，也可以有某種關係：因爲在量子層次的各種取捨選擇可以用線性重疊的方式存在，我們可以說，在原則上，一個單一的量子狀態可以包含大數目同時發生的活動。

好些作家十分臆測性地將生物學的細節加入這個畫面。馬歇爾（I. N. Marshall）尤其深感意識狀態的統合性與複雜性，並深信沒有任何古典物質體系可以發生這樣的作用，於是提出：在眾多的量子體系中，波西／愛因斯坦冷凝物的屬性是對的。超流體的氦便是這樣一個冷凝物，它有長的序列，以及一份各構成單位的本體。這種事情可以提供「所必須的統合性中的千變萬化」。此外，福洛里奇（H. Fröhlich）曾經指出，一個與波西／愛因斯坦冷凝物類似的「激發聲子」，在活人腦子的溫度可以存在。馬歇爾說：「這樣的系統可以爲最近想用全像（hologram）爲意識狀態比喻的企圖提供堅實的物質基礎。」全像的每一個小區域，可將有關於整體的資訊譯成密碼。

在洛克伍德（M. Lockwood）所著的《意志、大腦與量子》（*Mind, Brain and the Quantum*）一書中，對於上述這些構想有引人入勝的討論。

毫微科技所引起的災禍

「毫微科技」（nanotechnology）意指對複雜機器的使用，這種複雜機器的構成部分大約長一毫微米，也就是一毫米的百萬分之一。要製造這樣的機器，必須非常精確地操縱個別的原子和分子，所涉及的科學，包括化學、流體物理學和工程學的混合。費曼在〈底層有很充份的空間〉（"There's plenty of room at the bottom"）一文中，建議使用機器去製造更細小的機器，而後是這些細小的機器再製造比它們更細小的機器，如此一直製造下去。另一個辦法是微體電子學工業的辦法，如照相式微縮電路板和由電腦控制的切割電子束；或使用「掃描—穿隧式電子顯微鏡」去將特殊的原子拉到理想的部位（如在想要形成ＩＢＭ三個字母時所做的）。再者，雖然所有的化學家長久以來便間接在操縱許多原子，利用熱力運動使它們互相接觸時的「自我組合」，可是毫微科技師可能比較喜歡以弱鍵接合原子，如氫鍵，而非化學鍵。

已經有人用氫鍵、凡得瓦爾鍵（van der Waals bonds）以及以疏水性交互作用爲基礎的鍵，去做由光所啓動的那種自我組合的「分子開關」並且很可能在以後的幾百年間將由自我組合晉升到自我繁殖。有些包含成千或成百萬開關、連桿和迴轉子的毫微機器，不只是製造其他事物的「組合者」，也是產生與其本身一模一樣複製品的「複製者」。馮紐曼曾經發明一個自我複製機器的一般理論。例如，DNA、RNA和蛋白質，在自然的自我繁殖交互行動中，都美妙的詮釋了這個理論。現代以電腦所控制的車床，是走向可以無限期自我繁殖的「馮紐曼機器」的第一步。可以想見的是，不久後，複雜的電子計算機便會縮小到微米（千分之一毫米）的大小。機械式的電腦也可以類似的方式縮小。卓克斯勒在他的著作《有創造力的機器》（*Engines of Creation*）中寫道：「一台由少數幾個原子寬的元件所組成的簡單電腦，可以放進百分之一立方微米的空間。甚至一台有十億字儲存量的非機械式電腦，也可以放進一微米寬的盒子，大小如一個細菌的盒子。」毫微米大小的齒輪，會以極高速轉動，以致它們的若干群體，可以比今日的電子計算機更快速地進行計算。它們因而可以輕易的控制非常複雜的建構任務，包括自我繁殖的任務。如果可以把它們縮減到同樣的大小，則電子計算機的作業還可以更快，或許快上幾十萬倍。

這樣的言論只能被視爲是純理論的未來學，可是《有創造力的機器》似乎說得很切合實際，而卓克斯勒的《毫微體系》（*Nanosystems*）一書，又進一步談到許多技術性的細節。本身帶有電腦的毫微設計，以每秒十億週期的操作過程作業，因而可以在一小時或不到一小時的時間內合作建造一個複雜、重達公斤物件的毫微機械設計，可以放入化學物質的大桶中，在那兒製造幾乎任何種類的機器。艾汀吉（R. C. W. Ettinger）在《不朽的展望》（*The Prospect of Immortality*）一書中，說它們可以當作小型的外科醫師來使用，清除我們動脈中的脂肪，或進行複雜的修補工作，

大幅延長我們的壽命。但是卓克斯勒指出：當這種設計可以由普通原料製造幾乎任何一種東西（包括繁殖其自我）時，那麼它們便會像核子戰爭一樣，可能造成滅絕。使用陽光蓄電池的人工植物，可以戰勝眞正的植物，使生物界充斥不可食的葉子，而什麼食物都吃的難纏人工細菌，可以像花粉一樣四散飛揚，迅速複製，在幾天之內將生化界化爲灰燼。這個威脅稱爲「灰色黏性物質問題」（the gray goo problem）。僅僅是一個意外事件也足以引起災禍。使用可程式化電腦控制的複製器之「細菌」挑起的一種細菌戰爭，也可能引起災禍。這些細菌在軍事上比眞正的細菌更有用，可是如果對它們失去控制，便一發不可收拾。

卓克斯勒在別處說，只要不去解決某些困難的問題，我們便不大可能建造可以脫韁成以指數成長、或發展爲構成威脅系統的毫微複製器。在極微小的元件中，甚至天然放射的單個粒子也可能引起重大的變化，但是這些變化不大可能讓自我繁殖的機器衍生更多的後代。天然的有機物大量使用自發性的組合，分子零件以各種位置和各種方向撞在一起，一直到排列成正確的結構。所謂「正確」大致是就拓撲學上來說：正確的關係，而非正確的空間位置。然而，毫微設計更像汽車。其大多數的零件除非有非常正確的位置，否則根本不管用。試想一部汽車的油箱必須如何與燃油管的一端吻合。因而，如果不是用昂貴的代價設計這些裝置去作達爾文式的演化，它們便很少有進行達爾文式演化的危險；再者，它們可以製造成只能在「特殊大化學槽（譬如說，以過氧化氫作爲能量與氧的來源）」這樣不自然的環境中起作用。而且，雖然可以使用廉價、豐富的化

學物質將其製造出來，甚至可在自然界而非工廠中將他們製造出來，可是我們必須記住這些機器不一定非是複製者不可，它們也可以只不過是組合其他東西的機器，而無法自我繁殖。

可是即使如此，也不能說永遠沒有危險。卓克斯勒說，有鑑於毫微機器可以帶來的龐大商業、醫學和其他利益，要設法制止可能造成危險的發展，其本身便是「無益和危險的」。相反的，我們需要明智地予以適當的延期——在我們對各種威脅有充份準備以前延緩它們的到來。但是不幸的是，似乎只有在危險的複製器已經成爲可能以後，才能建立組合者所建立的系統，以作爲防禦的基礎。而且，雖然個人可以做實驗室的研究，操縱由炸藥所保護的微小封閉容器中的內容物，以便在外面的人只有在不摧毀這些內容物的情形下才能打開實驗室的空間。可是，罪犯或恐怖份子或敵對的國家卻可以建築其本身的實驗室。

不過，要戰勝這些罪犯或恐怖份子或敵對國家，我們是不是能夠整個世界都放上毫微機器，讓它們像人類免疫系統的白血球那樣作用？讓它們不僅能抗禦細菌和病毒，也能抗禦各種危險的複製器？我們的隱憂是：設計危險的複製器比設計可以阻撓它們的系統簡單得多。

簡言之，我們只能希望在毫微科技革命打擊我們以前，以龐大的國際警察力量，或者藉由被善心人士視爲惡毒或洗腦的那種堅定教育來消滅戰爭、恐怖主義和犯罪的誘惑。

混沌理論家、災禍理論家等所調查的風險

科學家們現在認識到，許多包括災禍在內的事件，除非我們十分清楚過去曾發生過的事件，再加上功能強大的電腦，否則是無法預測的。勞倫茲（E. Lorenz），是「混沌理論」（chaos theory）最主要的創始者。他說，譬如，下一個月的天氣很可能準確地依今日的情況而預測出來，以致於可以問：「一隻在巴西的蝴蝶拍動翅膀，可以引起美國德克薩斯州的一場龍捲風嗎？」這句話，正是他在一九七九年美國科學促進學會會議上所發表的論文〈可預測性〉（"Predictability"）的副標題。就太陽系本身的行爲而言，我們可能無法預測其幾億年間的情形，雖然太陽系諸行星的「混亂」浮動大概是有規律的，永遠不會像霍金所說的那樣——地球快碰上金星，可是拜牛頓定律之賜，下個十億年之間，這樣的事乃至地球的脫離太陽系，也並非不可能。查普曼（C. R. Chapman）和摩瑞森說：「更迫切具有威脅性的是：一顆小行星可以完全規則和合理地在軌道上運行幾十年，而後，它的軌道突然混亂地改變，成爲彗星似的以拉長路徑之方式接近地球」。

混沌理論的研究關於預測上的困難，與湯姆（R. Thom）的「災禍理論」及貝克（P. Bak）和陳氏（K. Chen）所謂的「自我組織的臨界性理論」（the theory of self-organized criticality）的研究在預測的困難度上相互重疊。湯姆所謂的「災禍」意謂任何突然的改變，不一定是災禍性的改變：試想勞倫茲的「混沌」有時竟是一件好事。人類的心臟跳動，只有在勞倫茲所謂的「混亂的」情形下，才是健康的。譬如，應用到達爾文式的演化上，災禍的理論有助於解釋爲何許多漫長的穩定時期會被一些短暫的突發事件所分開。在這些突發事件中，龐大數目的新物種出現。一個災禍的發生，其確切時間可能是我們有生有死的人類完全無法預測的，但是壓力的逐漸增加，可以表示一次突然的改變遲早會發生。不過，這個改變的大小和性質也可能超越我們的預測能力。譬如，當國際緊張狀態走向一次戰爭時，災禍理論不會告訴我們多少人會被殺死，但它可能說明戰爭在什麼程度上是不可避免的。卡斯提（J. L. Casti）藉它（指混沌理論）之助說：一個各方面都充滿善意的邦國體系，還是可以幾乎無情地被推向戰爭。

時下針對災禍最熱門的例子是沙堆的崩解。如果把一粒一粒的沙子加到這個堆上，突然的沙崩便會發生。假使把清潔的沙子堆在一個小盤中，則我們不能相當準確地預測沙崩規模的大小。若干研究也說明許多複雜的體系也有類似的行爲。而且，一個體系的複雜性，其本身可以迫使它發展爲愈來愈不穩定的複雜狀態，一直到一次類似雪崩的情形發生。貝克和陳氏便說：「像地殼、股票市場和生態系統、這麼複雜的體系不僅是在一次重擊的力量之下，即使是在一根針落地的力量之下，也可以瓦解。大規模的交互行動系統不斷自我組織，一直到一個臨界狀態，屆時一個小事件也可以觸發連鎖反應，釀成災禍」。在地殼的情形來說，這種災禍便是地震。

化石紀錄所揭示的大規模滅絕，可以說明這一點。貝克、福來吉格（H. Flyvbjerg）和斯尼本（K. Sneppen）說：「如恐龍滅絕這種歷史演化的大事件，可能不是由大規模地球表面劇變的事件所引發」，因爲適者生存的說法「不表示演化到一個大家都適合的狀態，相反的，個別的物種只能勉強存活，如在臨界狀態沙堆上的沙粒一樣」。由電腦所模擬出的沙堆，像這些作者所表示的，正如過去許多生物學家曾表示過的一樣：「擁有許多關聯的物種（也就是高度複雜的物種），對於環境比較敏感，更容易參與下一次相互演化的瓦解而滅絕」。因此，蟑螂將在人類滅絕以後存活。

所謂與其他物種有很多關聯的物種，往往也指那些有很多交互作用的物種。如生態學家梅耶（R. May）在一九七〇年代所說的，一個生態系統的生物多樣性，是一件好壞參半的事：其各部分之間的相互關係可以有助於其走向崩解，正因爲它們爲數很多。

這點涉及許多大膽使用電腦系統或非常清潔的沙所模擬的世界；而電腦系統和非常清潔的沙與自然系統和一般髒污的沙之行爲可以很不一樣。顯然，這也不是一個藉口，讓我們可以到處噴灑殺蟲劑以減少生物的多樣性，或儘量毀滅許多有複雜關聯的動物。然而，如果說地球生物界的各種因素現在已非常錯綜複雜地糾結在一起，以致於它們沒有「在污染物質所加諸它們的壓力下分崩離析」的眞正風險；或者說人類至少已非常進步，以致於他們一定可以存活，這些說法都是很可議的。一而再，再而三，化石紀錄說明了許多複雜物種的滅絕，而簡單的物種卻延續不絕。

干擾一個亞穩定的「眞空狀態」

一九八〇年，柯曼（S. Coleman）和德路西亞（F. De Luccia）在《物理學評論D》（*Physical Review D*）上發表了一篇文章。文章的題目很古怪，是〈眞空狀態衰變的萬有引力效應以及對眞空狀態衰變所施加的萬有引力效應〉（"Gravitational effects on and of vacuum decay"）。這個以後，騰納（M. S. Turner）和威澤克（F. Wilczek）於一九八二年在《自然》（*Nature*）上發表了〈我們的眞空狀態處於亞穩定狀態嗎？〉（"Is our vacuum metastable?"）。一年以後，赫特（P. Hut）和里斯（M. J. Rees）又在《自然》上發表了〈我們的眞空狀態有多穩定？〉（"How stable is our vacuum?"）一文。赫特和里斯由宇宙射線的研究上得出結論，他們認爲「至少在可預見的未來，沒有任何粒子加速器（particle accelerator）將對我們眞空狀態構成任何威脅」。

像一個「眞空」這麼空虛的東西，如何能受到粒子加速器或任何其他事物的威脅？而如果我們對此感到害怕，那麼如何可以用研究宇宙射線的方法加以化解？至少在目前，粒子加速器是物理學家所喜歡用以達到高能量的辦法，這樣的高能量在非常微小的局部區域大大的超過氫彈所產生的能量。導致赫特和里斯想法的是：在我們對其存有相當信心的所有事件中，宇宙射線這種可

以有步槍子彈動能的極端快速粒子，其碰撞絕對是會在一個微小區域造成最大能量的。只要不超過宇宙射線碰撞所產生的能量，便不會有災禍發生。然而，任何較高的能量都可能對我們的眞空狀態造成威脅，因爲在現代的物理學中，「眞空」（vacuum）不一定是指一個絕對空虛的區域；相反地，它通常是指另外兩個東西中的一個：

一、「眞空」，尤其是當用在「眞正眞空」這樣的片語時，可以指一個其間所有的「場」（如磁場、電場等）都在最低能量狀態的區域內。不過，這絕不是說這些「場」是零，完全不存在。因爲有些場的不存在，就能量來看，代價是很大的。我們以自然狀態而言，這些「場」的值不是零。從今日的物理學家看來，我們所謂的「空虛空間」，事實上是一個出人意外實體的東西。在很小的尺度上，空虛空間是極端複雜的東西，在其間有密集量子的干擾，粒子經常突然出現，而後又消失。點與點之間重複聯繫和失去聯繫，而使許多人提及所謂的「時空泡沫」（space-time foam）。在較大的尺度上，它是極端剛性的東西。雖然空間（作爲可曲折時空的一個狀況）可以由萬有引力所折曲，可是它比鋼更能抗拒曲折。因而，無足爲奇地，這個東西的天然狀態（最不花費精力的狀態）乃是其間許多「場」是「非零」的狀態。

二、另外的一種情形。「眞空」一辭（尤其是用在「假眞空」這個片語中）可以說是：雖然

「場」不在其能量最低和充份穩定的狀態，但它們至少是亞穩定的（metastable）。它們可能落入能量較低的狀態中，可是它們也可以說是陷在障礙物的後面，不容易推出來。它們像卡在洞中不能滾下山的球一樣，是處在相當穩定的「局部最小值」。用夠大的力量推一推，可以使情形改變。它可以是由一位實驗物理學家給這些場的一個推力。

如赫特及里斯所云，可能我們所處的眞空狀態不是能量絕對最低的一個，因而根據很多物理理論，一個有效潛能的局部最小值是可以相當穩定的，它可以在某些參數值上存在。由高溫開始的宇宙，可能已經在這樣一個局部最低值中過於冷卻。在這個情形下，我們便處在「假眞空」之中。各種場不會在最低的能量狀態——這些能量是它們想落入的最低能量。因而，如果一個眞正的眞空泡沫形成，「我們的眞空狀態」（我們所住的那種空間）便會突然消失。這個泡沫會以近光速的速度擴張，釋放出巨大的能量，一直穿過銀河系，走向浩瀚無垠。這樣的不幸事件，會由一代新的粒子加速器引發嗎？

柯曼和德路西亞曾經指出，這將是「終極的生態災禍」。在這個不斷擴張的泡沫（「新眞空」）的裡面，將有「自然的新恆定值」。「不僅我們所謂的生命是不可能的，我們所謂的化學也是不可能的」，因爲所有的質子一受到向前進的泡沫壁之打擊，便會衰變。更糟糕的是，我們無法期望這個新眞空屆時會養活「即使不是我們所知道的那種生命，至少是某些可以懂得快樂的結構

體」。因爲，這個泡沫擴張所通過的空間，會在微秒或不到微秒的時間遭到引力的瓦解。

赫特和里斯覺得這個危險不會構成威脅。他們說，互相碰撞的宇宙射線，其所達到的能量，比所有目前可預計的加速器中粒子撞在一起所達到的能量高得多。到現在爲止，我們加速器中碰撞的能量只爬升到四倍十的三次方個十億電子伏特（4×10^3 GeV）。目前已取消的超導體超碰撞器（Superconducting Supercollider），其所預計產生的碰撞，能量只不過六十倍。使赫特和里斯留下深刻印象的是，所觀察到的宇宙射線，其能量在十的十一次方個十億電子伏特左右（10^{11} GeV）。

假如，一道有很大能量的宇宙射線撞擊上一個以相當緩慢速度移動的粒子，如地球上層大氣的一個質子，或一道能量較小的宇宙線，其結果是立即釋出相當小量的能，大約只有這道射線動能的平方根。相反的，重要的是偶爾兩道能量非常高的宇宙射線撞個正著，我們得自問，兩道十的十一次方個十億電子伏特的宇宙射線，其撞個正著的頻率是多少？或者更正確地說，在我們過去的光錐以內，這樣碰撞發生的頻率會是多少？任何在這個光錐以外的碰撞我們是不會知道的，因爲說一個事件發生在我們過去的光錐以外，乃意味著即使是光，也不會有足夠的時間將它的訊息帶給我們。

在這個光錐以內所發生的碰撞中，赫特和里斯計算或許有十萬次之多，其所釋出的能量在十的十一次方個十億電子伏特。可能甚至沒有一次碰撞曾經釋出超過十的十二次方個十億電子伏特的能量。但是，甚至十的十一次方個十億電子伏特，也超過超導體超級碰撞器所能達到能量的幾百萬倍。看起來，我們可以下結論說，高能量的實驗絕不會危害人類。不幸的是，這樣的結論還無法堅定地確立。這個情形有幾個不同的原因：

一、開宗明義第一條，我們幾乎不可能說一個非常高明的實驗者可以達到什麼樣的能量。費米國家加速器實驗室（Fermi National Accelerator Laboratory）前主任勒德曼（L. M. Lederman）和著名天文物理學家施拉姆，在其所合著的《由夸克到宇宙》（*From Quarks to the Cosmos*）（一九八九）一書中說到，自二十世紀開始起，實驗室所進行的實驗中，可用能量大約每十年增加十倍。他們說：「這種關係持續延伸至一九八〇年代，如果我們可以在今後十年建造超導體超級碰撞器，則這個關係將繼續下去。」簡單的外推法使他們預測：「大概到了公元二二五〇年時，我們的科技應該可以得到蒲郎克（Planck）刻度的能量。抱持懷疑態度的人必會勃然大怒。但稍安勿躁，那種科技將與今日的科技大不相同」。

蒲郎克尺刻度的能量大約是十的十九次方個十億電子伏特（10^{19} Gev），比赫特和里斯所謂某些宇宙射線碰撞所釋放的能量大一千萬到一億倍。然而，由於每十年繼續上升十倍，在公元二一〇〇年之前很早便可有超過十的十一次方個十億電子伏特的能量。有人已經建議「等離子體粒子加速器」（plasma particle accelerators），其間使粒子加速的場

（或許是由兩道雷射光所產生的場，這兩道雷射光產生迅速移動的稱爲「振動波」的干擾模式），比今日加速器的場強上幾千倍。在他的著作《最後一個理論的美夢》（*Dreams of a Final Theory*）中，溫柏格（S. Weinberg）推測：有了等離子體去將能量由強力雷射線轉移到個別帶電粒子，我們甚至可以得到蒲郎克刻度的能量。

伯吉斯（D. Burgess）和赫京遜（H. Hutchiuson）曾詳述這方面的發展。一直到一九八○年代後期，即使是最強力的雷射（充滿飛機庫大小的房間），可以聚集到只有每平方公尺一百億平方瓦的密度，可是不久超過這個密度便達到了，其強度是閱讀一本書最適宜光度的一百個十億兆倍，並且可以產生巨大的物理壓力（大約每平方公分十億公斤）。所用的雷射爲「T／立方體」雷射。這個名稱是一個笑話，代表「桌面上的萬億瓦」。它們產生萬億瓦的波動，但仍能放在長八呎寬四呎的桌面上。

在帝國學院，一九八八年一個這樣的雷射，達到每平方公尺一百萬億倍的聚光密度；其波動爲一秒的兆分之一（這個遠超過帝國學院「兆安培發生等離子體內爆實驗」（Mega Ampere Generation for Plasma Implosion Experiments, MAGPIE）中由放電電容器所產生的二萬億瓦、五百萬分之一秒波動。不過，在這些實驗中，充電電容器充電不過是在一分半鐘的時間汲取煮沸一壺水的電力）。五年以後，強十倍的雷射就會誕生。

伯吉斯和赫京遜計算，在輸入等離子體以後，甚至在每平方公尺一萬億瓦（10^{20}）強度左右的射線，也可以產生相當於將氫彈中電子和質子融合在一起的場。這樣的場，其強度比閃電所產生的場強一百萬倍。這些場即使是在十公分的面積以內起作用，也可以將電子加速到極高的能量。這樣的高能量，是日內瓦大型電子設備控制板加速器的二十七公里環形電路在許多次循環以後才能達到的。

另一種可能性，是在雷射光波的本身達到極大的能量集中。即使是一個小擴音器所發出的聲波，只要用它使一杯水波動即可將它集中一兆倍，因在它們的聚集點會將溫度提高到可能超過攝氏十萬度。長久以來，有人已經用將雷射光聚集到大約一微米（千分之一毫米）的方法去鑽孔。

物理學家到現在爲止所發明的電磁波能源中，最強有力的是雷根總統的「星際戰爭」計劃的強力X光雷射。雖然這些雷射光的輸出能是一個秘密，它們卻至少比勞倫斯．利福摩國家實驗室（Lawrence Livermore National Laboratory）的飛機庫大小的「新星雷射光」（Nova Laser）大得多。這個可以輸送十萬焦耳的能量，在爲時十億分之一秒的爆炸中，足以將一公斤的重量炸飛到一萬米的高度，而計劃將取代它的國家點火裝置實驗室（The National Ignition Facility）的雷射，則將比它強大二十倍。

一九八八年，美國能源部洩露的秘密顯示，利福摩實驗室的核融合計劃（它需要強力的雷射光去壓縮雷管，將它們加熱到攝氏一億度，這個計劃與星際戰爭雷射研究同時進

行）進行順利，以致有關人士打算製造一個一千萬焦耳脈衝的新雷射。每一次脈衝將相當於兩公斤黃色炸藥的爆炸。不過，這個雷射是設計來做多次用途的。相反的，星際戰爭的雷射在產生單個的脈衝以後便會蒸發，因爲它們的能量來自小核彈。由一百個相當於千噸黃色炸藥炸彈所推動的X光雷射，所產生的不止一千萬焦耳，而是十兆焦耳。如果這道雷射光分佈於一個直徑大約二百米的點，則它便足以在一個洲際彈道飛彈的長距離加速階段中予以摧毀。

這樣的雷射，可以用來超越宇宙射線碰撞的能量嗎？似乎非常短暫的雷射脈衝，其能量所分佈的時期，將較以近似光速移動的質子（宇宙射線乃質子、氦核、以及某些較重的核）間碰撞所產生能量分佈的時期大得多。然而，現在有一些脈衝壓縮的技術，它們將脈衝的連續因素延遲到不同的程度，以致整個的脈衝幾乎在同一時刻到達目標。用簡單的聲光延遲綿，可以壓縮大約一千倍；或者，當一個脈衝隨時間變化而有不同的頻率混合時，可以用繞射光柵沿不同長度的路徑爲不同頻率的部分導向，而壓縮一千倍。如果是單一頻率的光，我們可以使用其折射指數依迅速擺動的電場而變化之晶體。

但是，我們還是無法使任何的波聚集到比其波長更狹窄的範圍。在星際戰爭X光雷射的百萬分之一毫米波長與一般宇宙射線大約兆分之一毫米波長之間，有相當大的間隙。不過，使用有巨大能量的脈衝，可以補償這一點。使用產生「較高諧波」的技術（也就是處理光線以增加其頻率以便減縮其波長），也可以補償這一點。在這方面最初的發現，是將雷射光通過一塊石英晶體，可以使頻率加倍。接下來，可以用其他晶體單獨或合併作用的辦法，使頻率得到較大的增加。再接下來，可以使頻率再增加一百倍：強烈的雷射光將電子由原子中拉出來，但是而後又讓它們跳回去，這樣使它們以較高的頻率射出。

如果在這方面有什麼是很明顯的，那便是物理學家在尋找更高的能量時，並不需面對任何不可克服的障礙。由最近的發展看來，一度大家所同意的說法，也就是說蒲郎克能量只可能由大如銀河系的加速器達成，現在看起來是頗怪的。下面是應該記住的幾點：

(一)、經過仔細地將時間對準，許多雷射即使是在一個焦點相當的距離以外，也可以將它們的脈衝在同一時刻送到一個焦點。因而，大數目的雷射可以合併其能量。

(二)、X光不容易用透鏡或「製造形像」的鏡子去集中，但是相反的可以用採光孔將之聚焦。採光孔已經是將陽光聚焦在一個焦點最好的方法。溫斯敦（R. Winston）曾提出報告：八萬四千倍的聚焦，以及至少十四萬倍的聚焦極限，比一面可由太陽光所形成的一個微小形像之任何鏡子可以達到的高得多。

(三)、各種不同的現象往往使雷射光偏離焦點，可是這些光線不僅是在固體中可以進行

相當程度的「自行聚焦」（這個效應在某個階段可能因粉碎放射雷射棒而限制雷射的力量），也可以在等離子體中進行相當程度的「自行聚焦」。

（四）、伯吉斯與赫京遜寫道：

目前正在探討許多其他的領域。譬如，在一個單一的光學週期中，在不到百兆分之一秒的時間裡面，將物質離子化的能力，已引起不僅是粒子加速器的想法，也引起所謂的質子加速器的想法。後者或許可以戲劇性地增加一個光的脈衝頻率和縮短其時間。

二、眞空亞穩定性是一個荒唐的幻想嗎？正如艾利斯、林德和希爾（M. Sher）所云，許多物理學家，甚至不會想要考慮我們是生活在一種不穩定眞空狀態的可能性。可是他們說，粒子物理學家的標準模型（格拉斯豪—溫柏格—薩拉姆模型（Glashow-Weinberg-Salam model））說明，如果頂夸克的質量超過九十五倍的十億電子伏特再加上十分之六的希格斯玻色子（Higgs-boson）的質量，則我們的確是生活在這樣的狀態。這個模型很可能指出我們是生活在不穩定的眞空狀態。因爲各種試驗表示頂夸克的重量是在一百個十億電子伏特與一百六十個十億電子伏特之間，而希格斯玻色子或許輕到只重四十一個十億電子伏特。最近的試驗說，頂夸克的質量近二百個十億伏特。這個數目似乎高得驚人，但是某些目前流行的理論，如狄瑪瑞（J. Demaret）和朗柏特（D. Lambert）所云，視它爲一個跡象，也就是說希格斯玻色子大到足以完全排除這個危險。這方面研究工作的主要特色，事實上是沒有任何人有一點把握。目前我們甚至不明白希格斯玻色子是否眞正存在，或者它們是否有若干不同的質量。而且如果我們超越這個簡單的標準模型去到一個「超級對稱模型」，那麼佛勞里斯（R. A. Flores）和希爾說，「媒介變數的增殖將使任何找尋極限的企圖不具意義」，因而，我們根本無法知道我們的眞空狀態在受到強力一推時會不會穩定。坦白說，我們唯一的安全，在於保持在赫特和里斯所估計宇宙射線碰撞能量之下。

事實上，我們或許應該保持在其能量之下很多的地方。關鍵的所在是：在我們過去的光錐中還沒有發生災禍性的碰撞，這表示我們有多幸運（也就是說，在時空的一節之內，一個幾乎以光速擴張的眞正眞空，將表示我們根本不應在這兒討論這件事）？另外，赫特—里斯的碰撞能量計算法，可能牽涉到兩個危險的簡化：

（一）、在開始的時候，赫特和里斯假設了「極端高能量粒子均一的分佈」，因爲宇宙射線似乎由四面八方以相等的強度來到我們的面前。如果這個假設錯了怎麼辦？會造成危險的差異嗎？他們說不會。因爲雖然粒子的組合會減少它們在空間典型容

積以內碰撞的或然率，碰撞在別的地方將是特別可能的，尤其是在這些粒子產生的區域。但是或許會有人抗議說或許在別處，組合（可能由磁場引導）的作用可能分開以相反方向迅速移動的粒子。這些正是其碰撞足以導致災禍的粒子（磁場的確具有一些引導宇宙射線的效應，而中子星和類星體以相反的方向放射出狹窄的光線）。再者，可能造成的情形是：非常強有力的質子，即使它們只碰撞一次，其碰撞的數目會大到不僅一次而是幾千次的摧毀眞空的亞穩定性。但是相對的，它們即使碰撞一次的機會，也是幾千倍的不可能。然而，艾利斯寫信跟我說：「如果宇宙射線如許多人所預計的組合成銀河，這只能增加宇宙射線粒子間碰撞的或然率。如果同數目的粒子平均分佈在太空便不會有這麼大的或然率」。

㈡、另一個或許危險的簡化是：一般假設應該計算的，是在一個由今日向後延伸的典型光錐中碰撞的或然率。可是我們做這些計算可能性的本身，便保證在「我們」過去的光錐中沒有發生災禍性的碰撞，更不用說過去許多如此大小的光錐中，通常包括許多這樣的碰撞。我們在此觀察任何事物的這個事實，可能造成一個觀察選擇的效應（類似的事情可以解釋我們爲何無法偵測有進步技術的外星人。在我們宇宙的各處，發展出有進步技術文明的人，可能經常進行災禍性的高能量實驗。這個以後，沒有任何的觀察者可以存在於其未來的光錐以內，也就是存在於可以看到那些文明的點。如果一個實驗已經毀滅了你，你便不能觀察一個實驗，更不用說如果它已殺死所有原來可能成為你的祖先的所有生物形式）。

複雜的研究（希爾引用了四百六十五篇其他的論文，但是卻警告說，它們可能因新的發現而都被扔進垃圾桶）指出，不僅是碰撞的能量，甚至其所造成的火球或流星的細節，也都可以是有重大關係的。譬如，眞正眞空的泡沫，尤其如果是以極端強力產生的，因為它們在一開始的時候太小，可能萎縮而非擴張，而加速器或其他設計，可以比宇宙射線更有效率地產生致命的泡沫。加速器的光線光度很強，這尤其可能導致的情形是，更多的高能量粒子，或非常強大的粒子，在碰撞以後不久便會到來以促進泡沫的成長，或者，在大數目的次臨界的泡沫中，至少有一個會利用量子不確定性而成長：「這或許是不大可能的，但只要一件就夠了」。

有兩個主要的理論上的理由，使我們猜想我們的眞空離完全的穩定可能是危險地遠：

首先，如在前面所提到的，粒子物理學家的標準模型是，說不完全的穩定是由於頂夸克和希格斯玻色子的相當眞實的質量，而其他的模型不能告訴我們導致它的可能是什麼質量。希格斯玻色子是一個希格斯無向量場的粒子，這個場的存在與否，尙有待證實。無向量場沒有那種使一個磁場可為羅盤針偵測的方向性。然而，標準模型與其主要的競爭者，都需要無向量場粒子去解釋為什麼其他的粒子很厚重，而非如質子那樣無質量。

其次，許多的證據顯示，我們望遠鏡所探測的宇宙區域，就以下的意義來說是「為了觀察者所調準的」：粒子質量上的小改變，以及反映那些質量、力量之強度上的小改變，會使它成為一個觀察者在其間絕不可能出現的區域。這個又表示無向量場的強度是機會的產物，它幾乎在大數目的宇宙區域有質子質量與力量強度的混亂。當然，我們這些觀察者會發現自己是在人們依據允許觀察者調準方式的宇宙區域。那麼，當一個場實際的力量是由於機會使然時，我們不就相當容易地便能使它作災禍性的改變嗎？

讓我們現在詳細看一看這兩種想法。

一、任何粒子如果不毀滅標準模型的數學完整性，便不能眞正具有質量。理論家由「各種力量強度之間的差異隨溫度的上升而減少」的跡象開始，創造了以下的故事：在「霹靂」最初的階段，沒有重力、電磁力和強、弱的核子力，只有一個「統一的力量」，所有的粒子都沒有質量（也就是缺少靜質量，質子到今天還是這樣）。而後，冷卻產生了一個或多個無向量場，無向量場破壞了力的統一——這個過程稱為「對稱的破壞」。質子與這樣的場交互作用，視場的強度而有各種不同的厚重。這個又決定重力、電磁力和其他力量的相對強度。因為一個力量在對粒子起作用時，粒子愈厚重，力量便顯著地較弱。此外，當傳送它的「訊息粒子」加上質量時，它便會顯著地變弱，因為非常厚重的訊息粒子只能旅行短距離。

二、我們可以相信某種宏大的統一理論或「每一件事的理論」（Theory of Everything），決定任何無向量場的力量。但它也可以是一件偶然的事，因而它可以在一個微小的泡沫中起變化，這個泡沫而後擴張，摧毀一切。

所謂我們宇宙的「精細調準」（fine tuning），似乎可以是這件事之「偶然性」的相當好的證據。在我的著作《大宇宙》一書中，列舉了許多可能導致多數宇宙（也稱爲「次宇宙」或「世界」，俄文的著作稱之爲「後生銀河系」（metagalaxies））存在的物理機械作用。這些多數宇宙是巨大的宇宙範疇，每一個大致或全然地與其他的分開，它們可能有非常不同的屬性——或許是因爲無向量場的差異（少數幾位哲學家仍然堅持「小宇宙」（universe）一字必須表示「絕對的一切」，因而不論它如何徹底地被切割爲許多範疇，都只能有一個單一的宇宙；但是今日的宇宙學家，通常對這個字有不同的用法）。在巨大的大宇宙（cosmos）中，各個小宇宙看上去很像池塘上個別的冰晶體，但是它們可以逐漸被分開，如在一個擺動的大宇宙中的連續擺動週期（大霹靂、大壓縮等等），或者它們可能是「芽」，在不斷擴張的大宇宙中完全由其他區域夾斷。有一些理論家視它們乃由同一時空泡沫狀物質所產生；又有一些理論家說它們是完全獨立的出現。有什麼理由讓我們眞正的相信這樣的奇蹟？或許主要的理由是：有偶然化特性的多數小宇宙，其存在

可以充份的解釋，爲什麼至少有一個小宇宙，而我們的這一個，其屬性精確地調準到使觀察者可以存在。

《大宇宙》的第二章討論到這種精細的調準。爲了方便感興趣的讀者瞭解，茲列述其中幾個細節：

一、如果氣體狀態的雲霞要濃縮爲許多銀河系，那麼早期的大宇宙密度必須調準到十的十二次方之一（$1/10^{12}$）或者甚至十的六十次方之一（$1/10^{60}$）。適當的密度和擴張的速度可能是由大宇宙膨脹所造成（在最初的時刻擴張非常迅速），但是，造成這個膨脹的因素，其本身可能曾經需要以同樣或更大的準確性予以調整。我們在此遭遇到有名的「大宇宙常數」或「眞空能量密度」的問題：爲什麼一個我們期望它會很大而事實上它卻很小的數目問題。下面我們還會談這一點。

二、如果任何氫氣（製造水以及供永續存在且穩定的星球之用）要由「霹靂」中出現，如果「質子—質子」和「碳—氮—氧」循環以將星球做成熱、光和比氦爲重的元素而促進生命的源頭，那麼核子「弱力量」的強度，必須落在一個狹窄的限度以內。

三、爲了要讓星球以促進生命的速度燃燒，而不像氫彈一樣爆炸或者根本不燃燒，核子「強力量」必須要和現在一樣，差別要在正負百分之五以內。

四、爲了要有像太陽一樣的星球，重力與電磁力之間強度的比率，可能需要極正確的調準，或者調準到十的四十次方（10^{40}）之一。而電磁力強度些微的增加，會毀滅所有的原子（將夸克轉化爲輕粒子），使質子互相強力排斥以致氫成爲唯一可能的元素，或使化學變化非常緩慢。

五、重力與核子「弱力量」之間強度的比率，可能需要調準到十的一百次方（10^{100}）之一，以預防太空猛烈的收縮或擴張。

六、各種不同超重粒子質量上相當微小的變化，當年或許會造成一個只有光線或只有黑洞的小宇宙，或者使所有的物質有強烈的放射性。

七、固體與化學的存在，必須電子比質子輕薄得多才可。再者，爲了生命的目的，中子—質子間質量的差異，必須大約是電子質量的兩倍。否則，「霹靂」當年所造成的便會只是中子或只是質子，而非幾百個穩定的類原子核（化學與生物學的基礎）。

在設法解釋這種精確調準的明顯例子時，俄國學者的想法非常敏銳。他們以爲可見的小宇宙（一個半徑幾十億光年的區域，因爲從比這個更遠距離的任何東西上過來的光，還不可能到達我們），只是大得多的大宇宙中的一個範疇，而這個範疇的一些生命存在的特性，是由於各種無向量的場；這些場只是偶爾有了適當的強度。林德寫道：「膨脹性的小宇宙分爲按指數律的大數目

膨脹之小型小宇宙，其間無向量場可能發展爲微粒」。因此，大宇宙就整體而言，分成許多不同的按指數律的大範疇，獲得所有可能的對稱破裂型式：「在膨脹性的小宇宙中，有許多可能生命類型的空間。」

在《最後一個理論的美夢》中，溫柏格願意接受的推理是，關於「整個的或者有效的大宇宙常數」（total or effective cosmological constant）的推理。這個常數，一般認爲，是控制了我們小宇宙擴張的速度。它目前或者正好是零或者趨近於零。許多物理學家認爲，它的值是由基本物理定律以某種現在所不知道的方式所決定。當遇見像零這樣的數目時，他們的本性是反對視它爲一個機率的產物，因而，他們說不會有任何眞的危險，高能量實驗不會將這個常數振動到災禍性的低值，但其他不反對這個常數有大負值的理論，卻說這種危險是可能的。但是溫柏格說，最好用「人類」的態度對待這個常數。他這話的意思是說，視它爲可以有若干非常不同的值：它實際上可能是在我們所居住的這個小宇宙或大宇宙區域以外所具有的值。所有這些地方都會擴張或收縮得太快，使任何可能的旁觀者都無法居住。

一個人可以寧願相信「神聖的選擇」，而不引介多數的小宇宙、不規則化的屬性、以及由於生物只能觀察有允許生命存在特性而產生的「觀察性選擇」嗎？我們可以合理地主張，神有理由創造允許生物演化的特性。然而，依賴神保證我們不會有眞空亞穩定性災禍（一個新力量無向量場而毀滅一切之泡沫），卻是不智的。神可能是一個虛構；或者，神可能創造了無數多的宇宙，

而後碰運氣匆忙地產生一個不確定的數字。由於無向量場碰巧有適宜的強度，它們乃可以允許生命的存在——一直到聰明的人類用其實驗破壞它們為止。相信神的善，並不能讓我們相信神保佑我們不為邪惡所侵犯，而以為神的蛋都放在一個籃子（我們自己的小宇宙或大宇宙的區域），是個錯誤的想法。

卡特（Brandon Carter）曾經寫信給我，信中提到「雖然眞空亞穩定狀態很有趣，可是就環繞著我們更明顯的危險來說，我不能說它令我更為驚愕」。他的態度很可能是正確的；不過，許多聰明的人可以不理睬他所謂的那些「更明顯的」危險。他們可以告訴自己說，甚至核子或生物戰爭也不會使人類終結。在目前這個情況下，不理睬是沒有什麼道理的。眞空亞穩定狀態的物理學非常困難，而可能的災禍是完全不能挽回的。

然而，儘管像氣候不穩定這樣的事情很容易摧毀一切，今日似乎是很明顯的事，可是並沒有什麼確切的證據說明，高能量的實驗將是危險的。因而，歐洲核子研究組織（European Organization for Nuclear Research）理論部主任艾利斯向我強調：我們一定不可忘記高能量實驗可以為達成對於基本物理定律的瞭解，而提供唯一眞正的希望——這種認知，在抵擋不久將來威脅我們的災禍上是必要的。同時，超過赫特和里斯所認為安全的更大能量，可以說在未來幾百年間是不可能達到的。

點燃大氣；創造夸克物質

現在我們談談我不大重視的兩個可能的風險之源，畢竟完全不去管它們，或許是不對的。

當物理學家考慮做非常高的能量實驗時，他們最初所談到的，絕不是對於眞空亞穩定狀態的恐懼。魯贊（R. Ruthen）寫道：「自從核子時代開始起，研究人員便曾多次集會，討論一項提議中的實驗，有沒有可能肇始一場災禍」。

很可能，當第一批核子武器正在研製的時候，最早的這種自我檢討便發生。泰勒向集會的大師們提到他們的炸彈具有可以點燃地球上海洋或其大氣並燒毀這個世界的可能性。這項計劃的主持人奧本海默（J. R. Oppenheimer）很重視這個建議。科學家不久便說服一般人，告知不會有什麼危險。一份戰後的技術性報告便宣稱：「科學和常識都確保不可能點燃大氣」。可是，難解的是，區區的常識對於複雜到足以使泰勒和奧本海默這樣的人擔憂的事能有什麼見解。值得注意的是，當一九七六年貝斯（H. A. Bethe）在《原子科學家集刊》（*Bulletin of the Atomic Scientists*）上說，總是會有大量的安全因素被提出來時，他覺得需要加以說明，因而又補充說：「除非在未來某個時期能設計出完全不同種類的核子武器，可以產生高出許多的溫度。」

當然，即使是氫彈也不會點燃大氣或海洋（貝斯說海洋的問題「更加微妙」），這推測性地證明所謂「客觀上」在現在所達到的溫度之下風險是零。不過，似乎可能有危險性的是，「重氫－重氫」和「質子－重氫」的反應。在最近關於試管中已產生「低溫融合」的轟動性的報告中，庫寧（S. E. Koonin）和諾恩保（M. Nauenberg）估算：在有些情形下，「重氫－重氫」融合，其速度會比以前所估計的快上一百億倍，而「質子－重氫」融合更較之快了一億倍。當然，這些作者的說法可能是不對的；而如果他們是對的，則如他們所云，我們所說的反應也絕快不到產生低溫融合這麼令人感興趣的量。再者，低溫融合的核彈也不會有什麼共同之點。不過，這則故事至少說明了專家們的評估竟可以是如此驚人的不可靠。

在巴華來克（Bevalac，在原子核之間造成猛烈碰撞的一台加速器）啓動以前又有進一步的評估。格普塔（S. D. Gupta）和魏斯佛（G. D. Westfall）有如下的報導：

> 一九七〇年代早期，李政道和簡－卡洛．威克（Gian-Carlo Wick）討論到一個可能性，也就是核子物質的一個新狀態可能在高密度中存在，並且可能比一個核子中最普通的那種物質能量較低。巴華來克似乎是一個理想的儀器，可以用來發現這個新物質。如果它果然存在且比普通的物質穩定，它便會依附普通的物質而成長。最後，它會變得非常厚重，以致落在實驗室的地板上，而很容易觀察到。但是，什麼會阻止它吞噬地球？（整

個吞下地球，也就是說，把它完全轉化爲一種新的物質。）當時，對於緻密核子物質所知甚少，以致大家很重視這種災禍的可能性。於是他們關起門來集會，決定是否取消這些提議中的實驗。實驗最後終於完成，幸運的是這樣的災禍並未發生。

魯贊解釋說，進行實驗的決定，是由下面的論證所啓發：

自然本身已經做了相關的實驗。地球、月亮、和所有的天體，都經常受到恆星所產生異常大數目高能量粒子的轟擊。有些這樣的粒子與地球上的原子碰撞，而造成相當於或超過巴華來克所能造成的情形。

此後，巴華來克已被達到更高能量的加速器所取代，但是似乎它們所產生的任何高密度物質，都很快擴張和瓦解。

在普通的物質中，原子核（由質子和中子所構成，而質子和中子又由「上」和「下」夸克組成）的大小受到嚴格的限制，因爲質子間的電場往往將大原子核打成小碎片。李政道和威克所想像的是一種不像這樣受到限制的「夸克物質」。據我們所知，他們的恐懼證明是沒有根據的，但是隨後的學者卻推出一種「變異的恐懼」。他們說如果把「奇異的」夸克加到其混合物中去，則夸克眞的可以形成幾乎任何大小的穩定團塊，其所造成的「奇異夸克物質」（簡稱「奇異物質」

的核），會有很小的電荷。如果這個是正電荷，則一般物質的核會被排斥，在這種情形下不會有什麼不幸的事情發生。但是，法希（E. Farhi）和傑夫（R. L. Jaffe）卻指出：

奇異物質的核也可能帶負電荷，並由正電子雲所圍繞，在這個情形下，形勢便大不相同。一般的原子會被它所吸引和吸收，在接觸到一般物質的供給時，它會無限制地成長。顯然，帶負電荷的奇異物質會有災難性的後果，將它碰觸到的任何東西都轉化爲更多它的本身。

他們說，不幸的是，這方面的理論性計算是極端困難的。「唯一確切說明奇異物質特性存在的，將來自實驗」。

魯贊乃評論道：

理論家能絕對確切知道一個加速器永遠不會產生貪婪的一堆奇異物質嗎？一九八三年，當研究人員在設計「相對性的重離子碰撞器」（Relativistic Heavy Ion Collider, RHIC）時，有人初次認真的提出這個問題。這個碰撞器目前正在布魯哈芬國家實驗室（Brookhaven National Laboratory）建造中。它將是世界上最強有力的重原子擊碎器，而且很可能會產生奇異物質。赫特（Piet Hut）讓大家不要害怕。他引用他的前輩的推理

法說明，無數的宇宙粒子與地球和月亮上的原子碰撞，其所造成的情形比「相對性的重離子碰撞器」的情形多出太多了。

然而，這個情形還應該進一步說明：

一、「相對性重離子碰撞器」中的重核，將達到大約一百個十億電子伏特，赫特和里斯估計：在包括重核的宇宙射線的情形，至今所觀察到的最高能量，只有十的九次方倍的十億電子伏特，或在大氣碰撞之質量架構中心的十的四點五次方倍的十億電子伏特。在這兩個數字中，第二個（也就是第一個的平方根）具有重要意義。因爲我們現在所注意的，不是如果兩個重核在我們過去的光錐以內曾撞個正著會發生了些什麼事情；相反的，我們所考慮到的情形是，一個重核撞擊地球大氣，以至於可能造成一次奇異物質的災禍。那麼，似乎比「相對性重離子碰撞器」只要強上幾百倍的一個加速器，便可以達到可能危險的能量範圍的下限。請注意現在正在建造的「大海莊碰撞器」（Large Hadron Collider），預計可以達到大約一．四乘十的四次方的十億電子伏特（1.4×10^4 GeV）。

二、奇異物質或許會繼續以團塊的形式打擊大氣，它們是由互相碰撞的中子恆星或夸克恆星所釋出的（夸克恆星大致或全部是由夸克構成。狄森、惠騰（E. Witten）等人曾說，所有所謂的中子恆星事實上都是夸克恆星）。團塊可能是某些觀察到的宇宙射線放射的原因，因為打擊大氣可以將任何小的物質打碎成非常微小的碎塊，每一個碎塊可能只包含幾十個夸克。不過，只有當一塊奇異物質既大而又移動得較慢時，它吞噬地球的效應才會出現。事實上，它可能必須是由物理學家所製造的一塊。它或許需要大一點才能在面對尤其是迅速的放射性衰退時，有足夠的穩定性（我們因此不能依賴一個與赫特和里斯完全類似的議論，說重核宇宙射線的碰撞，很久以前便已經會引起在物質上可能的奇異物質的災禍）。

每一次宇宙射線的碰撞只能創造一塊非常微小的奇異物質。在這樣的小塊到達我們這個行星的表面時，它們能有足夠的時間通過衰退的過程）。移動得較慢則由於以下的原因而可以變得是很重要的。如果夸克礦塊的重量超過十分之一克，則當它們從外太空衝下來時，很可能像子彈穿過雲霞一樣地穿過地球。

一般的看法是，任何奇異物質的團塊，都不會吸引普通物質和予以轉化。相反的，普通物質愈重，便愈會被奇異物質所排斥，傑夫曾經寫信跟我說，吸收一切、耗盡一切、帶有負電荷的奇異物質，「不佔有我自己和法希所探索的媒介變數空間的一個所偏愛之區域」。換言之，其存在似乎無法基於使它成為可能的那一種情形的理由。再者，如果這樣的物質在大團塊的情形下是穩定的，那麼我們可以假設帶有正電荷的極小塊奇異物質也是這樣的。這樣的小塊在天文物理過程中相當容易製造，以致我們可以期望在我們的

行星上找到，不過，到現在爲止尚未找到什麼。

即使如此，克萋斯（F. Close）在綜述這個情形時仍可能是對的：

> 夸克物質的理論是非常脆弱的，我們不能確定它是否表示奇異物質的存在，但是它至少讓我們認識到：熟悉核子觀察所見的穩定性，不必表示我們乃由最穩定形式的物質所構成。如果大自然最穩定的狀態不曾在什麼地方完成，便會是一個奇怪的玩笑。而如果有一天有大的數量到達地球，那麼……

三、蕭（G. L. Shaw）、邢恩（M. Shin）、達利茲（R. H. Dalitz）和德塞（M. Desai），在一篇文章中提議用重核子轟擊一個目標，製造奇異物質的點滴，使這些點滴立刻通過一台長條型的靜電減速器，讓它們從一個液體重氫槽吸取中子而能非常快速地成長，而後再將它們收集在一個磁性的瓶中。爲了希望增加它們的穩定性，這些點滴要讓它們快速地成長。而後這個實驗可以在以前自然過程都失敗的時候（可能的一個例外是創造非常緻密恆星的過程），產生大量的奇異物質，使它們的質量成長一百倍以上，可以迅速給最初的微小點滴較大的穩定性。在這之後，給它們注入速度緩慢的中子，將它們的質量和它們的穩定性撞到更高的層次。

如果這篇文章中所形容的過程能夠實現的話，則它可以形成一個極好的能源：每當更多

的中子注入這些點滴時，它們便會散發出輻射能。然而，（這篇文章所沒有談到的是：一個由其磁性瓶掉出的點滴，很可能有法希和傑夫所形容的啓示錄後果）傑夫在給我的信中提到，如果這樣的點滴可以成長到有用的大小，那麼重力將把它們由任何限制性設計的裝置底部拉下來。

德塞和蕭在別處也重複一般所接受的「安全感說法」：如果可能有危險和帶負電型的奇異物質，那麼災禍在很久以前便發生了——通過宇宙射線打擊地球的大氣，並創造一小滴這樣的物質。但是根據我在上面所列舉的理由，這個說法顯然是不會成功的。一道宇宙射線只能產生一個極微小的小點滴，或許在它有任何眞正機會消耗一般物質而生長之前很久，就會衰退了。

然而，我們必須記住，這些作者所建議的科技所可能帶來的龐大利益。作爲一種能源，它可以解決一大部分污染的問題，因而就某些程度而言，增加了人類長期存活的機會。

創造一聲新的霹靂

如果因失誤而產生一個新的、摧毀世界的霹靂又如何？雖然這也是我們不容易當眞的一個風

險，可是似乎也還是值得討論的。

幾乎所有的宇宙論者都接受早期宇宙膨脹的想法：當大霹靂出現了一個極短的片刻時，便有突然猝發的加速擴張。就像沒有狐狸控制的兔子數量一樣，最初一個微小的點滴不斷地倍增體積，發現到這樣一個事實：重力場的能量是負值。古斯（A. H. Guth）解釋道：

> 試想由一段極大距離所分開的兩個大團塊，這兩個大團塊因重力而互相吸引，換言之，當這兩個大團塊相互接近到結合在一起時，便可以得到能量。然而，一旦這些大團塊被拉扯在一起，它們的重力場便會重疊。因此，最後結果是同時抽出能量和產生重力場。如果重力場的不存在與無能量是對應的，那麼任何非零的力場必須與負能量值相對應。

不尋常的結果是：膨脹中大宇宙的能量密度將幾乎保持常數。在其體積每一次倍增以後，它的每一立方毫米將和以前有幾乎相同的質量、能量關係。因此，它倍增的次數沒有清楚的限制。

林德說，當大宇宙的膨脹停止時，它已成長了十的一百萬次方倍（$10^{1,000,000}$）。一個最初伸展十的負三十三次方（10^{-33}）公分的區域，到那時便會成長到比我們今日所見大得多的體積。我們大宇宙的地平線（由「膨脹終止時，光可能已走向我們的距離」來決定），只不過在十的二十八次方（10^{28}）公分以外。因而林德說，關於重力（在一個最初不到十的負五次方（10^{-5}）克的物質中起作用）在可觀察到的小宇宙（十的五十次方（10^{50}）噸）中創造所有物質，應該是沒有什麼

問題的。

人類的實驗者，可以將林德所設想之物質的量（也就是一克的十萬分之一左右），壓縮進一個像直徑十的負三十三次方（10^{-33}）公分大的微小區域嗎？如果可以，他們可以引發一次新的大霹靂嗎？林德說這個想法少說也是高度臆測性的，但是我們不應該揚棄這個可能性。一個很有希望的辦法，是將稍微大一點量的物質壓縮進一個稍微大一點的區域，而後依靠量子的波動去引發膨脹。在林德所提出的「混沌膨脹」設想狀況中簡單地估計，顯示只要壓縮不到一毫米的物質便夠了。

林德的十的負五次方（10^{-5}）克和十的負三十三次方（10^{-33}）公分不是隨意選擇的，它們大致是蒲郎克質量與蒲郎克長度。這些量對於物理學而言很重要，而且往往被視爲是任何新發生大霹靂之「天然的」質量和大小。蒲郎克質量相當於一輛汽車在兩次加油之間所消耗的能量。雖然大多數最具活力的宇宙射線可以像步槍子彈一樣碰撞，可以釋出此能量的碰撞，會是像兩架小噴射機的碰撞。然而，思索在實驗室中創造一個大霹靂的物理學家，很喜歡想像壓縮不僅是一克的一小分率的質量—能量，而且是幾公斤的質量—能量。法希和古斯說：「根據膨脹的模型，我們觀察到的宇宙乃由一個空間不到十的負二十四次方（10^{-24}）公分、質量不到十公斤的區域所形成」，這讓我們自然地想問：我們將能量充份壓縮，是否能創造一個大霹靂？雖然必要的能量密度（每立方公分十的七十六次方（10^{76}）克），會需要超過任何已知科技所能提供的高壓」，可是實際上

所涉及的能量，可能只與一顆大氫彈所釋出的一樣。

法希和古斯的報告說，進一步的思考似乎說明，沒有任何的壓縮量是足夠的。各種公式說明一次新的大霹靂必須由一個高密度的泡沫開始。這個泡沫沒有過去的歷史，因而沒有任何實驗室能製造出來。不過，一種很古怪的泡沫幾何學也許可以克服這個爭議。一般相對性的量化形式，其所允許的效果，也可能克服這個爭議——這一點是法希、古斯和古文（J. Guven）的第二篇文章所詳細推衍的。這幾位作者認爲，在「力量大統一」（Grand Uuification of Forces）等級的大霹靂，（新創造的狀況在膨脹以前質量大約爲十公斤）絲毫可能性也沒有。然而另一方面，在接近於蒲郎克刻度的能量尺度上，這種策略卻是可能的。

他們這番話，讓我們不禁要問：這個十公斤的數字（相當於十的二十八次方（10^{28} GeV）十億電子伏特左右），是不是眞正對的？布勞（S. K. Blau）、昆達曼（E. J. Guendelman）和古斯進一步做這方面的計算。這些計算極端複雜，並且與既定的事實有很大的差距。譬如，有一次，這些學者採納猜想的能量密度並求它的平方，而後將結果加以平方。此外，林德曾經告我說，十公斤這個數字太高，「此數據是從今日已失效的舊日膨脹過程中得到，而後再由我一九八二年所建議的新膨脹過程得出，從這個過程今日也幾乎失效。十的負五次方（10^{-5}）克乃出現在一九八三年我所建議的混沌膨脹過程中」，而他與許多其他的人此後一直在維護這個過程。誠然，如果我們自己的小宇宙如果只由十的負五次方（10^{-5}）克、十的負三十三次方（10^{-33}）公分的量子波動開始而後膨脹，則它的起源便容易理解得多，至少比它由較這個大幾十億倍開始容易理解得多。史塔洛賓斯基（A. A. Starobinsky）和澤多維琪（Y. B. Zeldovich）便評論說：

> 由一個封閉的小宇宙開始是自然的。它的半徑是一度的蒲郎克刻度（10^{-33}公分），充滿了某種量子場的物質，其密度也是典型的蒲郎克密度的刻度。我們需要膨脹的階段以便由蒲郎克式的大小發展。

即使正確的數字是十的負五次方（10^{-5}）克而非十公斤，在這兒有沒有眞正的危險？法希和古斯說，任何我們所創造新的大霹靂，只會是一個「幼年宇宙」（child universe）的誕生，它的擴張不損及「親代」（the parent）。我們不會被一個我們可能創造的小宇宙所毀滅，因爲拜幾何學的非歐幾里德性質之賜，這個新的小宇宙將擴張進入它自己的空間。對我們而言，它看上去只是一個微小的黑洞。可是，他們的論文滿佈令人不安的片語，如「我們沒有把握，不很明確」、「我們沒有拒絕考慮」、以及「我們整個的討論是在古典一般相對性的脈絡中」。只有天知道一個一般相對性的量化形式，給我們儲存了多少意外事件。

布勞、昆達曼和古斯又進一步解釋「我們是安全的」這個觀念，其所根據的想法，是說由其「親代」的內部觀之，「宇宙」會很快地變小，不論其體積由其本身內部看會如何愈來愈快速地成長。不論這話如何可能與常識牴觸，在宇宙學中它卻是可以接受的。不過，這不是一個極端困

難的課題。沒有任何人有權完全對它有信心嗎？幼年宇宙膨脹進入其「親代宇宙」的內部結構，會不會至少有一點風險？

林德讓我注意到「以爲我們自己安全」的一個非常強有力的理由。他寫道：「我們不能將能量由新的小宇宙抽吸到我們自己的小宇宙，因爲這個與能量不滅定律（the energy conservation law）相牴觸。」這一點擴大來說便是：只有當它全部的「能量成本」是零或很小時，我們才能創造一個新的大大霹靂；這個情形的發生，是當新創造的宇宙，其負面的重力能量與所有在它之中的其他能量恰好或幾乎恰好平衡。但是如果這個宇宙必須做很多工作，任何這樣的平衡便會被破壞；而如果它災禍性地膨脹進入它的親代宇宙內，它便必須做很多工作。

遺憾的是，我們不是完全清楚這樣的推理法是否成功。往往有人說，全部能量的觀念不能直截了當的應用到一個小宇宙，或者至少不能應用到在其創造前後的一個大霹靂的小宇宙——這個時候，它因重力而產生的曲度趨於極端。那麼，似乎還有一個至少不大的風險：雖然我們在創造一個新的大霹靂時沒有付出什麼代價，可是它在它最早的時刻，會不會有毀滅我們所需要的全部能量呢？

第3章　風險的判斷

本章旨在說明對於人類最危險的威脅是些什麼；它也確認了一些關於評估威脅的一般說法。譬如，關於世界是否有確定的命運，這一點對於卡特「末日論證」的說服力，可說是非常重要。雖然卡特的看法很重要，可是「即將毀滅的可能性」或許只有百分之三十。

風險分析的一般問題

風險分析這門學問有很多的文獻，包括《風險分析學報》（*Risk Analysis*），關於這門學問的要導論，可參看摩根（M. G. Morgan）的〈風險分析與管理〉（"Risk analysis and management"）一文。不過，到現在爲止，這個領域的複雜性，只是使它的發展相當遲緩。統計學家有一段很長的時期，懷疑抽煙會使一個人罹患癌症和其他疾病等嚴重的危險。可是英國許多醫生所進行一項爲期四十年的研究，在最近發表的文獻指出，每兩個抽煙的人中，會有一個因這種習慣而死亡，這個比例較從前所認爲的高出許多。再者，最近發現，具有因果性的變動因素與有風險性的災禍之間，其許多連鎖性的關係常被故意的低估。譬如，假想你要知道你的高血壓會增加多少患心臟病的風險；有些人的血壓通常偏高，可是有可能在血壓較低時量血壓，反之亦然。把這個情形考慮在裡面以後，我們發現，高血壓是一個比以前所認爲的高了百分之六十的風險因素。

當這些牽涉到絕大多數人生活中一再重複的事件、而又經過密集醫學研究的醫療風險，竟是這麼不容易測量時，我們顯然不容易得到，往後十年間核子戰爭風險的可信數字，更不要說每一個人在公元二四〇〇年滅絕的風險。使事情更複雜的是，稱某件事是風險，亦涉及道德上的考

量。假使你認為人類的滅絕會是一件好事，或者至少（見第四章）僅是牽涉到「可能的生命」（在這個情形下尚不存在的生命），便不會在任何道德的意義上為世俗所迷惑，那麼你便會拒絕談到人類滅絕的「風險」；而且大概你也不會接受不惜任何代價以避開些微之人類滅絕危機的想法。

本章將只是假設人類的滅絕是一種災禍，而任何滅絕的可能性，不論是大是小，都是應該警告大家的。我不同意所謂談毀滅風險將使人意氣消沈而增加危險的說法。某些有權勢的人正想聽這樣的說法，以便一切照舊、污染照舊、投危險活動的選票照舊。

評估世界末日風險的重要因素

◎卡特的末日論證

在說過上述的內容以後，我們並不感到意外的是，某些有關於風險分析的極端重要原則一直到最近才為大眾所注意，而且有時常被極力地排斥。卡特的末日論證是一個最好的例子。這個論

證所利用的事實是，我們應該在其他條件都一樣時，選擇那些「其真義使我們更容易發現我們事實上已發現」的理論。雖然它似乎是有說服力的，可是許多風險分析家不排斥卡特的論證，只是因為他們尚未遇見它。他們沒有想到問他們自己（而且他們會斷然地拒絕反問自己）：一個人能期望自己於人類歷史的什麼地方？

如本書的「導論」中所述，卡特是一位應用數學家。他確實問過自己這個問題。他指出：人類假使在接下來兩個世紀會滅絕，那麼相當大比例的人類會發現他們處於你和我的處境，那個時期人口非常快速地成長，這是滅絕的前奏（或許還促成滅絕的發生）。然而，如果人類還能夠存活一千個世紀，那麼二十世紀晚期則幾乎是一個完全沒有人類居住的時期：或許遠不及所有曾生存在世間的人的千分之一。這個事實，應該會減低我們對於人類將有一個長遠未來的信心。卡特的推理法也許是具爭議性的，但它也是正確的。下面第五章及第六章將嘗試說明這一點。

◎不僅是什麼會殺死許多人，而是什麼快速地把我們全殺死

那些受到卡特說法影響的人，可能會對於「如果人類能平安地度過下幾個世紀，它將還可以存活多久」感到興趣。他們或許願意參考下面的文章和書籍，如狄森的〈沒有終點的時間：在一個開放宇宙中的物理學與生物學〉（"Time without end: physics and biology in an open universe"）、佛

勞茲奇（Frautschi）的〈在擴張宇宙中的熵〉（"Entropy in an expanding universe"）、林德的〈膨脹以後的生命〉（"Life after inflation"），以及伊斯蘭（Islam）的《宇宙終極的命運》（*The Ultimate Fate of the Universe*）、巴羅（Barrow）和提普勒（Tipler）合著的《人因宇宙論原則》（*The Anthropic Cosmological Principle*），提普勒的《永恆的物理學》（*The Physics of Immortality*）或戴維斯的《最後三分鐘》（*The Last Three Minutes*）。這些文章和專書討論了像質子緩慢蛻變和「熱致死」（最大值的熵）等諸如此類的事情，會非常明顯地限制了所有可以算作是人類「存在的未來」。

不過，仍然有若干理由讓我們轉而集中注意力於不遠的未來。其中一個是在本書「導論」中所提到的，我們到適當時候會詳細討論。它是說，如果人類的未來是不確定的，那麼卡特的主張不能導致對於「即將毀滅」這種評估的風險作任何大幅度的修正，即使如果「延遲毀滅」意謂幾兆的人類分散在銀河系各處，也不會導致任何大幅度的修正。

另一個理由是：可能只有短期的危險才會對人類或其後裔的存活構成重大的威脅。譬如，如果五十億年以後太陽變成一顆紅色巨星而煮沸地球上海洋的水，那會有關係嗎？如果人類或其後裔存活到那個時候，則他們可能已移民到冥王星、或在一個安全距離的太空殖民地、或到其他恆星的附近。人類不會孤注一擲。除非是發生一場眞空亞穩定性的災禍（參看第二章），以幾乎光速般的速度橫掃這個銀河系。但是目前發生這樣一場災禍的機會似乎很小，而在遙遠的未來幾乎

更不可能，因爲所需的高能量實驗很早就已經做了，要不然就早已被禁止了。

任何好的圖書館對於下列的事物都應有充份的資料，例如關於可以容納將近一千萬人的太空住所之歐尼爾圓柱體（O'Neill cylinder），或關於以幾兆美元代價使火星或金星的大氣可以供人呼吸，或以光速行進的速度而在銀河系殖民的計劃——將人類或有如人一般聰明的機器殖民。就是在我家的書架上，關於這些問題有精彩討論的書，便有巴羅和提普勒的《人因宇宙論原則》（*The Anthropic Cosmological Principle*）、布蘭德（Brand）的《太空殖民地》（*Space Colonies*）、克婁斯的《終點》（*End*）、達沃斯特（Davoust）的《宇宙水洞》（*The Cosmic Water Hole*）、狄森的《由各方干擾宇宙與無垠》（*Disturbing the Universe and Infinite in All Directions*）、麥唐諾夫（McDonough）的《搜尋外星球的智慧》（*The Search for Extraterrestrial Intelligence*）、汝德（Rood）和崔福歐（Trefil）的《我們孤獨嗎？》（*Are We Alone?*）、薩干的《宇宙》（*Cosmos*）、史克勞夫斯基（Shklovskii）和薩干合著的《宇宙中的智慧型生命》（*Intelligent Life in the Universe*）、蘇利文（Sullivan）的《我們不孤獨》（*We Are Not Alone*），以及提普勒在洛斯曼（Rothman）等人所著的《現代物理學的新領域》（*Frontiers of Modern Physics*）一書中的投稿。在這些著作及與這些著作類似的書籍中，有些見解牽涉到臆測性的進步科技。譬如，關於在火箭中使用核融合或使用反物質，或用雷射將一面光帆加速到極高的速度，而後用它安放毫微機器——這些毫微機器製造之制動雷射，使跟在後面的大型乘客車輛停住。但是，早在一九七○年代，歐尼爾已說服許多人，你認為用現今已有的科技，可以快速和廉價地製造為一萬個太空殖民者所乘坐的一公里長圓柱體。而那個時候的化學——火箭科技（更不要說獵戶星座計劃中的小氫彈——每一顆小氫彈只將太空船加速一點點，美國大力研究這個想法，一直到禁止在太空進行核爆的條約為止），其本身便可能用來將太空殖民者送到其他恆星的附近，只不過慢一點而已。目前，「旅行者號太空船」以其所飛行的速度，要四萬年才會把他們載運到最近的恆星。

光帆船最初由地上的雷射、而後又由日光加速，並用目標恆星的光作為減速之用。今日它們可以以較少的花費和較高的速度達成任務。另外還有其他的建議，其中若干想法已相當老舊，但大多主張用相當低水準的科技作太空旅行。看來人類似乎不會這麼快就滅絕了吧！如果人類還可以存活五百年，則在這五百年間任何打擊地球的災禍都不會使人類滅絕。令人驚訝的是：我們在發展地球上的人造生物圈方面竟做得這麼少；而這樣的工作可以保護我們熬過這五個世紀任何可能的災禍。

大家對於「第二生物圈」（參看本書第一章：氧氣濃度的下降而造成災禍）的批評表示得太快。他們往往忽略這個實驗所必需的一億五千萬經費，全部交由一個人：巴斯（E. Bass）去負責。如果把花在核子武器上經費的百分之一，用於發展人造生物圈上，那麼人類漫長的未來現在幾乎已可確保。

始終要記住，為了「末日論證」的目的，我們不只是對於污染危機（意味著悲慘及億萬人的

死亡）這樣的事情感到興趣；億萬人的痛苦和死亡是一個非常大的悲劇，但是接下來可能是慢慢地復原，以及隨後是這個已學得教訓的人類一個燦爛的未來。「末日論證」最重要的地方（我認爲這個問題由道德的觀點來看最爲重要）在於是否有任何事物可以使人類全部終結。

◎費米的問題

如果我們相信星際旅行對於比我們的文明更進步一點的文明來說是容易的，那麼我們便面對費米的問題，它們是在哪兒？這個問題也就是，爲什麼似乎沒有外星人造訪過我們的太陽系，而無線電望遠鏡的搜尋也未見他們的蹤跡？如果智慧型生命在我們的銀河系中是普遍的，那麼爲什麼外星人沒有在很久以前殖民地球？雖然這個銀河系年齡在一百億年左右，各種計算卻顯示，一旦一種文明開始作太空之旅，它由銀河系的一端散佈到另一端卻只需要幾百萬年。狄森首先發表一個數字，說大約是一萬年，而其他的估計一般在三億年到三百萬年之間。不過，提普勒則主張低於六十萬年）。

那麼，我們應該加入那些說有人看見過外星人的飛碟的一方嗎？看起來似乎最好還是加入巴羅和提普勒的一方，認爲地球很可能是這個銀河系中有進步生命（或任何生命）演化的唯一地方。在我們得到反證以前，認爲我們應該視我們所居住的地球是普遍存在，則是沒有什麼意義的。因爲，如果宇宙中只有一個單一的能承載智慧的行星，那麼我們還能住到什麼別的地方去？很可能幾乎所有的銀河系都永遠不會有生命；很可能如果人類滅絕，那麼整個宇宙將永遠沒有智慧型生命。只有在某種古老的液體中，化學物質以極不可能的方式結合，才會有非常原始的生命本身出現。由原始的生命躍向智慧的生命也可能很難；而即使容易，也大概不會發生，因爲這樣的躍進很少有演化上的好處。想一想那個聰明而好奇的動物把頭放進一個黑洞，而終於失去頭顱的故事。

有鑑於上面的各種理由，我們有很大的責任不使人類去冒滅絕的風險，尤其不要爲了些微的好處而去冒人類滅絕的風險。一旦我們明白氟氯碳化物會破壞同溫層的臭氧，全球便應該立刻禁止用它做腋下除臭劑。

值得注意的是，我們不能偵測到有智慧的外星人，不表示他們很難演化出來，而是他們在發展出科技的文明以後，如何迅速地自我摧毀；當然，這話的可靠性端視我們認爲所謂智慧型生命很難演化出來的說法有多麼不可靠。不過，如果認爲我們的說法可靠，則它一定會影響到我們對於在第一章與第二章中所討論的許多風險評估，因爲大致其他羽毛未豐的科技文明往往也和我們面臨同樣的風險。

我常以爲，其他關於我們爲什麼未在自己的銀河系偵測到外星人的說法，比較不合理。說外星人殖民於銀河系各處而我們竟未注意到（或許由於他們視我們太陽系爲一個不可觸摸的動物

園，或者由於他們是藏在小行星帶）；或他們都樂於留在家中；或者他們旅行的時間還不夠長，因爲他們的高科技只發展得比我們早一點等等，都是不大可能的。不過許多專家還是爲這些說法辯護。關於這點可以參閱布林（G. D. Brin）在〈大寂靜〉一文中的評論。

◎觀察上的選擇

本書的第一章，在討論自然發生的疾病如何未能造成人類的滅絕時，曾說可能牽涉到一個觀察上選擇的效應。如果宇宙間有許多住著智慧物種的行星，病菌幾乎到處所向披靡，那麼我們的行星，必然是病菌尚未在上面稱霸的少數行星之一，否則我們便不能在這兒觀察和討論這件事。再者，我們過去的光錐（包含所有我們曾經可能知悉其消息事件之時空的那個環節），便不會包含第二章中所討論的那種眞空亞穩定災禍，因爲一旦其消息傳到觀察者，這樣的災禍便會使觀察者消失無蹤。

這種對於一個災禍性過去的觀察選擇，可能使我們不易因爲（即使是在數百萬年或者十億萬年後）尚未發生任何可怕的事件，就認爲我們一定是安全的。尼爾森（H. B. Nielsen）寫道：

> 我們甚至不知道是否有某種極端危險的衰變（如可以根除地球的質子）的存在。因爲如

果它發生了，我們便不會在此觀察到它。而如果它沒有發生，則沒有什麼可以觀察的。

大概他心中所想的是，某種引發一場眞空亞穩定狀態災禍的極罕見衰變方式。那麼，他會認爲，任何這樣的災禍一直到今天尚未在任何區域內發生？而其邊界則幾乎以光速向前躍進——到現在可能已呑沒我們的行星，這算不了什麼嗎？在下面的兩種情形下，這話會比較有道理：（一）、在一個包含無數承載著生命的行星之無限大宇宙，或者（二）、在一個早期已大爲膨脹的有限宇宙，但我們現在只能見到其非常微小部分的宇宙。

請比較摩拉維克是如何爲下面這個故事所感動。它是說一個強力的新粒子加速器不能運作，而總是有一些倒楣的狀況出現：保險絲燒斷、看門工友被一根鋼絲絆倒、一次小地震觸發緊急開關等等。摩拉維克自問「許多世界」的量子論是否可以解釋這一事件。根據這個理論，宇宙以及其中的每一個觀察者，不斷地分支爲愈來愈多的形式。在大多數的情形下，這個加速器的確會開始工作，引起一場眞空亞穩定狀態的災禍。然而，「觀察者的形式」只能偵測到運氣會阻止它發生這個的「宇宙形式」。可是，這話有道理嗎？

我認爲正確的解決辦法應該是如下所述。我們首先要問：我們對於無法預期造成過去災禍的理論，有多大的信心？（一）、假如我們對它們有極大的信心，那麼我們可以不管「沒有過去的災禍便是觀察上所選擇的一個現象」之說法。（二）、但是我們如果對那些理論的信心不大又如

何？那麼我們便應該對觀察上的選擇十分認眞，只要相信一個觀察上的選擇可以在實際情況的領域中進行——譬如承載智慧型生命及其病原體存在的許多眞實行星，或「許多世界」量子論所形容的不斷分支的宇宙的許多實際分支（這兒所用的原則，是「沒有由它們裡面去選擇的實際事物，便沒有觀察上的選擇效應」。試想如果一個執行五十人死刑的射擊隊中，所有的射手都沒有射中你。先不要說如果他們並非全部沒擊中你，那麼你便不會考慮這件事；除非你眞的相信數十億的執行死刑射擊隊和可能的受害人。叫那個看門工人繞過那條鋼絲，並且不斷試著發動那部粒子加速器——除非你以爲「許多世界」量子論的許多世界眞正存在，而不僅是有用的虛構）。

現在，假設我們要解釋地球未曾有一顆大到可以滅絕所有智慧型生命的小行星撞擊的這個事實。我們應該強調的一點是，觀察上的選擇尚可進行。我們無法置之不理的想法是，許多其他像地球一樣住有生物的行星，也都暴露於小行星的襲擊之下。但是首先，我們有各種理由可以去懷疑其他這類行星的存在。其次，小行星的碰撞大致遵守一項定律，也就是大十倍的碰撞，其發生的頻率低十倍。這樣，算起來「當初」沒有預料會有大到足以毀滅地球上所有生命的碰撞。根據這個理由，我們可以懷疑當初曾經有觀察上的選擇。

自然發生疾病的情形又如何？第一章曾提到，病原體「小心地」不消滅其所有宿主。這是爲何我們的祖先未被滅絕的一個似乎合理的解釋，因此我們也無法直接地談論觀察上的選擇。然而，我們也不該不分青紅皀白地排斥。不論是多是少，它的確減少我們對人類長遠未來的信心。

◎新的風險

如在第一章中所指出，由今日的新狀況看來，人類能由過去各種疾病存活下來這一事實，可能不是什麼了不起的事。今日，我們有人口的危機、大城市、污染、國際間的旅行和貿易。所謂整個物種會因爲疾病所滅絕的風險可以歸類爲「大致上是新的」風險。相形之下，當人類人口開始大幅成長時，小行星碰撞的危險看來不大可能隨之增加。因此，小行星的碰撞所造成的風險似乎是「舊風險」。我們所有的祖先都由這個風險中存活了下來的這個事實，可以強烈地表示你與我也會由這個風險中存活下來。

探尋一般生物物種，或者尤其是哺乳動物，在過去存活了多久，是一個有用的問題嗎？我認爲不是的。因爲人類構成了一個不尋常的物種。沒有任何在這個行星上稍微的增溫或冷卻之改變，或在自然植被上的一點變化，會使人類滅絕。他們不需害怕某個掠奪性的物種將他們殲滅。

若問：以前人口的激增是否曾以災禍性事故收場的這個問題，是否重要？再一次強調，今日的狀況太怪異，過去的事件和經驗無法多指引我們需要去恐懼些什麼。不過，卡特（一九八九年給我寫的信中）和布林都曾向我指出復活節島（Easter Island）的情形。卡特說：「這個島由於長期與世隔絕，幾乎是另外一個行星。」布林說：「當西元八〇〇年有人在上面定居時，它和人類歷史上任何地方一樣，像是一個星際間的殖民地。」這個島嶼的居民經過一次人口的激增，完全摧毀了其原始的生態系統，而其所造成的戰爭幾乎使他們滅絕。

◎本書主要忽略的風險

在試圖檢討對於人類存活的主要威脅時，我遺漏了許多顯然是較小的風險。例如，我沒有討論人們可以由火星帶回來某種致命的細菌。這種細菌在火星上大半的大氣和水都已消失以後，在那裡存活了下來。可是，由月亮回來的太空人，雖然月亮比火星更不像是一個動植物生長的環境，他們都接受消毒處理，以防萬一，我也未提卡諾（R. Cano）和波魯奇（M. Borucki）最近已證實成功的實驗。他們從埋在琥珀中的昆蟲裡面，使兩千五百萬年到四千萬年前的古老細菌和黴菌復活了。他們所做的抗細菌、抗黴菌和抗腫瘤效應試驗，認爲是很有希望的結果。但是古代的疾病會不會復活？現代生物體對它們是否具有抵抗力？

再者，我沒有討論摩拉維克的一個想法。他說「宇宙被隱密的狼所潛行偷竊，牠們折磨羽毛未豐的科技種族」。這些狼可能只不過是「一點無用的資料」（也許是由無線電波所傳播）。這種資料在沒有文明的時候，只能在銀河間潛行了幾百萬年。不過，每當「一個新演化出來的科技文明的土包子」偶然碰上這類資料而聽它的命令行事，則或許會被資料中「有利於其宿主的機器藍圖」所誘使，而策劃一次恣意的生殖，此一作法會殺死它的宿主，並將他自己天文數字般的複製品傳送到宇宙之中」。布林也臆測「致命的試探器具」。這些自我複製的機器，毀滅任何未經識別的「經調整的電磁放射物」，如《我愛露西》（*I Love Lucy*）一書中的無線電波。摩拉維克和布林建議說，這樣的殺手能由演化上成功的突變產生。它們的祖先可能是設計要在這個銀河系各處散佈福利的。抱歉的很，我不曾詳談這些情節。然而，我不容易說究竟我爲什麼不曾詳談。我可能太快地草草略過許多危險。一定還有一些文獻中所提到的其他危險我也沒有討論到，只不過因爲我沒有聽說過它們。因爲這個領域實在非常遼闊。

我沒有提到的風險，部分原因是因爲我對它們所知太少，或者（如一個災禍的發生，是由於不能控告或劫掠任何人）因爲不容易將它們分類。會不會有某種摧毀心智的化學物質很能使人上癮，以致可能被大毒販引進自來水以後，把我們毒殺殆盡？美國龐大的政府、商業和家庭債務，其數目已是每年國民生產毛額的一倍。它引起全世界經濟崩潰的危險性有多大？人類的滅絕眞的會開始於這樣的事情嗎？或是起於「衍生的有價證券」之股票市場交易？這種交易大半是沒有管制的，其每年的數量近於美國、歐洲、日本等國之國民總生產毛額的總和，以致華里奇（P. Wallich）報導說：「觀察家已經開始擔心，恐怕走錯一步便會使金融市場如過眼雲煙。」

此外，在今日，犯罪已經是全球性的行業，其每年的總營業額大致是一兆美元（這個數目幾乎等於花在軍事活動上的數目）。美國的監獄中有一百萬個以上的罪犯。昔日有一句警語說，被

百分之一犯罪行爲所折磨的文明，將會回到石器時代。我們該把這句警語當眞嗎？或者，一個非常富有而對人類懷恨者，會造成更大的威脅？

我談得較少的可能是關於要說服大家去接受許多行爲是邪惡的，是如何地困難。干擾電腦的駭客也許會以爲闖入控制核子武器的系統，是正派的樂趣。在第二次世界大戰中，偉大的同盟國政治家以爲在德勒斯登（Dresden）的猛烈戰火沒有什麼不對。可是德勒斯登這個城市一點軍事價值也沒有，且又住滿婦孺。發明原子彈的科學家考慮到，如果不能生產原子彈，則用鍶對五十萬的德國人下毒（鍶是一種放射性元素，人的骨骼會累積鍶）。羅德斯（R. Rhodes）說：「在第二次世界大戰愈來愈血腥的思想紀錄上，最好的證據乃見於奧本海默（Robert Oppenheimer）的文章。奧氏在一生中曾多次聲稱他致力於不造成傷害，但是他卻熱切地的寫道準備要大舉毒死五十萬人。」在這個世界上，五分之一的人擁有五分之四的財富，使人不容易區別誰是恐怖份子，而誰又是自由鬥士。這種歷史背景是很嚇人的。

不過，我還是不願意說在德國各城市製造猛烈戰火，或者甚至在日本投下原子彈，是非常明顯的純粹邪惡行爲。我們無法毫不思索地駁斥這樣做可縮短戰爭和挽救數百萬人生命的說法。愛一個人的行爲所期望造成的長遠利益之影響，可以較永遠遵守某種簡單、毫無伸縮性的道德規則（一面說一些像「目的不能爲手段辯解」這類幾乎沒有意義的話），較爲人所接受。（當一位外科醫生說他讓病人痛一下但卻可以救人命，這是「用目的而爲手段辯解」嗎？不管是不是，這話是

沒有什麼罪惡的。）要記住的是，為我們帶來災禍的，不僅是惡人，也有那些自以為是及否認明顯事實的人。例如，有些人說精神分裂症患者並不是眞正的病人（因而不該讓他們遠離核子武器？），或者檢查制度（或許檢查「將致命的病毒放入水供應」的說明書？）永遠有不好的結果，或許說民主的決定永遠是最好的，雖然三個有理智的人可以投票說A較B好，B較C好，而C又較A好。

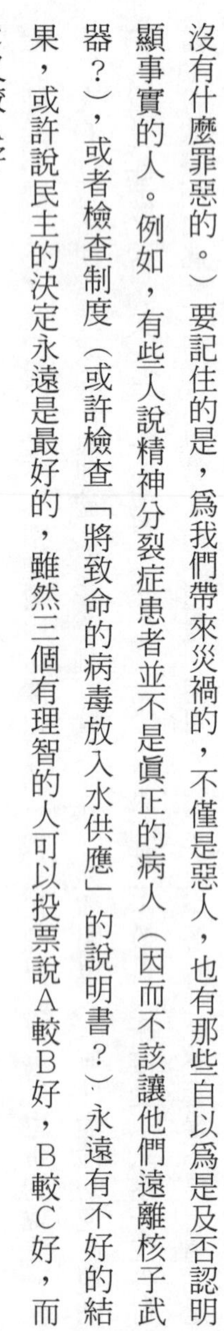

風險之比較以及嘗試推測整個風險

現在，讓我推測一下各種威脅有多嚴重。即使在思索世界末日的說法時，我們還是會有許多可以抱持希望的理由，而不至於陷入絕望。首先，許多人認為世界的命運是不確定的；如此便大大削弱了末日論證的立場。等一下我便會討論這一點。

其次，看起來超新星的爆炸、太陽的閃焰、黑洞的合併或中子恆星的合併、大規模的火山活動或小行星或彗星的碰撞，都極不可能在不久的未來就把我們都殺死。而如前所述，我們需要考慮的或許也只是不久的未來，因為人類可望在不久的將來便散佈到太陽系各處。不論是否地球上

所有的居民都會被毀滅，他們以後仍有許多人會存活下來。

自然疾病又如何？大城市、空中旅行等，往往使它們更為危險，但這個多少可以由醫學的進步與之對抗。即使不能，這些疾病也不至於會完全地殺死每一個人。

雖然一個銀行系統、或食物、水和電力分配系統（可能由電腦所控制）的崩潰，其結果很可能造成饑荒和混亂，可是說它會滅絕一切，似乎更不可能。

臭氧層的破壞、溫室增溫、污染危機、農地的竭盡和生物多樣性的喪失，這些都威脅到人類且將造成極大的不幸。可是它們也不大可能使整個人類滅絕，尤其大家可以到人造的生物圈去避難。存活下來的少數幾千個人，或許就足夠作為將來幾十億人繁衍的基礎。全球性的核子戰爭或許也如此。如果這個行星的地表變得無法居住，則人造的生物圈可以將這個行星的地表變為可以居住，所以人造的生物圈可以將人類的生存維持下去。

毫微科技的進步也許是危險的。然而，我們希望在人類快要到達一個單一世界政府、可以堅持種種保障條款以前，毫微科技還不會有很大的進步。再者，當毫微科技的革命發生時，整個太陽系的殖民，或許甚至到其他恆星體系的殖民，都會快速進行。因而地球上所有人類的毀滅，並不表示人類這個物種的結束。

即使我相信（只有少數幾個物理學家與我有同感）在未來的三個世紀會研發出取得極高能量的方法，可是因高能量實驗而造成的風險（其中最重要的一個是擾亂亞穩定真空），我看是不大可能出現。我預期，或者是由理論上的調查或者是因爲事實上沒有災禍發生，我們會發現我們所居住的眞空狀態是充份穩定的，而奇異的夸克物質只能存在於密度極高的恆星上。

可是儘管如此，以上所討論的危險，仍然可看出足以摧毀我們的自滿情結。而我認爲我們尙未談到主要的風險；遺傳工程學依我看來似乎就是其中一個風險，尤其是因爲它可能用在生物戰爭中或落入罪犯之手。另一個是智慧性的機器會來取代人類。不過，至少這些機器如果利用量子效應而得到意識統一時（參看第二章），則我們或許不易清楚地去認定這就是一種災禍。最後，我們很可能由於「我們所不知道的某件事情」而冒極大的風險。關於這件事情，我們只能說它會像南極上空臭氧層之破洞一樣是一個難應付的意外事件。而也像這個臭氧層破洞，它將是科技進步的一個後果。

不過，我傾向於認爲人類在往後半世紀中避免滅絕的機率是高到令人鼓舞，或許高達百分之七十。若果眞存活下來了，則可能會再繼續延續幾千個世紀，或者被某種更好的物種所取代。

不過，想要對上述說法有把握卻非常困難，這只表示對於人類的恢復力、科學家的聰明、我們所選出代表的智慧有信心，但我認爲這都是令人厭惡的油腔滑調。雖然人類即將滅絕經常是狂想者的話題，可是這卻是很可能的事。引用布林談及另一件難以解釋的事時之說法：只因爲一個想法長久與狂想者有關便嫌惡它，正是給狂想者太多的影響力。

在本章最後，我們將討論當我們注意到卡特的末日論證時，如何影響到對風險的評估。

決定論、非決定論與末日論證

雖然卡特的論證使我們有理由重新評估人類即將滅絕的危險，可是如本書「導論」所述，這些理由的立足點，必然會在一個非決定論的世界中受到削弱。非決定論是說，在理論上，那些充份瞭解現今處境和物理學定律的人，關於在人類滅絕以前仍會存在多少人，尙無適當堅實的事實基礎。只要想一想當你的名條由一個甕中抽出來以後，究竟還有多少人的名條留在甕中；因此卡特想要重估「即將毀滅」之風險的努力（譬如，五百年後沒有任何人存活這件事的機率），將會受到妨礙。

會受到多少妨礙？或許我們可以認爲任何的非決定論都是不重要的。我們或許可以認爲「將從甕中抽出的名條數目」（還會出生的人之數目），幾乎已可確定是幾十億以內；原因可能是世界已受到極大的污染，以致「即將毀滅」幾乎是不可避免了，或者因爲唯一嚴重的威脅是來自彗星或小行星，而這些星體的移動是帶有決定論性質的。

然而，相反地，我們可以認爲非決定論的因素有相當的重要性。如此，卡特的論證主要的作用便是在於減少對於人類命運極端的信心。某些抱持極端信心的人說，人類長遠的未來好像是決

定了的事。

這個世界事實上是未決定的嗎？我們有沒有清楚的跡象，說明各種事件正如賭場的賭徒一樣無法預測，是根本無法決定的？試想一個今日和我們一模一樣的宇宙，在未來，它的發展會和我們的宇宙的發展不一樣嗎？

說到此，最重要的一點是區別非決定論和我們的不可預測性。如在第二章中所討論的，在快速成長的混沌理論這門學問中，其工作人員可以指出無數「蝴蝶效應」的例子。許多事件的連鎖，其微妙的發展有賴於其起點。一個特殊的蝴蝶在某一既定時刻在澳洲拍翼會是重要的嗎？也許是，因爲它或許可以決定佛羅里達州在幾個月以後是否被一場颶風所蹂躪。不過這一點雖然在許多目的上來說非常重要，卻與世界根本上是非決定性的想法很不一樣。假設有兩個相當適用混沌理論的世界，它們今日一個微小的差別（或許小到像一個單一原子的放射性衰變的差別），在五十年以後會使這兩個世界有不同到足以改變人類存活數目的發展。但是，如果這兩個世界事實上完全一樣也完全是遵照決定論的，那麼只要它們存在一天，便會有絕對一樣的發展。

簡言之，混沌理論所注意的現象，雖然使人很難達成對於風險的初步估計，其本身卻不足以影響卡特修正那些初步估計數字的理由。如果將來會出生的人數尙未由物理學的定律和目前的情勢所決定，則卡特的主旨便會被削弱力量。但是如果這個世界是遵照決定論的，那麼這些事情確實已經決定了這個數目。就像加州下一次大地震的日期一樣，在理論上它是可以得知的——也就

是拉普雷斯（Laplace，其爲有極大計算能力的守護神）會知道。祂能不動聲色地察覺今日世界的一切細微末節），雖然我們沒有能力知道它；一隻蝴蝶的翅膀可能影響這件事，但是蝴蝶的翅膀對這件事影響的方式，是自大霹靂以來便已決定了的。

有兩種主要的論證，是使大家相信非決定論的主要原因。現在我們必須檢討這兩種論證。一種是說量子物理學迫使大家相信非決定論。另一種是說完全的決定論將使人類不自由。

一、決定論破壞自由嗎？「自由」一字的性質，乃出自非常複雜的方式，往往是承擔了沈重的哲學和神學理論。引起許多爭論的是，決定論是否因爲影響到責備與處罰的正當性，而使人不自由。我們可以問：「如果罪行是由時間的開始便完全決定的，那麼處罰的公道何在？它會有什麼用處？」

將一個謀殺犯因爲犯了他出生以前便已決定會犯的罪，而被判死後下地獄，依我看來是很不公平的。如果世界可以像一只時鐘一樣重上發條，他還是會再犯謀殺罪的。接下來的想法，或許是就在此時此地處罰這個謀殺犯，也會是同樣的情形。照這個看法，如果這個謀殺犯是一個充份決定論模式的一部分，那麼處罰便會是非常不公平；雖然不公平，但是在此時此地處罰這名罪犯卻絕對是件好事。在一個充份遵循決定論的世界，撞球賽的球，其移動通常還是會受到其他撞球賽的球移動之影響。如果一個球的移動是事

先決定的，則它不能任意的移動，不論其他的球如何移動都是一樣的。同樣的，在一個充份遵循決定論的世界，人們的行動仍然可以受到讚美與責備、報償與處罰的影響。一個謀殺犯的入獄，可以嚇阻其他的人不敢犯謀殺罪。

我個人的想法和數千位哲學家（「和諧論者」）的論證不謀而合。他們認爲在自由與決定論之間沒有眞正的衝突。決定論不牽涉一種簡單的可預測性。如果決定論將人類製成機器，那麼他們的機械作用便會和天氣的機械作用同樣地複雜。而我們還記得，天氣是一隻蝴蝶的鼓動翅膀，而使天氣不可預測，至少是任何缺乏神聖力量的天氣預報所無法預測的。再者，甚至一個神祇可能也無力向一個人預言他將如何行動，因爲這個人可以固執地決定採取與預言正好相反的行動。（一架非常簡單的機器也可以模擬這個情形。即使小孩子也會建造一個裝置，當按下寫著「亮綠燈」的鍵時，便會亮紅燈，反之亦然。）

當然，某些決定性的因素的確會侵蝕自由。涉及石牆與鐵柵欄的決定論，可以把你關在監牢中，使你不自由。涉及毒癮或腦瘤或對準你的頭的槍枝的決定論，可以減低自由或將它完全摧毀。大致來說，所謂自由是說一個人對於如何行動有自主權。監禁、毒癮等可能使這一點超過你能控制的範圍之外。相反的，我認爲今日初期的西洋棋電腦，確實在某種還算重要的意義上對其本身的行動可以自主。

講到這裡，我們便很想說一個自由人只是那種因爲可以依其想法，就可以正當地對惡劣行爲加以責備和處罰的人。許多哲學家認爲：責備與處罰，由於嚇阻謀殺犯等而有許多好處，因而在一個決定論的世界中可能在道德上是對的。另有一些人所喜歡的論證，是說只有他在遵循決定論的時候，任何人才能自由。他們說：除了決定論以外，另一個唯一明顯的選擇便是隨意，而如果你認爲你的決定是隨意時，你便一定不會認爲自己是自由的，可是此處所牽涉到的問題是困難的，而本書不是對它們做長篇大論的地方。休姆（David Hume）、米爾（John Stuart Mill）、麥基（J. L. Mackie）、奧德嘉（D. Odegard）和提普敦（I. Tipton），也曾發明再進一步有關自由與決定論可相容的論證。

二、量子物理學是遵循非決定論的嗎？一般人通常認爲量子論所清楚說明的只有一件事：世界上最小的事件只是由統計學的定律加以支配；在看到很大數目的最小事件聚在一塊時，我們發現大致可以預測的規律。試想當我們把十噸重的硬幣一個個往上擲，看它們落下來是正面朝上或反面朝上時，我們幾乎永遠會看到五噸的硬幣正面朝上，五噸的硬幣反面朝上。但是，雖然一名擁有非常有效的偵測器和超快電腦的物理學家，可能知道一個特殊的硬幣如何落下來。可是關於一個特殊的原子究竟何時會衰變，或下一個放射性量子究竟在何處由一個加熱的白熱絲釋放出來，卻沒有任何重要的事實可做依據。往往有人說，甚至上帝也不知道這些事情。馮維曼事實上說他可以確切證明量子論的各種

不確定性關係——它們連接時間、位置和能量——這便顯示其本身的眞實，而非只是爲人類可擁有的知識設限。因此，標準的量子論，永遠無法做一個描述基本決定論的作用原理所補充。

然而，哲學家們往往不信任「證明一項否定」的企圖，也就是說：去說明某個東西是不存在的，而不僅是不容易找到。在回答馮紐曼時，薩爾曼（W.C. Salmon）寫道：爲了得到一則徹底的決定性理論，目前的量子力學不僅可以加以補充，而且可以加以取代。

在《神秘的宇宙》（*The Mysterious Universe*）一書中，京斯（Sir James Jeans）談到一個關於蟲子的故事。蟲子確信雨點是隨意出現的。牠們只在地球的表面上移動，對於天氣的三度空間機制一無所知。我們會不會也像牠們一樣，對於眞實情形的某些重要方面一無所知？

物理學家測定在量子層次之事件中究竟是如何發生「隱匿變數」。由貝爾（J. S. Bell）所啓迪的實驗，已經確定「局部」的變數理論是不對的。許多微粒即使在時空上被隔離得相當遠，其性質之關聯的方式，還是不能以假設每一個微粒都曾攜帶某種有關如何作用的紀錄而加以解釋，這個紀錄乃在它們最後一次接觸時形成，當執行一項決定時，可以局部的用作參考。但是正如貝爾本人很快接下來說的，「非局部」隱匿變數理論（如鮑姆所維護的那則理論），可以克服這個困難。根據這樣的理論，相去甚遠的事件可以有

一種聯繫，讓它們可以在決定論的原則下即時地互相影響。這樣的即時聯繫，會與愛因斯坦的相對論衝突嗎?不會。因爲它不能加以控制，因而不能用於超光速的信號發送。這就好像是，看到一個硬幣在紐約落下來時正面朝正，我們很幸運地，立即知道它在倫敦被拋上去的伙伴是反面朝上落下來，可是我們也知道無法用任何辦法去影響這些硬幣如何落地。

鮑姆的看法尤其令人感興趣，因爲它們代表想法上劇烈的改變。他在一九五一年的著作《量子論》（*Quantum Theory*），長久以來就是這個主題的標準教科書。在這本書中，他強烈地爲非決定論辯護；在最後反過來反駁它時，鮑姆所倚重的想法，是量子位能（所有量子力學的一個主要因素）可以被解釋爲一種力量，它的作用只依靠它的形式，而不依靠它的強度，因而它可以在相當的距離以外動作。鮑姆雖然寧可希望這個世界包含某個絕對任意的因素，他卻說似乎未決定發生的事件，事實上可能是決定論的產物，這個決定論太複雜，我們不可能始終追蹤著它。非局部效應（彼此極遠距離的系統間即時的聯繫）很容易引起這種複雜性。

波耶（T. Boyer）和普索夫（H. Puthoff）發展出另一種以修正過的古典和決定論的物理學去取代標準量子論的方法。他們的「經巧妙推測之電動力學」採用了古典物理學，而後又加上一個永遠波動之零點力場的背景。「零點」是由「零點移動」所拿來用的一個

形容詞。它所指的是當溫度降低到零度時，依量子物理學之說法，微粒會出現擾動。普索夫說零點場在宇宙各處驅動微粒，而這些微粒的移動又在「自我產生的回饋循環」中，引起零點場。根據這個方式所做的計算，與實驗的發現很一致。

這些想法絕不包括所有的可能性。這個世界是否是異常並非決定性的，因而是個難以解決的問題。的確，我們對於個別微粒將做些什麼一無所知，而我們的無知不能以直截了當的方式解決。（在著名的雙裂縫實驗中，開出一條一個微粒可能穿過的第二路徑，以減少我們對於它將在何處停住的無知，因為我們現在知道有一些黑暗的地區（「干擾地帶」），將是它最後不會到達的。試著直截了當地解釋這一點！單是「質問一個粒子其目前之移動所牽涉到如何以未知的方式去擾動它」的這個事實，對你於事無補。）不過，未來可能不包含任何過去還未解決的事情。

在使用末日論證時合併評估的風險

關於「即將毀滅」已經評估過的全部風險，不可能超過百分之一百，不論末日論證的考慮如何將它放大都一樣。因而，將這些考慮應用到個別的風險上是一個很大的錯誤。我們需要的是一

整套的考慮。

例如，假設我們在一開始認爲與高能量實驗有關的風險是佔百分之一，地平線上唯一另外引起疑慮的事情，是與污染有關的百分之九的風險。而後，末日論證或許會鼓勵我們重新評估那些風險，每項都會比它們最初看起來大八倍。但是絕不會大十三倍，因爲那樣評估的全部風險便會是百分之一百三十。

然而，如果我們在一開始認爲僅有的風險是與污染有關的百分之二之風險，而和從前一樣，又有百分之一與高能量實驗有關的風險。那麼，重新評估那些風險到十三倍大，在邏輯上便沒有什麼荒謬之處。

第4章　為何要延長人類的歷史？

本章攻擊現今各種相當流行的哲學學說，這些都是對於維持人類生存之道德抱持懷疑態度的學說。(一)、許多哲學家認為把道德需要、道德規定和地理或數學事實等當作同樣是「現實之要素」的想法，是非常奇怪且過時了。他們說所有這樣的需要只不過是情緒的抒發，或者他們稱某種行動在道德上有需要，只不過規定每一個人都該採取這樣的行動，等等。(二)、另一些哲學家心存懷疑地說，即使只有一小部分人的人生不快樂，是否應該鼓勵人類活下去？(三)、又有一些人說，對於現在存在的人才有責任，他們的存在是不可避免的。因而，除非現在已經存在的人願意，否則並沒有生育快樂的人之必要。

眞正的需要

◎否認好與壞是眞實的，可能會產生危險

有鑑於面對人類的各種威脅，如果想要長期生存下去，很可能需要極大的努力。我們能告訴大家說他們眞正應該做這樣的努力嗎？這件事與三乘五等於十五一樣是眞實的嗎？

許多現代的哲學家否認這種眞實的事情涉及道德需要。我本人認為他們的學說很令人沮喪。如果我突然和他們持同樣看法會是個什麼情形？我無法避免地會繼續喜歡一些事情而不喜歡另一些事情，而且無疑地我會向別人推薦一些事情。但是我想我不會認為辛苦的努力有什麼道理，也不認為做我不喜歡的事有什麼道理。至少由我現在的觀點看來，「眞正的意義」似乎是與「某些事物如何比別的事更密切」有關；引用一位十八世紀學者的話說，是「組織成世界的事物」。沒有它們，我們所擁有的只是引起眞正的動機去尋找某些事物。這是兩件完全不同的事。只有當自私的人可以為自己爭取到各種事物其中的「美善」（也就是「組織成世界的事物」之一部分），那麼自私的本身才能有任何眞實的意義。因而，我不說改變信仰這些令人沮喪的學說，會使我只由個人所喜歡的一事上看到眞實的意義。我是說它會使我在「任何地方」都看不到眞實的意義。

這些話只是冗長乏味的自我描述嗎？我也許很嫌惡「事實上」沒有一件事物會比其他事物更好的想法，但是我卻認識許多精力充沛和仁慈的人，他們卻接受這個想法。這些人往往努力掙扎，要幫助別人過好日子。他們對自己的說法有十足的信心嗎？或者他們不擅於內省，或者如奧維爾（George Orwell）所謂的「思想矛盾」的專家？其實，他們之中許多是聰明的、屬於分析傳統的哲學家，受過嚴格的訓練，可以區別一個構想與另一個構想。他們也只是讓人認爲他們在竭力說實話。

可能上面所說的，只是以例子說明一個人可以喜歡或不喜歡任何事物。休姆說：「喜歡世界的毀滅甚於喜歡搔我的手指，並不與理性矛盾。」休姆的意思是：至少在「理性」這個字的一般用法上，以理性去決定如何行動，正如當你想增進健康時不會去吃毒藥，或者不喜歡蘋果而喜歡黑莓，或者不喜歡黑莓而喜歡櫻桃，或是不喜歡櫻桃而喜歡蘋果一樣。人可以毫無限制地發現非常不能接受的事或令人非常興奮的事。在古代的羅馬，一個兩輪戰車競賽的支持者，狂熱地謀殺其敵對賽車隊的支持者。而最近，有一些人主要的人生目的是把煙草汁儘量往遠處吐；而許多人寧死也不要別人看見他們穿綠色的鞋子。今天，有些人最大的野心像是躺在陽光下的鱷魚一樣一動也不動等等。

不過，普特南（H. Putnam）在寫出以下內容時，是在探討一個有趣的話題：

想像一個貧窮的農家男孩；假設有人給他一個加入黑手黨的機會，如果他接受，他便開始爲非作歹——販毒、脅迫賣淫和賭博的行業、甚至去謀殺。但是他或許會過得舒舒服服的，有朋友和女人，或許還能贏得一種尊敬和讚美。如果他拒絕，他便將過著難以想像的貧苦生活……這種犧牲是數百萬的人，數百萬的窮人所做的，而且永遠會去做。現在我問你，如果任何人認爲促使他做這種犧牲基本上只是想要某些鄰居看得起他，或者甚至在同一棒球場上時鄰居會看得起他，他會去做這個犧牲嗎？安逸的牛津哲學家和舒服的法國存在主義者，可以大談一個人必須如何「選擇一種生活方式」而後致力於過這種生活（存在主義者會加上一句，即使這種承諾是「荒謬的」）。但是一個窮人之所以做這樣的犧牲正因爲他不這麼想。

要提醒讀者的是，普特南因對於「眞實意指什麼」拿不定主意而出名。（他自稱爲「一個移動的目標」）。再者，我想說他對心理學的引用，可能是不對的。我覺得有些人雖然在內心深處認爲他們給別人生活所帶來的任何改善，不會像非洲一樣眞實或像二加二等於四一樣眞實，可是仍然過著自我犧牲的生活；而當然還有另一些人雖然相信這樣的改善是如此眞實，卻絲毫無意促成這樣的改善。在（一）、直截了當相信眞正的善與惡，與（二）、受到激發起而行之間，顯然是有

差別的。海爾（R. M. Hare）是下面即將討論到的「約定俗成主義」（prescriptivism）的一員大將。他一再發誓他完全不能瞭解他口中所謂善事（也就是對他自己和對任何其他的人來說的善事）的熱誠，如果他認爲他們的「善」是直截了當確實存在的，怎麼會受到影響。然而，像海爾這樣的人，在哲學體系以外可能是很稀有的。

我較喜歡什麼樣的人自由地走在大街上？那些熱衷於做我認爲是好事的人？或是那些熱衷於做我認爲是惡事的人？當然，是第一種人。我寧可要他，即使他在內心深處眞正認爲稱一些事爲善事，只不過是規定他自己和任何其他的人去做的事。我寧可要他，即使他主張稱一些事爲善事，只表示某個非常有權勢的人曾經命令他做，或者他本人喜歡去做，或者它們奇異的發光方式只有神聖的人才能偵測到它們。如果你否認讓人類生存下去會是一件眞正的好事，那麼無疑這些都無關緊要。如果你不開腔，世界上的一切可能更順利一點，可是它不會讓你因爲這個事實便成爲對人類的一個威脅。你可能還是熱切地傾向於讓人類能繼續生存下去。

無論如何，現在讓我抨擊某些我認爲非常令人沮喪的學說。

◎相對主義、情感主義和約定俗成主義、自然主義、契約式「內化」或「價值觀的發明」

第一，相對主義是要求人遵守道德上的規範，很像是要求人遵守禮節。正如正確的禮節在一個國家與另一個國家有所不同一般，在史密斯先生的世界（也就是在史密斯先生和他的社交圈）與瓊斯先生的世界，「善」也有所不同。一件事可以既好又壞：或許相對於希特勒所採用的道德標準而言是好的，而相對於邱吉爾所採用的標準而言是壞的。這個情形正如同說芥菜是骯髒或美味一樣。一小塊芥菜其本身不可能味道甘美，就憑它是球形或體積一立方公分。芥菜的味道甘美或許可以稱爲「一個事實」，但這只表示對於喜歡它的人來說它味道甘美。

一位道德相對主義者甚至可以說像爲了取樂而把嬰兒活生生燒死這樣的事是絕對錯誤的。儘管如此，據說這裡面還有完全相對的事情。不錯，就任何人爲取樂而燒死嬰兒來說絕對是錯誤的而言，它是絕對錯誤的，但就它的錯誤「是在全世界上皆然」而言，卻不是絕對的。它所以是錯誤，只是相對於我們這位道德相對論者正好接受的對錯標準而言。我們會問：「你不認爲駁斥這些標準是很不對嗎？」回答是：「的確沒錯，但是駁斥這些標準還是一點也不像認爲非洲是一個想像，或二加二是五。」

大多數哲學家同意此處完全不能掌握道德字眼一般用法之立場。舉例來說，認為一個人自己目前的道德標準（或者以某種方法形容一個人的「社會」道德標準）不包含眞正的自相矛盾但可能是錯誤的，這句謙卑的話似乎是沒有什麼可奇怪的。可是道德的相對主義在任何這樣的話中都無法講得通。

請注意：我們在此所說的相對主義，與很多明智的看法很不一樣。譬如說，一個明智的看法是：動外科手術不用麻醉藥，相對於根本得不到麻醉藥的情形而言是好的；而且，主張這個論證的哲學家有時也不是傻瓜；他們可以躲避極愚蠢的論證，譬如說，由於一個人永遠不能確知什麼是好、什麼是壞，「一切必然只是嗜好的問題」，或者「『好』只表示我個人認為是好的。」（在此一個「極愚蠢」的理由是，你個人認為好的，或是你所嗜好的，正是你往往可以確定的那種事情。）

第二，情感主義、約定俗成主義及諸如此類的思想。哲學家們往往主張說「某件事物是好的」，並不描述關於它的任何眞實情形：相反的，它所表現的是對它的一種情感；或者規定包括哲學家本身在內的每一個人都贊成它；或者將它「分類」，而不描述關於它的任何事情，因而不能像地理或數學所表達得那麼正確。（情感主義論者、約定俗成論者、以及那些含糊談論「分類」的人，的確往往會說「給飢餓的人食物這樣的事可以正確地形容為善」，或「活活燒死嬰兒是惡」是一個「事實」或「眞理」。然而，他們只不過是採用共同的語言習慣去看這些事。他們說，對

於「燒死嬰兒是惡的」之正確分析，仍是諸如「不要燒死嬰兒！」或「我規定任何人不得燒死嬰兒」的方式，而非「完整和精確的『現實地圖』，會顯示燒死嬰兒的壞處。」）

像相對論一樣，這些學說所面臨的問題，是一個人怎麼能謙卑地說他自己目前的道德標準，即使前後非常一致，也可能是錯誤的。例如，一位約定俗成論者，可以利用說明它眞正符合他的標準之理由（這些標準藉由形成一個前後連貫的組合，彼此互相支持），來辯護他稱某事物爲「好」的說法。可是，聲明你在星期天所接受的前後連貫的組合是「錯的」，而星期二的新組合是「對的」，只不過像是說「我規定每一個人都要接受星期二的組合，而非星期一的組合。」

約定俗成主義所面臨的另一困難（但情感主義正面臨這個困難，因而批評者有時稱之爲噓聲「萬歲」的理論，可能是這兩種主義中稍微好的一個），是各種事情都可認爲是好的，但是規定人們接受它們或規定人們採取贊成它們的行動，卻沒有什麼道理。萬有引力定律繼續有效，或宇宙繼續存在，不是很好嗎？但是我們在此能規定什麼？（我們在對上帝規定，讓萬有引力定律繼續起作用嗎？可是如果上帝不存在怎麼辦？）另外，自由最初在世界上的出現不是一件好事嗎？可是我們能規定誰什麼？即使我們以奇怪的方式將我們的規定加諸於早已過世的人？在自由最初出現以前，誰能自由地選擇遵守任何規定？遠在演化造成了自由的生命（聰明到足以遵守規定的生命）以前，陷於森林大火中的動物，其痛苦又怎麼說？那些折磨不就是件壞事嗎？

第三，自然主義，與契約式「道德的發明」。雖然像約定俗成主義這樣的學說似乎很不夠用，可是我們很容易瞭解到爲什麼哲學家會受到它們的吸引。你只須看一看道德自然主義的缺點；這個理論是說：許多事物（物體、事件、情勢、行動）「本質上是好的」或「本質上是壞的」，是直截了當地形容它們固有的性質，因而「眞正的好」，表示眞正有這些所謂的「基本的屬性」：例如快樂的屬性（促成某種心情）。這樣的理論有兩個主要的問題；問題一：大家往往稱爲「好」的那種事情，構成一個非常不完全的聚集：知識、幸福的無知、平靜的心情、放蕩不羈的興奮、自我放縱、自我否定、快樂、有美感而優雅的悲傷、對於傳統的尊重、獨創力等等。想要用「一般所謂的好屬性」爲「好」下定義，則你可能因此很快地陷入一團極度混亂之中。如果你想用談到「人類基本需求」的辦法整理這種情況，那麼你必須面對的事實是：許多人的生活是建立在缺乏極差的事物之上。但是，除非你認爲一件事物是眞正有需要（也就是有了眞正的好），否則不肯說它是「眞正有需要」，當然無助於決定眞正的好是在那裡。再者，強調「如果人類要存活」則會如何需求各種事物，又引發下面兩個難題：（一）、許多其他的事物也可以被認爲是好的，（二）、叔本華在談到人生無可避免地有許多痛苦，因而還是滅絕好了！這時，他並沒有犯十分明顯的錯誤；但我認爲叔本華是犯了嚴重的錯誤而不是無足輕重的錯誤。問題二：即使是快樂的好處，也不是微不足道的。就算不是犯下語言學上的錯誤，或其他可能的錯誤，人們也會對此感到懷疑。例如，當快樂是起於用電極刺激大腦的快樂中心，這有什麼好處？如這最後一例所示，看來當我們問到本質上的善時，我們是面對兩個相當獨立的問題：也就是說，某種事

物因它是什麼而有的善（而非譬如動痛苦手術只爲救你性命的善）。

第一個問題是關於此種情況是什麼，或許它是一種快樂的心情嗎？第二個問題是像這樣的情況應不應該存在？道德自然主義者似乎將這些問題混淆不清。他們似乎不知道雖然有些情況當然可以由構成它們的屬性「弄好」，可是「好的」本身並不就是「有這些屬性」或者甚至是「由某一個疏鬆聯結的群體所擁有的屬性」之同義字（如一場遊戲，或是一個水果）。相反地，它的意思是「有一個在道德上所需要的存在」。

當然，當一個事物是在道德上需要而存在，所需要的必然是這個事物的存在，而非另一個事物的存在。不錯，一件事物是由擁有各種屬性而成爲它那個樣子：或許是由於一種既興奮而又愉快的心情。但是你不能認爲它道德上的需要其本身便是那樣的屬性，或者是任何它們相關聯的群體。除非你不會在一般思想和語言中所隱藏之善的構想中被弄混亂。

這種關於一般思想和語言的觀點，目前已被不少哲學家所接受，但往往是有另一個觀點伴隨的時候；另一個觀點我認爲是完全不合宜的：也就是認爲「眞實世界包含了任何可想像得到的道德所需要的實例，實在是過時了」。許多人認爲某種事物其本身可以有道德需要的觀念頗爲奇怪，就像說芥菜本身有好味道一樣。他們極力主張，唯一似乎合理的說法如下：人們的目的很自然地傾向於不同。他們發展出行爲的法則以將這些差異所造成的衝突減少到最低程度。除非每個人將這些法則「內化」，否則他們的生活便會因強迫遵守這些法則的強大社會壓力而處於承受壓力的狀態；而他們「內化」最成功的情形是，當他們不僅分享社會的期望，也將違反這些法則的人視為冒犯了以某種神秘方式而決定之絕對要求。因而，任何以為所牽涉到的只不過是「內化的社會壓力」之說法，便被憤慨地駁斥。也就是說，除非是那些在哲學領域中有素養的少數人——也就是可以區別合適的虛構與眞實情形的人。

軍事訓練是一個例證。一再重複地賞與罰，逐漸灌輸軍人強烈的慾望，要對敵人表現得堅強，並且輕視所有的逃兵。但是實際上還不止是輕視。軍人對於逃兵具有深刻的義憤，堅信遁逃是違反自然的一項罪過。假設湯姆和丹是防守兩個毗鄰崗位的士兵。當敵人接近時，如果他們能逃的話都會想逃脫。他們任何一個人都認為逃脫對自己都是好的，不論他的伙伴怎麼做。但是（如此一則鋪陳得很好的契約式故事說），他藉由虛構的約束力而堅守崗位。他覺得他「必須」支援他的同志，而不把他留下單獨去面對敵人。可以說他在固守那一紙精神契約的行動中看到「一個無條件地被人要求救援」：這紙契約是說任何時候不能只是為了自己的利益逃脫。當然，在湯姆和丹之間，或在他們與所有他們的同袍之間，並未簽定眞正的契約；但是即使一紙簽定的契約也不會有多大的效用，僅是契約上有各方簽名一事，並不表示大家有固守契約的義務，甚至在契約一開始有「我依約固守上面所有有我簽名的契約」這樣的字眼也一樣。使湯姆和丹堅守他們崗位的，是更好的事：堅信必須無條件地互相幫助和捍衛他們的國家。湯姆不認為長官、憲兵等是在做必須做的，相反地，他認為丹在這件事上堅守其精神契約是有其必要性。湯姆所犯的錯誤幾

乎與認爲芥菜本身有甘味一樣大。但這是一個很普通的錯誤，而傳統的道德觀念便是建立在這上面。

要注意這個已超過個人要逐漸滿足別人對他們要求的簡單課題。湯姆曾經非常想要逃走：使他不逃走的是他相信這個絕對的需要。麥基所著的《道德：發明對與錯》（*Ethics: Inventing Right and Wrong*）一書，第五章中有湯姆和丹的這個故事。在他所著的《有神論的奇蹟》（*The Miracle of Theism*）的第十三章中，他對我顯然不同的看法有大篇幅的討論；他非常坦白地討論這一方面。下面的引文便是來自此書——在攻擊「所謂有客觀約定俗成價值觀念」的假設，即「客觀上應該如何去作」時，麥基認爲其中並不隱含任何眞實的矛盾，可是他說它牽涉到「一個非常奇怪的概念」。「在假設這個奇怪的概念有任何眞正的示範作用時，我們應該遲疑」，因爲我們使用它而造成的傷害，「可以用休姆所指出的方式」加以解釋。道德是關於「特別由人與社會互動所發展出來的態度體系」，而「本質上的需要，是因爲由眞正需要的人那兒抽取需要的事物」。這個比敵對的意見（也就是說事物和實際情況上有這種客觀的需要）更可接受。麥基用「來自奇怪的議論」，反駁客觀的價值觀念：它們會與宇宙間任何別的事物都完全不一樣。他寫道：「當然，在世界的結構中，不會有任何事物支持人們對於例如將食物給飢餓的人、阻止一個人把嬰兒活活燒死、或任何你想提到的事等，由衷地關懷並使之有效」。「良知」照其字面上解釋，往往聲明關於某種行動其本身的「應該採取或不應該採取」，可是很可能將其視爲是起於不過是將來自於別人的要求投射到每一個人身上」：我們很容易用社會學解釋「道德價値觀念的發明，因爲它使我們生活在一起而不至於互相毀滅」。沒錯，「歐洲道德哲學的主要傳統」是贊成客觀的價値觀念。對於這些價値觀念在一般思想與道德字彙基本上和傳統意義上的信念，都有一種堅實的基礎。但是對於很可能發生的事情予以冷靜的思考後顯示：沒有任何行動在其本身可能是錯誤的。關於該做什麼或不做什麼的說法，不可能以三言兩語下結論倒是眞的。沒有任何狀況「可以要求以某種方法建立其內的一個行動」，所謂「什麼是在本質上適合或爲事物的天性所需要的」，只不過是「極自然的錯誤」。

我們可以提一下與上述相反的主要事情（一）、即使麥基本人相信上述的事情而仍舊想辦法成爲一位完全正直、仁慈和自我犧牲的人，可是大概很少人能做到這一點。（二）、麥基很誠實地承認他自己對於「好」與「壞」這類字眼的用法，是不尋常的。事實上，如果他的理論正確，那麼照這個字的意義看來，任何事物都不會有什麼「好」，更不用說相信它們有什麼好。（三）、如我將在下面討論的，事實上在好與壞中沒有任何事物如一般人所想像的是「過份古怪」的。相反地，說沒有任何事物（甚至爲了給自己取樂而將嬰兒燒死）其本身是「錯誤的」，很可能被認爲是奇怪的說法。

◎為固有道德要求而辯護

在討論我的看法時，麥基承認：「我們在稱某個事物爲好時，通常並不指出它在本質上和客觀上有需要或註明其非存在不可，不論任何世俗或神聖的人，或任何人組成的群體是否要求、命令、規定或讚美它。」這話有什麼奇怪之處？

使麥基感到困擾的一件事是，在一個事物的道德要求和它其他性質之間一般認爲有必然的關連。記住，他在固有道德要求這個想法中，「看不到實際上的矛盾」。那麼這確實像是說固有的道德要求，是一般所認爲擁有它的那些事物在邏輯上可能的屬性。麥基因而會不會認爲：在我們的世界中這樣的事物不擁有它，而和它們完全一樣的其他事物在其他的世界中卻都可能擁有它；而這些其他的世界在其他方面正與我們的世界完全一樣？換言之，它正好是在我們的世界中這些事物所缺乏的一個屬性？這眞是荒謬的想法。麥基駁斥這個說法，因爲他讚賞柏拉圖否認神聖的命令而能將好與壞加諸於事物上。然而，如果這種屬性的闕如既不關邏輯也非關機會，那麼它一定是關於哲學家所謂的「綜合必然性」：這種必然性是絕對的，但和邏輯的必然性一樣，不能以訴諸文字或其他符號的方法加以證明。我個人欣然接受綜合的必然性。例如，我認爲可以在經驗到的色彩中找到，如明亮的光線所造成的「事後影像」。如果你最初經驗到的是紅色，之後經驗

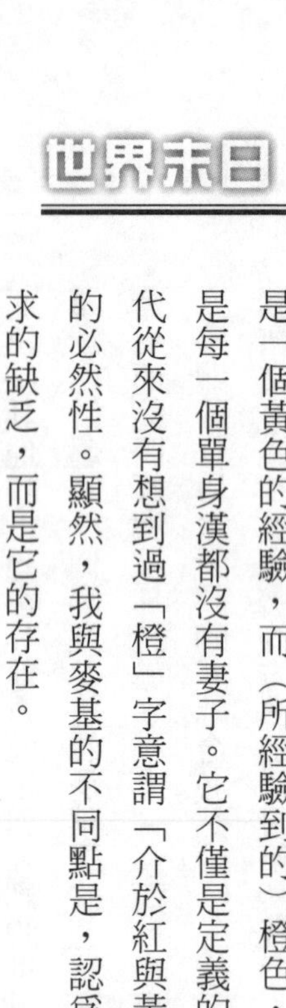

到橙色，則第三種顏色的經驗相較於第一種的經驗，必然是與第二種的經驗更接近。因爲它可能是一個黃色的經驗，而（所經驗到的）橙色，乃必然介於紅色與黃色之間。但這兒的必然性不像是每一個單身漢都沒有妻子。它不僅是定義的一個產物。沒有語言的穴居人也可以瞭解它，而現代從來沒有想到過「橙」字意謂「介於紅與黃之間顏色」的兒童，也可以瞭解它。它是一種綜合的必然性。顯然，我與麥基的不同點是，認爲在道德上的綜合性必然事物，必定不是眞正道德要求的缺乏，而是它的存在。

讓我們竊取一位俄國小說家杜斯妥也夫斯基（Dostoevski）的例子：一名士兵爲了取樂，將一個女嬰往上抛，而後用刺刀去接住她。認爲阻止他的眞正道德要求（明確地要求阻止他）是這個情勢必然固有的，這讓我覺得有一點像是以爲（如麥基似乎以爲）它必然是被圍堵在這個情況之外。

在道德之外，至少有一個情形是哲學家滿足在邏輯上無法證明的明確要求的想法。在我們所談到的例子中，他們幾乎都同意這些要求可以是眞實的。這是純理論歸納、推理的一個例子。幾乎所有的哲學家都主張：僅僅是邏輯永遠不能告訴我們。例如，萬有引力明天會和今天一樣起作用，或者煮沸的水仍然會燙傷任何放進去的腳。可是他們認爲對於這些事情表示驚奇和自問過去的各種規律性是否會延續到未來，這樣的情形對建構在它們裡面的特殊結論有必要。他們說，認爲煮沸的水會繼續傷你的腳的那種心情，有它本身的那種固有需要。他們所瞧不起的說法是，歸

納之合理性的需要，與禮節的需要或與「不合理性的需要」是同等的。後者就如同相信煮沸的水明天不會燙傷你的腳一樣。他們堅持，在此遠不止是如果「使用歸納法」這個標記用於一個人，且這個人必須有某些思想的方式，正如假使「紅鼻子」這個標記要用在你身上，則你必須有一個紅鼻子。

我主張，可能某些事物的本質，是爲其存在或爲其不存在提供了可靠的立場。在道德上的例子，與關於明天沸水的想法相反，它們有時候是可以使事物能夠產生、或保障它們存在的立場。可是，有時候它們又是毀滅現存事物或使事物不能存在的立場。不過，如果關於好與壞的一般想法方向正確，那麼也有某些超過所有行動的道德理由。因爲，如我們在抨擊約定俗成主義時所說的，某些一般認爲好的或壞的事，是沒有任何行動可以影響的。

以上所述在別處都曾詳細引申。下面只以有限篇幅討論以下主要的三點：

一、其中心思想是，各種事物都並非以微不足道的方式決定其存在。什麼是「好」的道德需要，與什麼使世界更熱的「溫度要求」或折磨痛苦的「殘酷要求」是不能相比的，而僅僅是奇想並不能說明這種要求的來源。其可信度在某種決定性的方式上是絕對的。（至少，這樣的說法在康德（Kant）的「無上命令」——即良心至上的道德律——學說上是正確的。康德迷途的地方，如果他眞的曾這麼想，認爲每一種道德的要求，其絕對性是在於保證沒有其他的道德要求會反駁它。）想要真正把握這裡面的觀念也許是不容易的。但是，如果你對它的道理一點也不懂，那麼對不起，你便是一點也不懂「道德」是什麼。不過，這不是說人類的好與惡在道德上不重要。如果布洛克斯先生（Mr. Bloggs）憎惡音樂，很可能沒有任何絕對的道德要求可強迫他聽音樂；也沒有人會說像是「不要說謊」這樣的道德律絕對沒有例外，或者說如果一個事物在本質上是好的，那麼絕對應該永遠喜歡它。畢竟，其他的選擇對象可以有更本質上的善（一件東西可以有固有的長度，但卻不一定比任何其他的東西長。為什麼固有的善應該在行為上不一樣？）而且，有時一個本質上好的東西應該予以避免，因為它有邪惡的後果。一個人欣賞音樂其本身是好的，這是就它的單獨存在勝於什麼也不存在，但是，如果房子著了火，他便不該在那兒欣賞音樂。

二、相信好與壞是「客觀的」，也就是說「在現實中是在那兒」，不會自動地使你成為一個「認識論者」或「直覺主義者」，以為道德眞理可以用可靠的方式去偵測：或者藉某種上帝在我們心中所置放的不可思議的探照燈。你可以乾脆和我持同樣的看法，相信餵食給飢餓的人或阻止別人為取樂而射死別人是應該的事，是眞實的，是眞正的事實。如果我們永遠不能超越單純的道德信念，如果我們永遠不能有值得稱為道德知識的任何東西，那麼這將表示我們會知道寬容為取樂而射死人是道德的嗎？當然不是。

專業的哲學家往往在什麼算是「知識」上未加嚴格的限制。我也是一名專業的哲學家。我對於說我眞正知道某些事情比任何別的事情更好或更壞會感到遲疑。善與惡可不可能完全是虛幻的？這件事似乎我們不能完全有把握。不過，如果一個人宣稱爲了取樂射殺人並沒有什麼眞正的不好，我會說他是有精神病。就像是精神病（思想上的疾病）或神經官能症（腦細胞的疾病）。「有病」不只意謂「不正常」。「有病」是一個帶有道德成份的字眼。數學天才非常不正常，但它不是一種疾病。

把我知識的標準暫時放在一旁，我可以說自己很瞭解各種道德眞理，正如我可以說知道沸水明天一樣會燙傷我的腳一樣。我甚至可以說我知道當叔本華說我們這個行星如果和月亮一樣無生命會更好時，他是錯了。

三、我對於「道德上要求的存在」與「道德上要求的不存在」這樣的想法很認眞。即使宇宙消失，道德的眞理將繼續爲眞。例如當初實際上存在的事物都消失時，道德上的要求可能不只是以一個活活把人燒死的世界去取代這個空虛的情況。如果你拒絕接受這一點，那你怎麼能相信任何這樣的世界其本身會是壞的（一般所謂的壞）？好與壞不僅是道德力量上值得讚美與值得責備！它們強大到即使缺少須爲做這件事負責的人時，仍舊存在。除非某種道德力量應負此責任，否則一個完全邪惡世界的出現或許不能算作一場道德的災禍；但這只不過表示沒有「道德」和「責任」介入，有些事情還是會非常壞的。

這一種對好與壞的處理可以稱爲是柏拉圖學派的。在數學上，柏拉圖學派學者認爲「二加二等於四」這個眞理，與要計數之物件的存在無關，更不用說計算它們的人。如果整個有存在事物的宇宙消失了，二加二仍將繼續是四：它將繼續爲眞，是一種眞正的眞實。因而，如果未來有兩組而各組有兩件東西，將會是有四件東西。道德上的柏拉圖主義也很類似。柏拉圖的「善的形式」是「超越存在」的。

柏拉圖似乎也曾經認爲「善的形式」，其本身要對宇宙的存在負責。雖然他關於這方面的文字（參閱《共和國》（*Rupublic*）第四部）相當隱晦，可是新柏拉圖主義者如戴恩尼修斯（Dionysius）、以及後來的提里其（P. Tillich）和孔恩（H. Kung），也都談到這個主題。某些有分析頭腦的哲學家也談到這個主題。例如，尤英（A. C. Ewing）在設法瞭解上帝的存在這點上，特別用到它。我曾經一再爲它辯護，堅持說「善」不僅是像另外加一層油漆一樣加在其他品質上的一種特質。「善」是以重要方式「標明存在的」。這表示「善」至少是採取創造性行動中正確的一種眞實。誠然，也許對一個神聖的個人或一個宇宙並沒有什麼道德上的要求，其本身因此對這個人或這個宇宙負責任。但是記住：並不因爲母牛是雌性所以就是棕色的，新柏拉圖主義者不需要對文字的行爲盲目。

不過，對於文字行爲的研究，並不能強迫你加入新柏拉圖主義。如果你還相信道德的要求，則這樣的研究可能迫使你以柏拉圖的方式看待這些要求，視它們爲無條件的眞實。但是這不能將

您一把推進新柏拉圖主義。道德的要求必然可以創造一個宇宙，而這個宇宙不必然是任何人所可以證明的，它將是一個綜合的必然性，而綜合的必然性卻很難確立。（前述任何道德要求的眞實性，更不用說宇宙的存在是由於一個道德上的要求，只是在綜合上有其必然性，因此很容易被反駁。有理性的人可以相當程度地反對什麼事物在本質上是善的。）

再者，即使是那些改信新柏拉圖主義的人，也可能發現他們的道德完全不受影響。新柏拉圖主義者可以認爲，道德要求所產生最好的一種世界，應是一個由自然律所主宰的世界，不是像一個吸毒者腦中那樣紊亂的世界。例如，他們因而很容易接受核子彈眞正是令人恐懼的威脅。他們自發地、荒謬地認爲所有絕對的道德要求。例如，（一）、人們有自由的要求；（二）、人們不藉著爲取樂而在城市上方引爆核子彈以使用其自由的要求）而將永遠同時得到滿足。而他們可以駁斥所謂我們都備有道德探照燈而容易辨別善惡的想法。雖然我是一名新柏拉圖主義者，可是我認爲麥基對於我大半的道德信念之出處有正確的瞭解。它們乃由社會壓力所產生，而無疑地，其中有好幾個是錯誤的。

爲什麼不滅絕？

如果人類滅絕了，那麼地球上的生物會少得可憐嗎？那些將所有道德事實還原到道德責任，而將義務還原爲各種行動的哲學家，其回答將是「否」，除非某種道德力量（上帝，或某種外星人？）仍然存在，以致他或她或祂可以有改善這個情況的責任。而許多其他的哲學家會說：人類都死光這個事實不可能是悲哀的、不夠理想的，除非有人去沈思它和評估它。事實上，甚至使人類死亡的過程、或只是讓它發生的過程，他們許多人也被視爲沒有什麼不幸，除非大家眞的因此而不快樂。他們認爲讓一個只不過是可能快樂的人處於不存在的情形之下，基本上沒有什麼錯誤。他們解釋說，因爲對只有眞實存在的人才有道德責任。

另有一些哲學家甚至說人類的滅絕將是一件幸運的事，因爲至少有一些人的人生是不快樂的。

所有這些看法，我認爲都是不對的。如果大家多聽哲學家的話，則這樣的看法可說是非常危險的。除了阻撓保全人類的努力以外，它們還鼓勵危及人類的生存，例如在核子外交冒險政策之中。（「如果我現在下令準備發射核子飛彈，人類會滅絕嗎？那有什麼了不起？哲學家向我保證

只是有些人活不下去沒有什麼道德份量，我在計算我所冒風險的時候，可以把他們略去不計。」）

為了設法說明這些話是有語病的，下面我將引述一些我先前寫過的論點。從頭到尾，它們將遵守久已確立的哲學辦法，也就是視「快樂的」人生為值得活的人生，而不僅是為人所享受的人生。被人上刺刑的佛賴德（Vlad the Impaler），其在折磨中充滿歡愉的人生，卻是快樂人生的一個極不好的例子。

◎叔本華的憂鬱可能是對的嗎？

試想如果某個政治領袖有一天可以拉一下操縱桿便造成全球各地的核子爆炸。如果在夠短的時間有夠多的爆炸，沒有人會感到痛苦或失望。在上一個時刻我們過著正常的生活，在下一個時刻我們都將會是氣體和灰燼。這裡面會有什麼不快樂？

叔本華主張，就整體而言，每一個人生無可避免都是痛苦的。他寫道：人類的注意力不集中於其身體健康這類的事情之上，而集中於「鞋子挾腳的那一點」。試想如果這位政治領袖同意這一看法。它會使叔本華說人生不值得活的憂鬱結論成為必然嗎？

這種憂鬱結論的正確性，不能以任何在邏輯上可證明的方式認為是必然的。在攻擊道德自然主義時我主張，認為「好」中有「愉快」的意義將是一項錯誤。說「壞」中有「痛苦」的意義同樣是錯誤的。生而爲人，可以像是到月亮上旅行一樣的大冒險。它會是即使不爲人所喜但仍然值得去做的一種冒險嗎？畢竟，許多人對於曾經有過各種不同的經驗覺得很快樂，雖然當時他們根本不喜歡這樣的經驗。一個人在過世的時候充滿這種快樂很重要嗎？或許不。

不過，如果道德的自然主義失敗，那麼叔本華的憂鬱結論也不可能有在邏輯上可以證明的不正確性。這位政治領袖可以認爲拉桿是一種責任；於是他開始拉，而不鑄成任何概念上的錯誤。

加以干預是對的嗎？當然。如果只是機關槍的一聲爆炸便可以完成這件工作，那麼我不會責怪任何開這一槍的人。記住，不能證明道德上的「應該」，不證明我們永遠應該寬容；而且，雖然我認爲殺人幾乎永遠是不對的，尤其是那些以殺人爲己任的政治領袖，可是我承認並沒有「不該被殺死之不可剝奪的權利」。（瘋人是要加以憐憫的，不是要予以責備的。但是如果一個瘋人伸手按鈕而因此引發一場核子戰爭，那麼我不會說未能將他射死是「廉潔公正」。我會認爲那是把一個人的手弄得很骯髒。這是犯了不採取行動的罪。如果這個瘋人突然被治癒，他自己第一個會譴責這項不採取行動的罪惡。）雖然如此，我對那位拉桿的領袖還是相當尊敬。設法殲滅人類，可以是一個完全正派的人之行動，如果他不是沒有道理地認爲人生很少或從來沒有價值可言。哲學家們在討論宇宙是不是由一位慈善的神祇所創造時，他們經常指出我們的世界可以視爲一場道德的災禍，其價值是負面的，因爲它包含太多的痛苦。但他們也有嚴重的前後不連貫之處。因爲當離開宗教的哲學而進入道德的領域時，他們欣然地假設人生通常是值得活的。

他們這樣假設也無妨。雖然叔本華沒有犯非常直接的明顯錯誤，我卻認爲他是大錯特錯了。當談到道德的時候，今日的哲學家幾乎與我持同樣的看法。這是一件好事。可是雖然如此，他們的書籍和學報中卻往往充滿掃除人類的議論，或者至少否認有任何保全人類性命責任的議論。下面讓我們看一看是爲了什麼。

◎我們最主要關懷的應是痛苦的人嗎？

首先，往往有人主張我們主要的責任是幫助不幸的人。可以使五千個感到相當滿足的人非常快樂的資源，應該反過來使五個感到很痛苦的人相當滿意。但一個人不應該用別人的痛苦去買自己的歡樂。

有時候有人設法推銷這個看法。他們問：「如果你毫無知識，無法知道你在人生中必須發生什麼樣的作用，那麼理性不會激勵你去確認最不可取的作用，就是讓自己儘量快樂嗎？」（羅爾斯（J. Rawls）在他的《正義論》（*A Theory of Justice*）一書中，強烈地傾向於回答「是的」。）但這是很差勁的推銷術，因爲，例如你可以合理地回答說：八個成爲奴隸的機會，似乎是成爲二十八個生活於舒適中而讓奴隸做所有工作，其所付出的公平代價。可是，知道你是一位奴隸的主人又如何？而這又不是你和你的奴隸甘願玩的某種賭博的結果？這一點不會困擾你的良知嗎？使

「設法將最小的擴大到最大限度」（設法確保即使是最不幸的個人也儘可能有最快樂的生活）有如此強烈吸引力的，可以說，並非沒有人能忍受居於劣勢之風險的想法。相反地，它是正派的人覺得很難忍受當一名居於支配者的現實。

然而，極力強調將不幸減低到最小限度，其直截了當的結論是，我們應當設法滅絕人類。至少有些時候，有些人的人生可說沒有什麼值得活的，以致於其價值是負面的。有的時候孩子生下來有先天的缺陷，造成過早和痛苦的死亡。雖然醫學上的進步最後可以使這類事情減少，可是卻永遠不能完全加以預防。有的時候，在一個胎兒初顯意識不久，意外事件也可能造成痛苦的死亡。如果讓人類的生存繼續下去，則快樂的生活將繼續以許多痛苦生活爲代價。你根本不可能只有一樣而不要另一樣。可是，給「將最小的擴充到最大」這個想法的最大魔力，不正是這個快樂與痛苦間的對比嗎？如果什麼危險也沒有，而只有不同程度的庇佑，便很少人會爲這個想法所吸引。如果可以用龐大的資源使十億勉強稱得上快樂的人非常快樂，那麼叫大家把這樣的資源用在使一個略微快樂的人更快樂一點之上，是荒謬的。相反地，認爲因爲人生無可避免地有時會有負面的價值，所以我們便應該贊成人類的滅絕，這個觀念看來很具吸引力。任何看不出其中力量的人，都是麻木不仁的。

不過，在接受它以前要仔細考慮考慮。

◎對於只是可能的人沒有責任嗎？

假若你相信人生永遠是值得過的，那麼你將會不斷碰到否絕任何拯救人類滅絕之清楚責任的哲學家。

有時爲人所採取的一個立場，是我們對別人的責任只在於避免傷害到他們。因而，如果可將生命視爲我們給予未來世代的一個禮物，則我們還是沒有給它的義務。事實上，即使有人有淹死的危險，我們也沒有義務丟給他一個救生帶。只要不是丟一塊岩石過去，我們的責任心便可以滿足了。然而，幸運的是，大多數人會視此爲殘暴的，人們大可不理會它。不安全的是忽視各種其他的立場，有些道德觀在其他方面都值得讚美的人，往往視這些立場爲正確的。第一個是「一般功利主義」，哲學家如果以人與人（實際上存在的人）之間隱含的契約來看道德，則他們便會趨向於採取這個立場。據說好的行爲是可以提升人類經驗之平均價值的那些行爲，或者可能是人類與動物經驗，因爲契約派有時設法將海豚、狗等引入簽定契約的神話中。因而，如果使人口加倍而快樂與痛苦的分佈和以前完全是一樣的，那麼我們便沒有理由使人口加倍。（羅爾斯在《正義論》中提到這一點，但並沒有承認它足以說明他契約主義的錯誤。他對於人口多寡的漠不關心，且無視於人很痛苦的事實。即使每個人都非常快樂，他也同樣漠不關心。）

誠然，一般功利主義並不主張不管是以什麼行爲，去提高一般的水準。他們會避免射殺僅僅是適度快樂的人，不論這樣做會不會增加一般快樂的程度。可是他們似乎被迫接受人類（或人類與動物）生命應被允許滅絕的想法，如果後代的生存必須降低這個平均水準，則不如降低多一點。即使知道宇宙此後將永遠沒有智慧型生物也一樣。繁衍出數十億個快樂後代的希望，無法使減少一百個人（或許一場核子戰爭中僅有的存活者）之幸福成爲正當理由，除非這數十億的人會比一般所想像的更爲幸福。

另一種較嚴格的變異說法是將「除非這數十億的人會比一般所想像的更幸福」這句話取消。它是說：已經開始的人生、或所面臨的是不可避免的人生，其價值不應降低，不論將它降低是否會因爲允許數十億完全幸福的新生命進入這個世界，而導致人口的平均值整個提高許多。

還有一種變異說法如下：關於可以擁有快樂人生的事實，不能強迫使人有製造這些生命的責任，但是即使付出降低一些已存在生命之價值的代價，或付出降低一些其生存及多少不可避免的生命之價值的代價，製造他們還是可以容許的。當然，這話聽上去非常古怪。如果去生產一個可能快樂的生命但沒有強烈之道德上的理由（有些哲學家說根本什麼樣的理由也沒有），那麼如何能允許冒著它可能不快樂的風險去製造他？我們的結論應該是我們的責任是停止生兒育女嗎？但是最後這一點姑且不談，究竟爲了什麼，這些理論會認爲關於數十億可能生命之幸福的事實，卻無法使人有製造這些生命之強烈義務嗎？

主要的原因在於布來克（M. Black）所謂的「可能性的恐怖」。布氏是在談論或然率理論的作家中遇到這個字眼。正如以前有人說「由於撤空的空間可能太空虛而不能是眞實的」，於是大自然憎恨眞空一樣，現在往往有人認爲只是可能快樂生命的「善」，不能導致眞正的責任，因爲一個僅僅的可能性有時可能是最大的虛空。

那佛森（J. Narveson）和班耐特（J. Bennett）是持這個看法最有力的兩位學者。班耐特依循他所謂那佛森「卓越的領導」，主張當哲學家哀悼「有人缺乏某些可能的快樂」的處境時，他們並沒有把事情搞清楚。他說，「應不應該允許人類繼續下去」這個問題，不應受到像「我們應該使人類永存，因爲這樣將會比不這麼作而擁有更多的幸福」這種思想的影響。假設他聽到宇宙某些區域充滿了生活得很快樂的智慧型生命。他說，這對他是「好消息」，但只是因爲（一）、所有智慧型生命必須是「充滿有機複雜性的狀態」；（二）、這些特殊的生命並不顯著的不快樂：「如果生物體極端痛苦因而不是非常歡迎額外的有機複雜性時，幸福才是重要的」。

照班耐特的話看來，如果他可以使談到的這些生命極端快樂而不只是不痛苦，那他也不會感到有這樣做的義務，即使有求於他的不過是舉手之勞而已。

這樣的推論並不只是二十世紀的發明。讓我們想一想關於邪惡的神學問題。這個問題是：一個善良的神祇，如何可能創造出如我們世界般充滿了這麼多痛苦的世界？長久以來，把這個問題縮小到最小限度的辦法，是說上帝根本沒有創造任何生命的責任，因此永遠只停留在有可能性的

生命，而不會眞正存在地去抱怨任何事情，更不用說抱怨沒有被創造出來的生命。當然，這就表示上帝沒有責任去創造極端幸福的生命。如果相反地他創造較不快樂的生命，那麼這些生命或許會感謝祂，而其他的也不能責備祂。可是，這樣的議論不是太軟弱了嗎？畢竟，爲什麼羨慕一個魔鬼在創造足以有負面價值的痛苦生命時所得到的樂趣？假如我們說僅僅是可能的一個生命「不會站在那兒而有任何權利要求不被創造出來」。這不是和前面那個論證一樣有力嗎？當然，痛苦的生命一旦被創造出來，實際上便會在那兒承受苦難。可是快樂的生命一旦被創造出來，實際上也會在那兒。而只有如果（如「不要丟一塊岩石」的辦法）避免傷害別人是所有人的責任所在時，那麼他們不在那兒受罪才有意義。

未來的人類可能沒有明確的本體，這件事重要嗎？試想如果某人有一個儲存放射性廢料的計劃，而這個計劃可能會殺死未來遙遠世紀數十億的人口（如果人類還能存活那麼久的話）。你會想到要主張由於世界是不可預測的（或許是因爲量子物理學的緣故），因而任何可能生活在那些世紀的人都沒有固定的本體，因而這個計劃在道德上就說得過去嗎？

的確，我們對可能人類的任何責任，都爲哲學上的煙霧所圍繞，而如果這些可能的人類永遠不會成爲眞正的人類，這個煙霧便更濃厚了。這樣的個人會有固定的本體嗎？我的答案是「是的」，因爲在理論上可以完全詳細地描寫他們。不過，假設我這個話不對，那麼帕森斯（T. Parsons）便錯了，帕氏將他的著作《不存在的物體》（*Nonexistent Objects*）獻給他的父母，說沒

有他們，他將是一個不存在的物體。（可以識別的他會在哪裡？）而班耐特又可能是對的；班氏說不生孩子，不能因為出於「一個人剝奪它什麼東西」而產生的錯誤。（比較那佛森的說法。那氏堅決認為：「認為一個人因為拒絕實現這個可能性，便損害到一個可能的人是沒有什麼道理的。我們不能振振有辭地說一個可能性留在它目前的狀態比這個可能性的實現更不好，因為可能的人不算是人。一個從來沒有出生為人的人是根本沒有本體的。」但是如巴費特（D. Parfit）所指出，我們永遠能寫道：生下來對一個人是好或是壞，或者對某些人比對其他人更好，即使說某人如果不存在或較好或較不好會有某些概念上的混亂。現在試想，由於「對沒有痛苦的人（對他們而言生下來會不好）」的需要可以規定一些責任，可是由於「對有快樂的人（對他們而言生下來會是好事）」之需要而規定一些責任在概念上是紊亂的。這件事的本身，便是概念紊亂的一個最佳例子。

正如一個住著絕對痛苦的人之行星不會比任何事更壞一樣，一個住著快樂的人的行星，也不會比任何事情更好。如果一位哲學家有機會以舉手之勞創造第一個行星，那麼乍聽之下，他不應該舉這個手，無論「舉手這動作會是罔顧對於可能痛苦的人的責任（不給他們痛苦人生）」的言論是否有這話任何細部的概念上的爭議。第二個行星也類似。假設創造它不會在別的地方產生損害，那麼便應該創造它，不論我們在嘗試說明「這個行星應該加以創造」為談論對任何特殊的人的責任時，會發現什麼概念上的微妙之處。

如果必要，我們可以說有許多不是針對任何特殊個人的責任（如不將放射性廢料掩埋，而在遙遠的將來會毀滅任何人生命的責任）。或者，讓我們談另一種責任；這種責任是基於如果我們做了什麼，對於到時候會是眞正的人（毫無疑問可以識別的人）的那些可具體形容之可能的人，會發生什麼樣的事？

那麼，如果生兒育女逐漸被視爲令人生厭，我們將如何對待「讓人類滅絕在道德上是可以接受的」這個現象？我以爲正確的反應是在東方往往認爲理所當然的反應。在東方，大家認爲享受自己的人生而不感到有將生命給予別人的需要是可恥的。因此，讓人類滅絕的唯一可能理由，將是認爲未來的人類會非常痛苦，而且假設很快會演化出其他智慧型生命。然而這樣的假設是很不明智的。人類很可能是在我們銀河系、或在所有我們的望遠鏡可以觀察到的銀河系中，唯一演化出來的生命。

◎妥協

一、在一個像我們現在這樣人口過多的世界，大家可能有不生孩子的責任。

二、當我們自己的家庭在挨餓時，把糧食送到遙遠的地方是不對的；而這些糧袋可能永遠到

不了那兒。類似的，爲了希望將福祉帶給未來的人，而讓今日實際存在的人做出大的犧牲，往往可能是不對的。

三、如前面在攻擊道德自然主義時所提到的，否認可以有對任何事物「固有的善」的邏輯證明，其主要原因，是因爲會將這件事平凡化。它會使它等於一位妻子的已婚狀態。如果我們用它能得到最大善果的能力去決定任何行動對不對（譬如維持人類的行動），我們便是促成類似的平凡化。歡樂可以是好的，藉由將快樂的人生創造出來以求增加整個歡樂的份量之行動可以是對的，這些不需要概念分析加以證明。如果「對」這個字表示「產生最大的善」（或者嘗試產生它，或者嘗試做大致判斷可以產生它而不大可能產生惡），正如「小狗」是指「年幼的狗」，那麼在語言學上有保障的一件事是，產生最大的善（或者嘗試產生最大的善）是一件對的事。可是這話似乎太像是說「對」具有「上帝命令」的意思，因而如果上帝要命令折磨每一個人，則折磨自動便會是對的。這個假設的一個爭議，是說「上帝下令做對的事」可以視爲對上帝的恭維，可以啓迪道德人士實現上帝的願望，但先決條件是它所說的不只是「上帝下令做上帝下令做的事」。類似的，對的行爲是造成最大善果的行爲」這句話可以是富有啓發性的，但先決條件是它所說的不只是「造成最大善果的行爲是造成最大善果的行爲」。尼爾（W. C. Kneale）認識到這一點。

這方面的哲學文獻可謂汗牛充棟且錯綜複雜。要大致形容我的立場，可以說它是「功利主義的」或「理想功利主義的」或「非享樂功利主義的」或「完全功利主義的」，或「推論主義的」或「反康德的」或「駁斥義務論的」、和慕爾（G. E. Moore）與斯瑪特（J. J. C. Smart）這兩位非常有名的哲學家一樣，我向來看不出我有任何做我知道會使世界更糟糕的事之責任。（斯瑪特之所以有名，是堅持這簡單的一點，而拒絕接受有一些反例證明它是錯的。）如果與慕爾和斯瑪特想法一致的人，當他們極力反對的學說是無需如此複雜時，可以被人視為僅僅是錯了而非「頭腦不清楚」，將會是一件好事。但是在道德上，卻並沒有確切說誰是對的之基本公式。受過長期哲學訓練、具有道德熱忱的人，因而可以認為我們事實上並沒有責任維持人類的生存，不論未來的人類可能會有多少幸福。沒有任何堅實的邏輯證據可以說他們不對。

然而，我們在下面將討論到，認為他們不對是持有極有利的理由的。

◎沒有窗戶的簡陋小屋的故事

我雖然否認邏輯可以證明有一種「創造出快樂人生」的責任，但卻認為有兩點非常有力。首先，人類的生活，或者至少大多數人的生活，甚至今天也可以說是值得活的；而如果人類能設法長期存活下去，大約會變得比以前任何時期都更幸福。其次，任何否認所有增加快樂新生命之數

目責任的人，是站在非常矛盾的立場。

關於對第二點徹底地辯護，參見巴費特的《理由與人》（*Reasons and Persons*）。在此，我將藉一個反映巴費特推理法各種因素的故事之助，簡短地爲它辯護。這個故事聽來也許相當怪誕，但我不擔心這點。它旨在說明一個原則的似乎合理，而非某種想像中的可能性。它背後的構想是：誠然，在道德上可能需要造成許多快樂的人之存在，以便將否則便是很壞的情勢轉化爲一個好的情勢。那麼，即使狀況並不會變壞，但造成許多快樂的人的存在，爲什麼沒有同樣的需要？

許多哲學家（讓我們稱他們爲「和藹滿足」的理論家），認爲在道德上說，有某個頗大數目的快樂人便相當夠了。爲了我的故事起見，讓我們說這個數目是七百七十億。那麼，便請想像有七百七十億快樂的人存在之某個未來的時候。假設在某個地方有九十兆個島嶼。使用無害的方法（如果你喜歡，可以用魔術符咒，因爲我的故事無意冒充眞實），你可以在每一個島嶼上安置十萬個快樂的人。每一個島嶼上有一棟沒有窗戶的簡陋小屋。這棟簡陋小屋或許已經有某人居住。果眞如此，則他生活中的寂寞已使生活有負面的價值。這棟簡陋小屋就一位哲學家來說是「沒有窗戶的」。它也沒有門，絕對沒有任何事情可以減輕任何在裡面的人的痛苦。在小屋裡面的人對於外面所發生的事一無所知，反之亦然。

另一個島嶼，「非災禍性的島嶼」（Undisastrous Island），已有十萬個快樂的人外加一棟無窗戶的簡陋小屋。如其名稱所示，這個島嶼應該不是一齣道德悲劇。當然它相當好，不論它的簡陋小屋是否有人住。如果你否認這一點，那麼你便有相當大的理由認爲，以某種很快和無痛的方式消滅人類是對的。在可見的未來，人類似乎一定會在每十萬人中至少有一個痛苦的人。

很可能，有九十兆個像「非災禍島嶼」這樣的島嶼，並不是一個悲劇。因爲，如果每一個島嶼孤獨存在時會非常好，那麼九十兆個島嶼怎麼會是悲劇性的？

然而，如果宇宙包含九十兆的人，每人住在一個個別島嶼的無窗簡陋小屋中，這些人是愁苦和孤獨的人，其生命有負面價值，而只有七百七十億快樂的人，這才是悲劇，最大的悲劇。那麼，不是有道德上的要求，以非悲劇性的狀況去取代這麼悲劇性的狀況，讓每一個島上除了有一個痛苦的人以外，還有十萬快樂的人嗎？當然，這種道德上的需要是有的。我們可以有把握地假設這種需要非常強烈。在此提一下，由於這些簡陋小屋沒有窗戶，創造快樂的人並不會妨害到痛苦的人。

如此，「和藹滿足」的理論家，必須爲其結論辯護。他們的結論是：在每一個島嶼上安置十萬個快樂的人，這種道德需要是非常強烈或者是否根本不存在，完全要看這些簡陋小屋中是否住有人而定，雖然這些小屋根本沒有窗戶，以致於任何在裡面的人，都永遠無法知道外面任何人的快樂，或由於想到這些快樂而得到大量的歡欣。可是，這樣的一個結論不是非常難以置信嗎？當外面對裡面和裡面對外面都沒有可覺察的影響時，創造外面快樂的人這樣的責任爲何有賴於簡陋小屋內的情形？「和藹滿足」必然是一個非常錯誤的理論。而那些認爲「零」是足夠量（「沒有

道德義務以使甚至一個可能快樂的人實際上存在」）的人，必然更是大錯特錯。

誠然，我沒有提出一個在邏輯上十全十美的證據，證明它犯下一個大錯。我只是說在某些情形下，可以妥當地假設有一種非常強烈的道德需要。但是，以一個非災禍的狀況去取代一個災禍的狀況而不以任何方式傷害到人，這樣的行動當然非常接近（接近到可以合理要求的程度）於不證自明是對的。

不，這樣的推論法沒有什麼麻木不仁。我不是說每一個其價值爲負面的額外生命，不會是一齣額外的悲劇。我所說的，只是雖然包括這樣的若干生命，一個世界在道德上還是可以非災禍性的。如果即使十萬個生命中有一個痛苦的生命在你看來也是太多了，那麼改編這個故事，以便你可以在每一個島嶼上創造一千萬個快樂的人，或者十兆兆兆兆個快樂的人。那麼，你現在可以接受所謂這些島嶼而讓它們成爲在道德上的非災禍性了嗎？如果你還是不接受，請注意要反駁「和藹滿足」，我們只需要做如下的假設：每一個住有一個痛苦之人的島嶼，如果實際上並不好，當龐大數目的快樂之人也住在上面時，至少也是較少災禍性的。

我的論證不是說「我們不去幫助痛苦的人。相反地，讓他們生活在痛苦之中，而我們創造足夠大數目快樂的人去淹沒他們！」有人會反問道：在一個不論我們如何努力，還是絕對沒有辦法幫助痛苦的人的情勢之下，我們的責任將是什麼？這樣的情勢在邏輯上並非不可能的。它們也不會特別不眞實。往往，我們很少能做什麼去幫助痛苦的人，譬如那些生下來便生重病或有殘疾的人，幫他們往往只不過是延長他們的痛苦。

或許有人會抗議說所有這些與眞實生活都沒有關係。我們的這個行星人口已經過剩，添加更多的人只會使每一個人痛苦。然而，依我看，眞實生活不久便會給我們一個道德的問題，一個類似於在那九十兆島嶼上殖民的問題。如果人類能設法在此後的幾百年存活，它很可能便會開始向這個銀河系各處散播。它或許有非常強烈的責任去這樣做。如果沒有窗戶的簡陋小屋的故事還有什麼說服力，那麼只要他們不干涉彼此的幸福，則快樂的人愈多愈好。

有些哲學家，只有當給這個結論加上態度上的限制時，才願意接受它。如果許多有快樂生命的群體可以一代一代永遠地傳下去，則這些哲學家所認爲恐怖的想法是，從今以後，基於某一種立場，可以正當地讓宇宙中沒有生命，因爲足夠大數目的快樂生命，屆時已經過完了。可是，他們由任何空間的立場著想，則對於事情的想法非常不同。他們想像如果宇宙在任何時候包含七百七十億快樂的人，則對那個時候來說，這個就夠了。但是我認爲當生命散佈在時間中而非空間中時便更爲可取，讓我覺得是不可思議的是，不論其島嶼是在時間上或在空間上獨立存在，沒有窗戶的簡陋小屋的故事，都有一樣的說服力。

◎一些反對功利主義的人

如前所示，我強烈地爲「功利主義」辯護。我接受對任何行動的「値得讚美」與其「可能結果的善」之間有相當穩固的關連，不過也請記住以下的事情：（一）、即使是可能造成一個非常不幸結果（譬如人類的滅絕）的風險，也是値得極大犧牲的，（二）、一名發動者同時可以被誇讚爲服從良知的指引，也可以被責備爲其良知被誤導。永遠要記住：當我們問一個生命是不是快樂時，不只是問它是不是充滿歡樂（雖然歡樂很重要）。我認爲我們應該努力掙扎以產生多少歡樂，是不能設限的。我們只要認識到：這樣努力的掙扎我們都會變得不快樂，也要認識到要求個人努力爲別人的幸福而工作，並做出超乎可期望於一般人的犧牲時，我們也都會變得不快樂。

令人驚愕的是，許多專業的哲學家，反對各種只是隱約和上述相似的說法。他們很多都不承認有保全人類生存的道德要求。如果揮一揮手便足以保證一兆快樂的殖民銀河系人類的生存，他們也不認爲有揮手的需要。另有幾十位其他的專業哲學家，想像藉由拒斥功利主義，而加強保全人類生存的理由。他們說一名力勸我們設法增加利益到最大限度的功利主義者，其理論實際上可能是在爲未來打折扣，使今後幾世紀中一百萬人的死亡，比明天死一個人也沒有更重要的意義，因爲這種理論每當沒有道德確實性時便麻痺，或者它不能在乎是罪犯或是誠實的人享有這些利益，或者它鼓勵我們讓未來世紀的幸運冒極大的風險，以獲取各種今天的小利益。就這樣馬馬虎虎排除了功利主義以後，他們找到各種奇怪的理由，想設法為後世謀福利：那些利益是只是贊成將利益擴大到最大限度的人，是由不感興趣的想法中所產生的！有些哲學家，其對於未來世代的關懷，主要是根據尊重亡者意願的需要。另一些哲學家強調：一個人對自己子孫的愛，在邏輯上可以與他們也應該享有含飴弄孫之樂的希望連接。認為後世子孫本人也可以由「不只是可能」的地位而獲益的想法，被歸類為一派胡言。

因而，結論是不出人意外的。保全人類生存的義務有時候在理論上是可以承認的，但是它又受到一千個考慮的侵蝕。這些考慮中，有不能確知未來的人會是什麼樣子；對於已存在的人愛的關懷；反觀像污染控制這樣的事情可能必須不民主地強加規定，或者違反了設法成為「純正」或只是因為必須永不加以廢棄而「受人重視」的權利等等。有的時候，有人宣稱對於人類歷史任何程度的延長，將會是「無價值地重覆」。折磨將愈來愈難以忍受，受折磨的人將愈來愈多，但是那些快樂生命給宇宙增加任何的善，卻將會莫名其妙地在二十一世紀初年達到上限。所謂我們因而應該努力工作以求結束人類（它持續的歡樂是已發生過的事情無價值之重複，而每一件痛苦的事又增加它負面的價值）的結論，大概不會有人明講。可是下這樣的結論卻是使人躍躍欲試的，不是嗎？

我認為葛樂維（J. Glover）所做出正好相反地結論是對的。他說：「結束人類之舉，大約是

可能做的事當中最壞的一樁。」但是，雖然他和少數其他的人之見解是非常令人鼓舞的例外，一般在這個領域中撰寫論文的哲學家，其立論的態度卻是可悲的。例如，讓我們想一想湯普森（T. H. Thompson）怪異的說法，他說：「我們對未來的人沒有責任」（因而，例如說，把不要了的核彈放在一個幾世紀以後一定會爆炸的有混凝土覆蓋的垃圾堆中，基本上沒有什麼不對），他又古怪地想支持這個論調，設法證明沒有人能對尙未出世的人同情和關懷。這件事除了幾乎和設法證明沒有人眞正喜歡啤酒一樣糊塗以外，也是羅特里氏（R. and V. Routley）所診斷出的一種毛病。他們問：爲什麼這麼多的當代理論家否認對於未來的世世代代有責任？這是因爲這些理論家以爲責任是「取決於做或者做不到某件事」（例如訂合約），或者有一個人可能無法擁有的某些特徵（如愛、同情、同理心）」。如果這樣的理論家是對的，那麼取消道德的必要條件竟是多麼容易的事！只要宣佈你對這件事不感興趣。

第5章　末日論證

本章將推衍「導論」中所概述的卡特／萊斯理的「末日論證」。不過單獨讀它也未嘗不可，因為它蘊含較早前述所有的主要論點，並且大幅增述。它也更進一步提出許多論點為該論證辯護。只有當我們的世界是一個決定論的世界時，或者至少是一個非決定論不大可能對人類將存活多久有太大影響的世界時，若干這樣的論點才會得以順利推行。

貓的故事

印象中，我們應該都偏好使我們的意見合乎眾人期望的理論，而非十分不平常的理論。半夜醒來，腦海浮現兩個理論，你評估每個理論都有百分之五十的機會是正確的。第一個理論是，你的後門沒關，使得鄰居的貓有百分之十的機會出現在你的臥房。第二個理論是，你把後門關了，使這個機會成為百分之〇．〇一。你打開燈，看見這隻貓。你現在應該會傾向選擇第一個理論。

其次，想一想你在時間之流上被觀察到的位置。如果人類將以其目前的數目至少再存活幾千個世紀，姑且不論如果擴散到銀河各處所激增的數目，那麼你在自古到未來生下來的人之中，是異常早的一個人，或許在最早的百分之〇．〇一。但是，如果相反地，人類不久便會滅亡（若我們想到臭氧層、氫彈等，似乎並非不可能），那麼你便平凡無奇。由於最近的人口成長，大致有百分之十的人從出生到今天還活著。那麼，這不應該影響你嗎？如果歷史行將告終，那麼你在人類人口歷史上所佔據的平凡位置，不會給你一些理由去思考歷史果眞會相當迅速地結束嗎？

答案似乎是「是的」。如果世界是決定論的，那麼這些理由便強大到令人不安。相反地，如果它根本上是非決定論的，而且如果它的那種非決定論不大可能對人類將存活多久有大的影響，

那麼這些理由或許相當薄弱，可是仍然令人擔心。不論是上面那一種情形，即使它們自己本身沒有力量，還是可以成爲增強的理由。因爲，正如我們稍後將解釋的：他們會在考慮到氫彈和臭氧層這樣的事時，放大以往得出的任何風險估計。

雖然許多人可能認爲，說你能由你自己被觀察到的現世位置而體悟任何事情都是荒謬的，可是，我方才概述的「末日論證」，對於習於宇宙論中「人因」推理法的人，卻似乎是很自然的。事實上，最初簡述它的是布蘭敦．卡特。卡特是英國劍橋的一位數學家，曾發明「人因原則」一辭。然而，卡特寫信給我，請我至少間或談「卡特／萊斯理末日論證」，以與他分享「免不了的毀與譽」。而我們兩人由經驗中都知道，這個論證往往惹火人，讓他們大叫「胡說八道！」由某方面看，這有一點奇怪，因爲這個特殊論證乃根植於或然論，而這是一門非常難以理解且晦暗不明的領域。可是由另一方面看，它根本不奇怪。當難以決定誰對誰錯時，人們總是表現出得理不饒人的姿態。

末日論證的人因論和貝氏推論法

◎人因論的論證

如卡特最初所云，人因原則係指「我們可望觀察到的，必須受到『我們這些觀察者在場』所需要的各種條件的限制」。此後，卡特堅持說「人因原則」其實是一個不恰當的名稱。它可以應用於宇宙各處的觀察者，不只是人類。它可以提醒我們，智力足以成爲觀察者的生物體，可望他們自己所在的時間和地點有其他智慧的生命。雖然這和妻子必須有丈夫一樣是普通的眞理，可是它卻可以激發有趣的理論。譬如「我們在時空上的地點是不尋常的，因爲在大多數的地點，生命無法存在」的理論即是一例。只有在不尋常的情形之下，觀察才是可能的。

狄克（R. H. Dicke）已經採用過這個想法。「十的四十次方」（10^{40}）這個大數目進入若干在宇宙論上重要的問題。在注意到這一點以後，艾汀頓（A. S. Eddington）以它爲中心發展他的物理學，而狄瑞克（P. A. M. Dirac）後來又仿效他。這個大數目進入宇宙現在的年齡與萬有引力測出強度的關係之中。狄瑞克指出這個關係必然永在。果眞如此，萬有引力一定是在不斷變化。當宇宙年齡愈來愈大時，它便會愈來愈弱。但是狄克反駁說這方面唯一的必然性是觀察上的必然性。有的時候，觀察者可以發現自己存在得夠晚，重元素（尤其是碳）已在恆星以內形成，而當那些恆星爆炸時，擴散各處。再者，他們可望看見許多充滿尚未燒毀之恆星的天空，因爲星球的放射線對於生命或許是必要的。狄克計算在這個時候，萬有引力的強度，如果沒有變化，仍然會固守狄瑞克理論中的關係。

在惠勒（J. A. Wheeler）的著作中，對於人因原則有更雄心壯志的應用。惠勒描述一個搖擺的宇宙。在每一次的大霹靂以後是一個大壓縮（Big Squeeze），而後當被壓碎的物質回漲時，又是一次新的大霹靂。在最大壓縮的那一刻，宇宙失去所有關於其較早屬性的記憶。而後它以隨意沈澱的屬性爆炸，其粒子的數目由一個週期到另一個週期可能不同。它擴張的速度亦復如此。核子強力強度與電磁強度之間的比率，或質子比電子重多少的程度，也可能因週期而異。或許只有在罕見的振動期間，其所造成的混合物，才允許生命的存在。然而，觀察選擇效應將確保生物體只是存在於允許生命存在的時代。

◎人因原則在或然率上的應用

「觀察者性質」的先決條件可能永遠不會完全確定。試想黑洞的「霍金放射線」。霍金的說法是：黑洞以一種量子力學和隨機的方式發散排出各種微粒。在一個足夠大的巨大團黑洞中，偶爾會發散排出一架電視機。也會排出一個達爾文。當然霍金不是指達爾文本人，而是指像他這樣的一個人——一個會像達爾文一樣觀察的人，（如果達爾文由黑洞中飛出的話）。然而，顯然觀察者只能偶爾發現他們是在這樣的處境中。在人因原則最有用的論述中，它考慮的是「一個人最有可能會在什麼地方發現自己」，而非「發現自己的所在並非完全不可能」。

假設某些智慧型生命存在於大霹靂的最初幾分鐘，在黑洞的邊緣（它們像達爾文一樣由黑洞中飛出來）。在一個龐大的大宇宙中，他們眞的會如此。到目前爲止，尙沒有人能爲這個龐大的宇宙定出界限。說我生在一個相當晚的公元，我一點都不感到訝異。觀察家最有可能在多數觀察家被發現的時空區域中找到另一個自己。

再者，假設幾乎所有的生命都是以水爲根本，並且存在於還有無數恆星照耀的行星上。（如果假設絕不會有利於生命的恆星在晚近發光，則狄克所提反對狄瑞克的論證將不能成立。）因而，我們是住在一個有水的行星上而且可以看到滿天星斗，並不令人意外。

讓我們比較地理位置的情形。在一個沒有窗戶的房間中，你患了健忘症。你想你較可能會在哪兒：在人口很少的小泥坑（Little Puddle），或是在倫敦？假如你記住小泥坑的人口是五十人，而倫敦的人口是一千萬，而且假設指引你的只有這些數字而已。（你不記得曾經住過這兩個地方。你也不認爲小泥坑的煙霧會讓使人患有健忘症，等等。）那麼，你會傾向於認爲你是在倫敦。因爲，如果相反地你不贊成你是在這兩個地方中較大的一個的想法又會怎麼樣？當你被迫打賭你是在這兩個地方中的其中之一時，假如你賭你是在小泥坑。如果這兩個地方中的每一個人都患了健忘症而像你一樣下賭注，那麼便會有一千萬個輸家而只有五十個贏家。因而，看起來下賭在倫敦是合理得多。根據你所擁有的證據，你在倫敦而非小泥坑之機會的正確估計，很可以斷定爲一千萬對五十。

如果你是在倫敦，那麼當然這個事實是由於無數使你一定在該城市的特殊原因。但是，就那些特殊的原因來說，一個解釋的正確性是與下面的說法的合理性相配合：「數十萬倍的人住在倫敦，因而我最有可能在那兒發現我自己」。比較下面的這三個情形。（一）、你同時擲兩顆骰子，只擲一次，而未能得到一個雙六。對於你爲什麼得到其他結果（或許是一個四和一個二）的充份解釋，牽涉到特殊原因的無數細節，如最初的位置和速度、風速、桌面的凹凸不平等等。但是，如果你說當重複擲兩個骰子時，雙六出現的機會只是三十六分之一，那你便部分說明了爲什麼你不能得到雙六。（二）、你有幸育有七名子女，你發現他們不全是女兒。你可以視這個爲完全在

意料之中，不需要有人告訴你一個詳細原因的故事，精確地說明這個情形是如何發生的嗎？

(三)、如果你想要知道爲什麼一個方栓放不進有同樣橫切面之面積的圓孔，則你不需要取得夸克和電子移動的充份細節。相當類似的，如果你想知道爲什麼你沒有釣到大約正好長三三．八四公分的一條魚，你也不需要獲得你釣到的那條魚的完整生命歷史。

如果你的健忘症使你懷疑倫敦的人口是否較多又如何？發現你自己在倫敦應該可以減少這份疑慮。倫敦的人口較多，乍看之下，你較可能發現你自己在那兒。如果倫敦和小泥坑是你僅能在的地方，那麼你如果發現自己是在小泥坑，則這點可以強烈表示倫敦是一個虛構，只要它的虛構性質沒有很大的最初不可能性。

費米所提出著名的問題是：「他們在哪兒？」我們在思考這個問題時，也可以用類似的推論法。也就是說，爲什麼我們沒有看到其他星球有智慧型生命存在的跡象？可不可能在整個時空有許許多多在科技上進步的文明，但是只有很少幾個（而這些異常之小）存在於我所處的時空之早期？或許這個設想情況是正確的。但是在一個科技文明中的觀察者幾乎不可能是在一個文明既少且小的較早時期，而可能是在文明龐大和眾多的較晚時期。因而我有理由認爲這個設想情況是錯誤的。這意味著我的科技文明不是最早的科技文明之一。許多其他的科技文明以前也曾發展出來，只是我們人類不知道它們的存在，或許因爲它們很快便滅絕了。另外一方面，它可能表示在整個宇宙的歷史上只有極少數的科技文明曾經發展出來。

誠然，我的科技文明可能是宇宙間的第一個科技文明。即使在一個其全部時間包含有一兆兆兆科技文明的宇宙，某個科技文明還是可能居於這樣的地位。可是請不要讓我相信我是在無數科技文明中最早的一個文明裡面。除非你能提出強大理由，讓我相信這件事。

◎卡特令人不安的論點

如卡特在一九八〇年前後所提出的，我們可以稍微延伸這個推論法。這個延伸對幾乎所有的人來說都是令人吃驚的。雖然「人因論」的推論法通常是關於你可能會在哪裡找到你自己（假如你是某種智慧型的生命形式），可是我們卻也能較狹隘地應用它，只是特別地詢問人類的生命。在人類時間的範圍中，一個人可能會在哪裡發現他（她）自己？是在人類為數較少的早期？還是在一個人數異常眾多的較晚時期？

卡特形容這個問題是：介紹「人因原則的應用毫無在其他應用中受人質疑的科技假設，顯然也是其實際上最重要的應用。」可是，這些字句我不是在他已出版的著作中找到的。相反地，我得由他對於我各種著作之評論的一封信中徵引這些字句。我之前曾把我各種著作寄給他，目的是希望他會告訴我說其推論法是否如謠傳所說，基本上是「他的」，雖然這些他從未發表出來。

雖然卡特的這封信證實這種推論法眞正是他的，不過顯然除了我以外也沒有任何人曾發表這

樣的推論法。他寫道：「你似乎是第一人。」但是林德後來提醒我幾乎在同一時候尼爾森也發表過頗爲類似的推論法。

卡特解釋說，不付梓的主要原因，是「除了少數幾個顯著的例外以外，他曾經交談過的人，都不太願意接受人因論這一特殊的應用。」（令人驚訝的是，人因論的原則竟會激起這麼多的反對。誰會認爲休姆和康德所堅持的這個論點——也就是說，我們發現自己的處境在整個大宇宙中很不尋常——竟會引起這麼多的爭論？舉例來說，如果你竟膽敢說智慧型生命或許只在行星的表面興起，或我們的大霹靂宇宙若在一年或兩年內再度瓦解，它便不會有現在的生命，誰能預測你將碰到眞正的憤慨？）卡特在一九八三年所做的一次演講中，強調人因論推理法如何可以應用於觀察家最有可能發現自己的環境中。他在這次演講中引介了末日論證，並且附帶提出核子潛水艇的指揮官們最好想想這個論證。可是在他印出來的這場演講講詞中，卻只是暗示這一點，說道：「像人爲的生態災害這樣的事，最好參考人因論的原則來討論」。此後，他便只限於在座談會中提起它，尤以面對所謂人因原則無法導出任何預言的反對聲浪時爲然。

這不是第一次也不是最後一次，讓我呼籲末日論證並非堅決宣稱人類不久便會滅絕。它最多不過是說它不久即將滅絕的風險或許比我們所臆測的還大，很可能大得多。假設我們在一開始對於人類長遠的未來極端有信心，即使我們完全接受末日論證，它也不會太過動搖我們的信心。再者，如果這個世界是極端非決定論的，那麼除非這種非決定論不大可能對人類將存活多久產生太大的影響力，否則這個論證並不能眞正行得通。這些論點需要一再重複，因爲大家覺得很不容易記住它們。無疑地，「世界末日」這個標記（我是由提普勒處得知。提氏最初告訴我卡特對這個主題的看法，並且推翻我當時立刻和他說的「明顯反駁」）也是受人非難的部分原因。但是「人因原則說明我們已經故意地低估人類不久將滅絕的風險」，這個標記又太長。

卡特一九八三年的演講，其主題是：當一個過程（譬如用三個骰子擲出「三個六」一次或許多次）涉及一個或多個很不可能的事件時，而且很不可能在現有的時期（如擲三十次）以內完成，那麼，完成它最好的機會，是在大致接近那個時期以後的某事件。卡特說：「人因論預測係指有人類般智慧的種族是稀少的。即使有許多存在生命的行星，這樣的智慧幾乎不可能快速地演化出來。」這個論證與其書面講稿十分不同，亦即與本書中所討論的令人擔憂的論證相異其趣。

卡特與我皆問道：人類觀察者可能會在哪裡發現他自己？如果人類將存活未來許多個千年，而人口未減少（尤其是如果它實際上因殖民整個銀河而大量增加——這個過程只需花幾百萬年），那麼您與我很可能是在所有人類最早的百分之一的百分之一，或者甚至最早的百分之〇．〇〇〇〇一。不過，假設相反地，人類不久便將告終，其告終的原因或許是核子戰爭或環境中毒或者（如第二章中所討論）是由於高能量物理學的實驗（這種實驗攪擾僅僅是在亞穩定狀態中充斥空間的無向量場），以致創造出一個充份穩定場的泡沫，這個泡沫而後以近光速的速度膨脹，把每一個人都殺死。假設自有生民以來，所有生下來過的人中大約有百分之十都活在現今的一

刻，那麼你和我在這個設想狀況中都是相當普通的人。（如果人類明天便會毀滅，那你和我並非處於不尋常的晚期，因為大致上整個人類的十分之一都與我們一樣處於晚期。）如果我到達一個大小未知的城市，看見一輛標示著「第一七九號」的電車，那麼我假設這個城市中只有一七九輛電車似乎是奇怪的，但是認為人類將在我一生之中的某個時期遇難，卻不是這樣的事情。

觀察時空，我們可以斷然地說人類觀察者已找出了自其物種最初出現到大致二十世紀末自己的所在點。然而，我們沒有十足的把握，說任何人會在較晚的點上。對於存在於二十世紀末或以前的人，與任何在以後存在的人之間的差異，我們該做出何種反應？卡特／萊斯理的說法是，在此可以應用或然率微積分的貝士定理（Bayes's Rule），以增加任何關於人類如何將相當迅速滅絕的估計。

比較你如何能夠宣稱你是否在一個樂透獎遊戲中第一、第二或第三獎。不論在樂透獎甕中還有多少個名字，總有人會贏得第一獎、第二獎、第三獎，就好像不論人類已存活多久，總有人是最早出世的。不過，如果您的名字是由甕中抽出的前三個名字之一，這便會使你猜疑留在裡面的只有少數幾個名字。

能夠有資格詢問的，只有那個事實上已經贏得樂透獎的人：「我怎麼會贏的？我不過是非常幸運或是我在這家樂透獎公司總辦公處的朋友做的安排？或者甕中只有幾個名字？」不過這些問題並不愚蠢。譬如，它們不把贏者得獎的或然率與其他或然率混作一團。對於辦公處朋友的猜疑，不只是對於只有愚人才會問的一個問題（如：眞正贏了的人事實上贏得這個樂透獎的機率爲何？）所產生的愚蠢反應。猜疑這個甕中只有少數幾個名字並不愚蠢。

下面是一個眞實故事。有一家出版商舉辦了一次抽獎，獎品是價值三百美元的書籍。有鑑於參加抽獎的人必須塡寫很長的表格，我猜想很少的人會去費心這件事。因而我自己塡寫了個表格參加。三個星期以後，價值三百元的書送到我家大門口。我的猜疑得到肯定。

即使如果我在贏得這次抽獎以前並不知道這次抽獎，這種猜疑也是有道理的。如果別人替我拿到抽獎的彩票又如何？如果有人保證我遲早會知道這張彩票的命運，不論它贏了沒有，這個情形都不會受影響。當然，這是一個有重大意義的附帶條件。如果我因爲知道我贏了這個抽獎才知道這個抽獎，那麼這比我知道某人給我買了一張彩票更強烈地支持「少數彩票」理論——但是只有輸家在某一階段也一定會知道其彩票的命運才可。這一點很重要。如果除了贏家以外沒有人會知道舉行過這次抽獎，那麼，由聽到一個人自己的彩票有多麼成功並不能推斷什麼。一個人不可能相反地聽到它不成功。

然而，當我聽到我贏得抽獎時，輸家沒有獲知他們的失敗是沒有什麼關係的。以爲每一件事都依贏家與輸家是同時聽到的，或在他們以前或以後聽到的而定，是一種以對於魔術的信念取代或然率的理論。

這張彩票是不是替第三者買的也沒有什麼關係，只要（就最簡單的情況而言）有人保證說只

有這一張彩票的命運會讓我知道即可。我在這個方面所完成的或然率計算，一定不能魔法般地讓它依賴我是實際的受益人，更不要說我就是我，不是別人。雖然以「神通」而抗議某人必須贏得每一次抽獎是不對的，但以爲我的「我」其本身有什麼重要性也是同樣錯誤。只有因爲與「我不是上帝」（也就是我知道的有限）相關，它才有重要性。上帝或許知道電視賣出多少彩票，但是我只能設法猜測。我可能只知道我自己的彩票，以及有人保證我會知道它的命運。但是假設我此外還知道：蘇珊爲她自己買了一張彩票，而且不論它是否已贏得獎項，都有人保證我會知道它的命運。那麼，蘇珊彩票贏得抽獎這個事實，會和我的彩票已贏得抽獎同樣強烈地支持「少數彩票」的理論。

每一個樂透獎的贏家，如果不知道甕中有多少名字，單是由於中獎的這個事實，也更有理由猜想甕中只有少數幾個名字。每一個輸家則有更多理由猜想甕中的名字很多。這也不是什麼荒謬的事。首先，輸家知道這個甕中有不止一個名字。第一獎的贏家卻可能不這麼想。在得到價值三百元的書籍時，我眞的由抽獎的幸運中獲益嗎？我對這點很是懷疑。我疑心只有我一個人參加這個抽獎遊戲。

想像魔鬼知道參加者有一千人。由於他對該情況有「神通」，祂恥笑我。祂告訴自己說任何贏了的人都會使用和我完全一樣的推論法。但這一點所說明的是什麼？它只不過說明魔鬼好發不公平的論證。由於我並不具備所有魔鬼的知識，所以我的推論法不是壞的推論法。於是，我必須

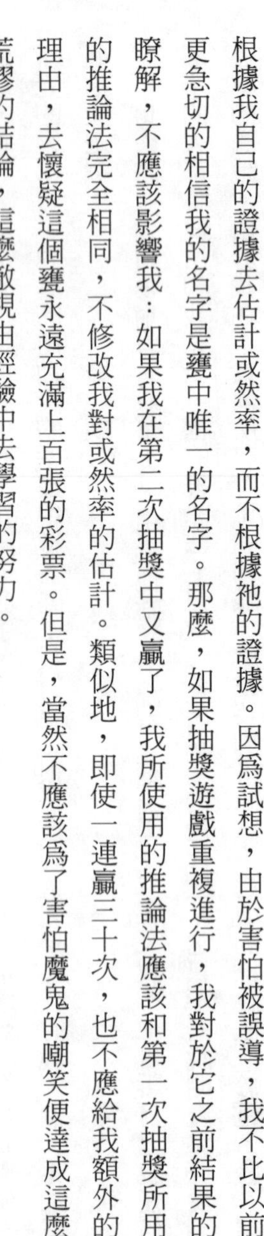

根據我自己的證據去估計或然率，而不根據祂的證據。因爲試想，由於害怕被誤導，我不比以前更急切的相信我的名字是甕中唯一的名字。那麼，如果抽獎遊戲重複進行，我對於它之前結果的瞭解，不應該影響我：如果我在第二次抽獎中又贏了，我所使用的推論法應該和第一次抽獎所用的推論法完全相同，不修改我對或然率的估計。類似地，即使一連贏三十次，也不應給我額外的理由，去懷疑這個甕永遠充滿上百張的彩票。但是，當然不應該爲了害怕魔鬼的嘲笑便達成這麼荒謬的結論，這麼敵視由經驗中去學習的努力。

◎貝氏推論法

貝士定理乃一項數學定理。它是說：「或然率的增加或減少（就證據e來看，假設h是正確的），與如果這一假設確實正確，則你得到證據的可能性成正比。」這是常識，可以應用到很多地方。這個證據可以是你中了一次樂透獎或中了一箭或被狗咬了一口，或是看到的汽車是紅色的，或者幾乎任何其他領域的證據。該假設也可以來自幾乎任何領域。它可能是假設樂透獎遊戲甕中名字很少，或名字很多；那枝箭是瞄準的，或是隨便亂射的；許多汽車是紅色的，或很少汽車是紅色的。

無疑地，我們不用任何數學公式也可導出結論。我們只要記住兩點考量：

一、當理論的眞義會使我們更容易做各種我們事實上已做的觀察時，我們應該有偏好該理論的傾向。

二、儘管如此，有些理論完全愚蠢，或者與以前所收集的所有證據異常不符，以致不論它們所說的眞理如何增加那些觀察的可能性，我們還是少相信它們比較好。譬如假設你遇到一位意外的恩人，那麼他可能在你銀行的帳戶存進一百萬美元。但是看到那一百萬美元，卻不足以使你相信有意外的恩人一事。

我們也可以用常識判斷的方式，對自己證明以上第一點和第二點的主張是正確的。不過，能由一個數學程序判斷第一點和第二點之間的相互關係卻是很好的。經多次驗證，貝士定理似乎是我們所需要的。

在某些情形之下（如樂透獎遊戲甕的情形般），這條定理的用處是一定可以證明的。在另一些情形下，它只不過是似乎合理，或者至少合理到說應用這條定理，與以數學上簡易的方式訴諸以上第一點和第二點同樣合理。

在貝士定理最簡單的表述中，它說明四件事：P（h, e）與P（h）與P（e, h）與P（e）之間的關係。第一是有鑑於證據e，假設h爲正確的機率。第二是這一假設是正確的「事前機率」：在考慮到證據e以前，其正確性的機率。第三是如果假設h事實上是正確的，你會得到證據e的可

能性。第四是你無論如何都會得到的機率；換言之，不論這個假設的對與錯。

貝士定理陳述的是：第一件事等於第二件事乘第三件事，再除第四件事。而這正如我在稍早前所說的：有鑑於證據e，則假設h爲正確的機率與如果這一假設確實正確，則你得到證據的可能性成正比。換言之，「如果某個理論是對的，則你會更多或更少可能看到你確實看到之事物的程度。」

由於本書不是數學的專論，讓我們只寫下這條定理略微複雜一點的形式，考慮它如何應用在特殊的情形。在這比較複雜的形式中，$P(h,e)$ 等於

$$[P(h)\,P(e,h)] \div [P(h)\,P(e,h) + P(\text{not } h)\,P(e,\text{not } h)]$$

此式之含義說明如下。假設一個包含我名字在內的樂透獎的甕中，其包含一千個名字的或然率是百分之九十八，而其只包含十個名字的或然率是百分之二。這些「事前的」機率，是我個人對於在抽出任何名字以前，這兩個不同的情形大約是什麼的估計。（或許我眞的看著我的名字被放入一百個相同的甕中，注意到在九十九個情形下，在甕中又加入九百九十九個名字。）如果我接下來發現我的名字是由甕中抽出的前三個之一又如何？貝氏的計算法給了我一個新的估計。甕中本來只有十個名字的「事後機率」是：

〔2%×3/10〕÷〔(2%×3/10)+(98%×3/1000)〕

也就是大約是百分之六十七。一百個之中只有兩個的估計或然率，演變成三個之中有兩個以上的或然率。雖然我過去對於甕中包含一千個名字很有信心，我現在卻認爲它只包含十個——因而待抽的名字很少。

類似的計算，可以說明人類不久將結束的風險經常被低估，或許嚴重的被低估。這一切，都要看一個人的名字由甕中被抽出的情形，是否與一個人出世爲人的情形足夠類似：也就是說，類似到使貝士定理成爲一個有用的指南。如果這個甕中有一千個名字，那麼最先抽出的三個名字中的一個，一定是異常早地被抽出來。如果分散在時空各處的人有許多兆個，那麼一個大致在二十世紀末葉出世的人，是異常早地被生下來。在這兩個情形下，我們可以遵循類似的推論法嗎？

「末日論證」的計算

記住，在這個領域對於貝氏的數學法並沒有絕對的需求。事實上，爲使數學產生影響而引入的簡化，很可能是偏好非數學性常識甚於偏好貝氏運用策略的一個好理由。想一想歸納邏輯的幾個基本事實，我們便會有極大的進步。除非我們偏好那些內含的眞義使我們的實際經驗更爲可能的理論，否則便永遠不能由經驗中學習。如果你曾被狗咬一口，你便應該視這個經驗爲更加猜測狗經常咬人的理由。你在被一枝箭射中以後，應該視它的停止點爲支持它是瞄準你的理論。如果你看見一輛紅色的汽車由轉角向你駛來，你應視這件事爲加強許多車都是紅色的假設。一個一直往火裡爬、因爲不願相信火會引起痛苦這個觀念的嬰兒，是一個無能的嬰兒等等。

所有這些都是常識，雖然你可以用貝氏數學法去粉飾它，卻沒有這樣做的必要。非數學家對於這個領域可以有極好的掌握。

不過，還是讓我們看一看末日論證所啓迪的各種貝氏計算法，以便對於我們風險估計可以被這個論證改變多少有一點概念。（說人類不久將滅絕的風險是百分之「n」，等於是說認爲它不久將滅絕的理論，對的或然率有百分之n。）

大爲簡化以後，讓我們說僅有的可能性有二。一是公元二一五〇年以前有一場殲滅人類的大災禍。二是人類以目前人口的數目或更多的人口數目，還會存活幾千個世紀。此外，這個世界並非完全非決定論的。（因爲我們下面將討論到，非決定論會使事情很複雜。）我們應該判斷世界末日不久即將到來嗎？是的，除非「即將毀滅」的「事前機率」（也就是在我們估計我們自己在時間上的位置之前，對於其機率的估計）非常低。貝氏計算支持這一點。

譬如，假設在人類短促存活的情形之下，發現他自己與你和我活在同一時候的機會是十分之

一，而在人類長期存活的情形下，它只是千分之一。假設你一開始以爲「即將毀滅」的危機（人類在二一五〇年以前滅絕的或然率）僅是百分之一，而「毀滅延後幾千世紀」的或然率是百分之九十九（因爲我們把事情簡化，只許有這兩種不同的情形）。這便是說，在把你在時間上的位置算進去以前，你的估計是百分之一和百分之九十九。現在你把它算進去。如果你可以和以前完全一樣的使用貝士定理，那麼「即將毀滅」風險修正的估計是

〔1%×1/10〕÷〔（1%×1/10）＋（99%×1/1000）〕

也就是稍微超過「百分之五十」了。因而，從認爲「即將毀滅」只有百分之一的可能性，你改變到認爲它有整整一半的機會。

可是，如果我們另外假設人類如果安全地通過公元二一五〇年，便會廣泛擴散到超過太陽系以外，以致千分之一的這個數目應爲百萬分之一所取代，則又如何？於是，「即將毀滅」的估計風險大爲上升，到幾乎正好是百分之九十九．九。當然，這些數字只不過是說明性的。我在這兒舉出它們，只是指出如果你忽然接受末日論證爲眞時，你對於你的估計合理地賦予多大的一種「貝氏改變」。

選擇公元二一五〇年爲分開「即將毀滅」和「延遲毀滅」的日期，不需要向誰說「抱歉」。我們有相當強大的理由，可以認爲往後一個半世紀會是一個有嚴重危險的時期，而如果我們設法

在這個時期躲避災禍，那麼人類便有很好的機會再存活更多個千年，而且經由在銀河的殖民，很可能人數大增。可是，卡特數學論證的重要性，很可能只受到以下兩件事極小的影響：選擇二一五〇年以外的某個日期，或在這兩個相互競爭的設想狀況（「即將毀滅」與「延遲毀滅」）中選擇其他合理的數字說明所有今日生存人類的百分比。重點是，如果這個論證能成立，則大幅的貝氏改變將變得合理。

即使我們的數學充斥著許多概算記號、「至少」記號、代表數字範圍而非單一個數字的記號等等，這個論點仍然成立。比較你的名字在「第十次抽獎中由樂透獎甕中抽出」，或「在第六次與第十六次之間抽出」的結果，可以強有力地反對「至少有一千個其他的名字」有待抽出，或「由一到二千個其他名字中抽出」的說法。（當然，沒有任何一個關於生存過的人類的數目是完全正確的。而且當然如果對的「正確數字範圍」是由巨大的數目組成，那麼猜測確切的正確數目，其困難可能大增。你猜對一個朋友口袋中有多少硬幣的機會，比猜對太陽中有多少原子的正確數目大得多。但是末日論證不要求正確的數字。概略計算和範圍即已達到目的了。）

請記住，末日論證所牽涉到的是一種在任何對於人類不久將滅絕的可能性估計中的貝氏改變。（如果你不喜歡貝氏數學法，那麼只是「一種改變」。由常識去考量，則我們往往認爲我們的處境相當普通，而非高度不平常。這個考量產生了這種改變。乍看起來，一次核子戰爭毀滅整個人類的風險似乎不大。而在這場戰爭以後的各個世紀，我們大有理由希望人口的數目回到戰爭

以前的情形。乍看起來，高能量實驗不可挽回地干擾一個亞穩定型無向量場，風險可能非常微小。宇宙射線的碰撞，曾經達到比人類任何可發展出的科技高出許多的能量。卡特的推論法可以說明這些和其他的風險，可以重新評定為對人類存活比乍看之下大許多倍的威脅。但是我們當然可以設法十分小心地彌補這一點。譬如，我們可以禁止達到極端高能量的企圖。可是，如果我們發現即使在貝氏改變以後這些風險看上去仍然很微小，那麼我們可以乾脆置之不理，告訴自己說我們在人類的歷程中很可能是處於極早期，而這個歷程不會很快結束。

重要的是，卡特／萊斯理的論證，其本身不產生風險估計。它贊成「將其他方法所得到的風險估計放大」的貝氏改變。它不是一個口說無憑的證據，證明人類在出世為人的數目比今日人口大得多以前便會滅絕。（我們不清楚尼爾森在介紹卡特的推論法時，對於這一點是否有充份的瞭解。如果他未能充份瞭解，那麼他所陳述的只是有點相似的論調。雖然他也用「末日論證」一辭。）一位哲學家關於上帝存在的本體論的論證，可能設法由「純理性」得到眞正的事實，但是卡特不是。只有當某件事具有放大的條件時，貝氏改變才能放大一個風險估計。

因此，我們必須認眞地看待氯氟碳化物對臭氧層的影響，問一問人類是否願意禁用氯氟碳化物。我們必須考慮以下的事實，例如，科學家擅於防止災禍、即使沒有災禍，物種的數目往往也會爆炸，以及許多人曾經設法壽終正寢。如果各種風險最初的估計均非常的微小，那麼即使經歷一次使它們看上去大一千倍的貝氏改變，它們看上去還是不會太大。然而，如果這些風險看上去很大，那麼我們可以採取如禁用任何氯氟碳化物的嚴格措施，而改變放進我們貝氏計算式的數據資料。

簡言之，卡特／萊斯理的推論法，不是一種告訴我們不論我們做什麼都是劫數已定的末日論證。《原子科學家集刊》（*Bulletin of Atomic Scientists*）的「末日時鐘」，其指針每當發生某種使人振奮的發展時，便有正當理由拉得距子夜更遠一點。譬如，核子武器競賽明顯的終結便是一個使人振奮的發展。而日後事實上可以有一般的理由把這個時鐘的指針拉得距子夜愈來愈遠（「指針近子夜」的意思是「很可能人類不久便會滅絕」）。單單是「在一個具威脅性情勢下存活下來許多年」的這個事實，往往說明它的威脅眞的是很小。卡特從來不否認：人類在二十一世紀中面對它的各種危險下存活下來愈久，便會愈來愈具信心，而它也將更廣泛地向這個銀河系各處擴張。

抗議說任何曾經採納末日論證的古羅馬人可能錯誤地下結論說人類的數目不久便會下跌到零，是不對的（我最初聽到卡特的推論法時也會抗議）。（一）、第一個回答是，「那又怎麼樣？」任何只不過是或然率的論證，如果它使某個居於似不可能地位的人——或許是在非常早期的人，或許是閉目擲了十二個骰子而期望在睜開眼睛以後，不會看見十二個六的人（遺憾的是，這是不可能的，因爲事實上桌面上已有十二個六）——得出錯誤的結論，一個關於實際情勢被誤導的結論，則它並不是這個或然率的一個弱點。一個結論可能是使人產生誤解的和不正確的，而未必是無理的、愚蠢的、不好的推論法的結果。（二）、第二個回答是，任何認爲人類不久將滅絕的羅

馬人，很可能是對的。如果人類在公元二一五〇年以前告終，則這個日期離羅馬時代也不久。末日論證未必是說人類或許明天便告終。(三)、第三個回答是，羅馬時代沒有發生巨大的人口爆炸，或很容易預測有這樣的人口爆炸。(四)、第四個回答是，任何羅馬人可能沒有充份的理由，認爲人類瀕臨滅絕的想法，甚至連一個非常微小的「事前機率」都沒有。如此一來，有趣的問題便是：有鑑於環境毒害、核子炸彈、由於空中旅行而在幾天內傳播世界各地的疾病等，我們的情況已大不相同。

在宇宙各處，智慧型物種可不可能掌控了使巨大的人口爆炸幾乎不可避免的科學定律，而又很少採取充份的預防措施，防備由於這些爆炸本身或由於科學其他方面所帶來的風險？在智慧型生命中，可不可能大多數發現自己是迅速擴張而又會迅速滅絕的種族？或許是如此。但是永遠要記住，末日論證即使不告訴我們說「即將毀滅」是可能的，仍是很重要的。只是因爲末日論證說「即將毀滅」比任何人所估計的可能性都來得大，它對於今人和任何曾經想到它的羅馬人來說，因而都可能是重要的。

對於該論證的異議

許多人認爲，只花二十秒鐘，他們便能找到反對卡特／萊斯理研究方法的壓倒性理由。下面將這些理由分爲四組。第四組的異議（其核心思想是以爲世界可能是顯然非決定論的事實），顯然非常重要，本書第六章也將加以討論。

◎第一組

這些異議，對於一個貝氏研究方法是否能證明其所建議的結論爲正當，提出一般的疑問。

一A、每一個人在許多方面都是不尋常的。因而贊成使我們位置尋常的理論是錯誤的。

我的回答是，不錯，每一個人當然在許多方面是不尋常的。但是，如果有相當可信的理論其正確性使我們相當尋常，則每一個人在許多方面不尋常的說法，還是不足以使我們自認爲十分不尋常。看一看臭氧損耗的風險之類。人類瀕臨終結這個說法似乎是相當可信的。

我現在認爲，我在《哲學季刊》（*Philosophical Quarterly*）上說卡特的論證「不是直截了當歸納性的」，是我的不對。任何有價值的歸納性論證（任何由實際經驗所建構的好論證），必須把各種假設的可能性與不可能性考慮在內，而貝士定理往往說明如何這樣做。就這一點來說，以爲你與我大可期望發現我們的存在是如此地早（因爲後世不會有許多人類）的假設，可能很像其他任何的假設一般。歸納推論法很少是完全直截了當的。當然，採取貝氏推論方式的人，對於絕對不可能爲眞的理論不太感興趣：如以爲有意外恩人理論、以爲鐵釘與磁石戀愛的理論、以爲人類將在接下來三十五秒鐘告終的理論、以爲人類由於自來水氟化作用而將在下一世紀滅絕的理論，等等。誠然，無限大數目的這些理論，其正確性會大幅提升我們已看到的一切之可能性。但是它們的愚蠢使它們正確性的「事前機率」非常低，以致即使以貝氏方式考慮到它們「成功的預言我們實際上已看到的」以後，它們正確的機會仍然極端地小。（此外，它們爲數愈多，個別的吸引力必然愈小。就邏輯上來說，不可能會有無數相互競爭的理論——如果一個對，則其他的便錯——且全部都有正確的機會。）

當末日論證考慮到你是一個異常早的人類的可能性時，它當然不否認在所有活到目前這一刻的人中，你是相當晚和普通的一個人。這個論證所發揮的，是雖然你在直到今日的人類人口歷史上居於相當平凡的地位，可是由於所有生下來過的人中或許百分之十的人現在還活著，如果人類將以其目前的人數再存活更多個千年（更不要說如果它將擴散到銀河各處），則你不再平凡，它

在人類全部的時間歷程中也是不平凡的。

不過，如果說我們在人類整個時間分佈異常早，它爲什麼是不可接受的古怪呢？在回答這個問題時，我們必須（不是第一次，也不是最後一次）堅持說卡特和萊斯理並不是以「它一定會是不可接受的古怪」爲其論證的起點，他們也不必說這個甚至是他們論證的結論。如果，在考慮到末日論證以前，你認爲「即將毀滅」的或然率很低（單是人口繼續膨脹這個事實，或許已讓你自信人類很難趕盡殺絕），那麼，即使在末日論證的貝氏公式運用以後，你或許還可以繼續認爲它很低。不過，相當強烈猜疑某件事情（譬如說我們在時間上的位置），特別是需要解釋而不能草草了事的，只說「事情湊巧如此」，其理由是一個相當可能爲眞的解釋湧上心頭；「即將毀滅」事實上相當可能。事實上，我們必須靠所謂「商人拇指原則」（Merchant's Thumb principle）的指引。什麼時候「發出的一副牌」除了運氣以外還需要別的解釋？它很可能需要解釋的時候，是當欺騙是輕而易舉的時候，是當這特殊的一副牌一定會爲發牌的人帶來大利潤的時候，是當發牌的人極端需要大利潤的時候等等。一副最初看上去沒有價值、不怎麼需要解釋的撲克牌，當你知道認識到賭注是一百萬美元，撲克牌有許多不同戲法，而在現在玩的這個戲法中這顯然是沒有價值的一副牌——發牌者發給自己的一手牌——是有力的一手牌時，可以被認爲是特殊的。再者，當一個拱門剛好在你通過它下面時倒塌，除了說它是「僅僅巧合」以外，顯然是需要一個解釋的。或許當你看到你的情敵躲藏在附近的灌木叢中。而當一個商人展示一件絲袍時，爲什麼在拇指處

有點「特別」，其實拇指必定在某處，可是這個商人的拇指被絲綢上的一個洞遮蔽了，他希望能賣出這件絲袍。

終究來說，可以解釋為什麼我們不應聳聳肩說我們必定生活在時間上的某一點，而有的人必定最早生出來的，正是這個商人拇指的原則。這個原則可以被裝扮成貝士定理，不過它卻是以一種特殊的方式輸入我們的大腦，使我們視它為「僅僅是常識而已」。當然，我們最後可能不大需要害怕人類不久便會滅絕。到了最後，最合理的結論可能是：我們正巧發現自己是在人類的時空範圍中相當早的時期。但是，卡特的論證卻必然使我們認為「即將毀滅」比想像中更為可能。如果我們不注意各種相當似眞的理論如何能夠說明我們經歷過的種種，那麼經驗絕不會教給我們任何事。

也許有人會抗議說，「像我們這麼早由過去、現在和未來所有人類想像的甕中出來，有什麼特殊？「早」能有什麼特殊之處？在最初十次抽籤中被抽出來，不會比由第七六七，四二一到七六七，四三〇次抽籤中被抽出來更特殊。」對於這個抗議的回答是，當你有某個可行的理論時，你的名字在最初十次抽籤中被抽出來可能是「特殊的」。譬如，如果在這個甕中只有大約一百個名字而非大約一百萬個名字，那麼在最初十次抽籤中被抽出來便特別是在意料之中，或者至少不是很不可能。當然這個想法沒有什麼太奇怪和困難。

一B、甕的比擬不恰當。沒有一個神祇決定我們的生辰八字，一秒接一秒把我們的靈魂由一個甕中抽出來，再把它們放入人體。

這則異議似乎是有瑕疵的。甕的比擬對於許多統計學上的計算而言是中肯的。譬如，(一)、吉姆和邁克同樣的經常在同一城市開車。吉姆出了二十次車禍，邁克一次車禍也沒有出。他們是同樣好的駕駛嗎？試想一個裝著兩個球的甕，一個球上寫著「吉姆」，另一個球上寫著「邁克」。球一次又一次被抽出來。每抽一次以後，又把抽出的球放入甕中，而後搖這個甕。會有可能每一次抽出來的都是「吉姆」球嗎？(二)、當你在一個小島上漫步的時候，你被一枝箭射中。這是厄運嗎？或者這枝箭是瞄準你的？如果所牽涉到的只是運氣，那這就會好像是(大致近似)這個島上每平方公尺的座標參考線寫在一個甕中的許多小紙條上，你的名字只是寫在其中一張小紙條上。

任何甕的比擬如何能用在末日論證上？再看一看前述健忘的你，嘗試說出你可能住在倫敦或在小泥坑時，你僅有人口數目爲指南。爲了把事情簡化，假設正如所有人類所做的觀察必須發生在公元二一五〇年那一無窮小短暫第一瞬間以前或以後一樣，所有的人類必須在小泥坑或在倫敦發現自己，而你知道這一點。你也知道這兩個地方的人口分別是五十人和一千萬人。這個情勢適當的模型，是在一個甕中有五十個標明是「小泥坑」的球和一千萬個標明是「倫敦」的球。但

是，如果相反地你知道你唯一可能在的地點不是有五十個人的小泥坑（一定存在），就是有一千萬人的倫敦（可能是虛構的）又如何？假設你對倫敦是否為眞實的顯然並不確定。卡特和我認爲，這個情形與知道公元二一五〇年以前有人類，而不能確定這個以後有沒有人類的情形，有趣的相似。現在比較你的情形與手邊有一個甕的人的情形。譬如，他認爲這個甕中包含一千萬個「倫敦」球的或然率是百分之六十三，另外還有他知道一定包含有的五十個標明「小泥坑」的球。如果接下來你發現你是在小泥坑，那麼你的反應應該是你在這個情形下抽出一個「小泥坑」球，使你有很好的理由認爲那些「倫敦」球是想像出來的、你有強有力的新理由認爲倫敦是不眞實的。

一C、由於我們得不到「事前機率」，我們沒有什麼可以放進一個貝氏計算式中。

如果唯一可以用的「事前機率」是那些已知以某種奇怪方式與事實對應的或然率，則這個反對意見可能是強有力的。假如你曾看著一百個甕被裝入名條，你因而確知你的名字是在每一個甕中。而且在兩個情形下，甕中只有另外九個名字，在其他情形下，甕中另有九百九十九個名字。假如這些甕外表完全一樣，而當你轉過身去以後，有人把它們弄混。那麼你可以振振有詞地說你完全堅決地知道，在由一個甕中抽出一個名字而發現它是你的名字以前，那個甕包含一千個名字的或然率是百分之九十八。但是如果你缺乏這個知識又如何？如果相反地，你只看到裝兩個甕，

一個甕除了你的名字外只有九個名字，而另一個除了你的名字外另有九百九十九個名字，而且只有一點自信（你以為你記得但不確知）說這兩個甕中，左邊的一個包含的名字較多，又如何？當你被迫說明你的信心程度時，你會說是百分之九十八。而後你由這個甕中抽出單一的一個名字，而那是你的名字。你以「百分之九十八的自信」而非由「已知或然率為百分之九十八」為起點，會有什麼不同的結果？

有人會回答說：沒有什麼不同。他們會說，在這兩個情形中，都可以用完全一樣的方式應用貝士定理。但是，我們在此不要爭論他們會不會是對的。相反地，我們只說在這兩個情形之間沒有重大的差異。在第二個情形，如同第一個情形一樣，發現你的名字是最早由甕中抽出的名字，應該大為減少你對甕中包含有一千個名字的信心。

的確，在估計「即將毀滅」與「延遲毀滅」這兩個設想狀況的或然率，以及與這兩個設想情況有關的大約人口數目時，我們大半是在猜測。不過，若說我們沒有有趣的理由做此番猜測，或我們沒有藉口根據我們的猜測採取實際的行動是完全不正確的。如果一個人猜測人類歷史在接下來一百五十年中結束的機會只是百分之○．○○○○○○○○○○○○○○○○○○○○○一又如何？我不會說他一定不對。但是，我能不能相當合理地說他似乎太過於樂觀，太不負責任地對我們所面臨的危險不發愁？我在考慮卡特的論證以前，不能說「即將毀滅」的機會在我看來是百分之五，而不會被當成是白癡嗎？如果是這樣，那究竟是為了什麼我應該拒

絕將百分之五的這個數字放進貝氏的計算式中？

我不是說貝氏計算十分明顯的在此處適用。我們稍後再看懷疑它適用性的理由（根據世界可能的非決定論）。但是，似乎相當明顯的是，單是百分之五這個數目是「猜的」而非「已知的」這個事實，是拒絕把它放進任何計算式的一個相當薄弱理由。首先，猜測的與已知的或然率，其整體差別本身便非常不清楚。

當你設法估計今後會有多少人類出世時，即使是各種數目或數目範圍（如「三千億，加減五百億」粗估的數字，也是不容易得到的。我們用了許多猜測的辦法才得到這些大致的數字。但是它們不是憑空之談，不顧任何實際的證據。許多相當明智的人，認爲他們有與卡特論證搭不上邊的好證據，說人類不久即將滅絕的機會至少是百分之五，因爲譬如說，它現在呼吸的空氣嚴重受到污染或者因爲可能會發生細菌戰。我也知道有些人有相當不錯的理由預期如果人類存活到以後幾世紀，則它會在銀河中殖民。這是他們急切努力確保人類能存活到以後幾世紀的理由——如果「即將毀滅」的風險很低，他們便會視這樣的努力爲不必要的。

看起來，不爲臭氧層變薄這樣事情所困擾的政客，自信地猜測人類會沒有困難地存活下去。我們不可只由他們這樣的人去猜。

一D、選出的參考種類不對。這個種類不應當只是人類的觀察者，而應當是所有有意識或智慧型的生物體。

我的回答是，在預言人類的存活時，任何甕中唯一明顯適切的名字應該都是人的名字，我們有權不管任何其他的生物體。果眞如此，我們便不需要考慮到翼手龍、聰明的大象或火星人。(後面的章節還會討論這一點。)

◎第二組

這些異議，是關於你和我可以確知我們目前存在的這個事實，不論將來會發生什麼樣的事。

二A、遙遠的未來不能殺死我們。這是一個明顯的眞實。

不幸的是(因爲如果能知道末日論證行不通，這將會使我們大大地感到釋然)，這個眞實如要逐漸損毀卡特/萊斯理的立場，只有荒謬地假設今日對於未來事件的證據必須是由那些事件所引起的證據。這就好像是你在看見雪崩向你的村落崩塌下來時，說只有所談的這場災禍是由這個崩塌所引起，這才是一次即將來臨的災禍的證據。

一個類似的異議是說：「整個人類的命運怎麼會寄託在我這個小人物和我在時間的位置上？」你大可抗議說：「這場雪崩所造成的大破壞怎麼能寄託在我這個小人物和我的位置上？」卡特和萊斯理由他們在時間上的位置所得到的結論也許是錯誤的，可是至少他們瞭解「『毀滅』不會在公元二一五〇年以後不久襲擊人類，只爲了確保在卡特與萊斯理以後不會有太多的活人，使他們看來不會是異常地早」。除了臭氧層的毀壞、對細菌戰的研究、強大的岩石由外太空掉落等所構成的作用過程以外，沒有新的「末日論證機制」威脅人類。末日論證只是一種主張根據我們在時間上觀察到的位置去重估與那些機制有關的風險的論證。觀察可以說明未來的種種災禍，卻未必是它可能的原因。時鐘指針的移動可能只表示一顆炸彈即將爆炸，而不是觸發這個過程的零件。

然而也要記住，在卡特和萊斯理以後太多的人類快速繁衍，可能災禍性地污染其環境。人口成長也可納入我們的推論法中，且帶有雙重的意義。它一方面影響到我們時間上的位置是否相當普通，一方面也可能是下面幾個世紀災難的原因。人類在從前許多次的人口增加中存活下來這個事實，不能使我們對我們自己行星污染的新情勢有什麼信心。我們可能有趣的像接到幸福連鎖信件的人。每一個人把這封信抄許多次傳給別人，直到不能再傳爲止。而後它逐漸消滅。假設每一代新的收信人數比前一代多三倍。我得到這封信。我可能會在哪兒？看起來似乎是在最後的一代，因爲在最後一代的人比在所有以前各代的人加起來都多。可是我看到這封信，此事並非造成它逐漸消滅的原因；它只是有助於顯示它或許在逐漸消滅。但是這封信從前的迅速傳播可能是一個徵兆也可以是一個原因。

二B、我們可以在空間中移動卻不能在時間中移動，因而不能視時間的位置與空間的位置類似。

所以，倫敦與小泥坑情形的比較不管用。

對於這個異議，我第一個答覆是我們在空間中移動的能力受到嚴格的限制。譬如，在我們一生中，我們不能移動到只有較光速爲快的旅行才能將我們帶到的遙遠地方。可是，當然我們可以把「人因論」推論法應用到這些區域，譬如我們可以稱之爲「區域一」和「區域二」的區域。當然，我們可以說如果「區域一」或「區域二」每出現一個觀察者，則我們自己的區域便有幾百萬觀察者，那麼除了這個事實以外便沒有什麼指引他們可期望在我們的區域而非「區域一」或「區域二」中找到自己。

我第二個答覆是：不論一個人能如何自由的在空間移動，他都不能選擇他自己的出生地。但是這不妨礙關於一個人自己出生地的或然率推論法。譬如，關於它是倫敦還是小泥坑。類似的，沒有人能選擇他出生時間的這個事實，也不能妨礙類似的推論法。你忘了你的生日，你可能是在七月四日出世的嗎？乍看上去，不大可能。

假設你發現你的生日是八月十九號。請注意，聲稱或然率的論證絕不應該應用到這個方面會是多麼古怪，因爲任何在其他某一天出世的人，不會正好是你。

二C、現在討論卡特論證的人們，其發現自己是活在今天而非未來幾千年，是沒有什麼重要的。

但是重大的事常源自於細微末節的小事。由於遙遠未來的人沒有一個活在今天，我們不是他們，不是一點也不出人意料之外嗎？除非一組人中所有的份子目前都存在，我們便不能是它公平的抽樣。我們的計算應該假設：「在抽樣以後」所發生的事情是無關緊要的。末日論證因而只能證明世界末日尚未到來。

我的答覆是：卡特並不想由像單身男人沒有妻子或現在的活人必然都能發現今天活著這樣無關緊要的事實中汲取知識。他也不否認未來世代的人尚不能在任何地方找到自己。卡特的計算所使用的，是我們對於「今日何在」的認識，也就是大致在二十世紀末葉，也是用與後世人口比較的方法，得到我們對於這個時期看來有多少人口的認識。如果人類還會存活很久，後世人口大致是可以預料的。

對於我們除了大致在二十世紀末葉以外不會在較早或較晚任何地方（因爲大致二十世紀末葉是現在）的異議，其實並未深入瞭解卡特的論點。他不懷疑「大約二十世紀末葉」是現在。他所問的是，在互相競爭的設想情況背景之下——（一）、由於臭氧層的毀壞，人類在二十二世紀毀滅；（二）、人類的毀滅延遲到公元五〇〇、〇〇〇年或更晚——一個人發現他在一個大約二十世紀末葉是「現在」的時期，可能性有多大？這個問題的答案，直截了當地要視在那些互相競爭的設想情況下，人類如何在時間上分佈而定，很像一個人在某個小村落而非一個大城市出世可能性的問題。卡特回答這個問題時，不需要幻想嬰兒實際上最初在天堂出世，而後在時間機器中旅行到其地球上的出生日期。這些機器到達人類人數較多的時代的機會比較多。

類似的，卡特不必想像想要進入人體的靈魂和其偶爾的好運道，以及反映有多少人體是「現有的」而不是在過去或未來的的成功率。當有人問「他們目前是否存在」時，永遠不會得到「不」的答案。可是這個事實並不證明所有的人類應該自視為人類在時間分佈上的完全偏頗的抽樣，亦即不能說明什麼重要性的抽樣。它所證明的只是，的確存在於某一個日期的人，不能正確的判斷他們相反地存在於某一個另外的日期。如果這個世界的命運，是自有生民以來大多數的人活在公元二〇〇〇年，那麼在公元二〇〇〇年發現你自己可以說明這個事實，就不會「只是百分之一百偏頗地發現你自己所在的地方。（請注意：身為一個生存在公元二〇〇〇年的人，你自己也是人類時間分佈的一個抽樣。這個情形不是好像你先存在於那個日期而後想給這個分佈抽樣。那樣便很可能不成功，因為你想選為抽樣的人還沒有生下來，或者已不活在世間。）

所謂「當人類終結時，至少某些人當然曾經存在於約二十世紀之末」的異議，也是沒抓住要點。卡特詢問「一個」人在那個時間前後找到他自己的可能性有多大時，並非問至少一個人佔領這個位置的可能性有多大。當你問一個懂拉丁文的人也懂希臘文的可能性是多大時，你不僅僅是迫切想知道是否有任何人這兩種語文都懂。

誠然，不論我們有什麼關於以後有多少人存在的理論，我們都一樣可以確知我們是生活在二十世紀末葉。但是這能證明什麼？在邏輯上與兩個理論都相容的說法，仍然是可能較支持其中一個而非另一個。假設你擲一枚硬幣，連續擲出一千個正面花紋。雖然在邏輯上這與該枚硬幣是一個普通的硬幣相合，可是你擲出的結果可以加強它兩面都是正面花紋的理論，不是嗎？

試想一個批評家提出如下的主張：「想像兩張名單：一張名單讓我們稱之爲『即將毀滅』的名單。它上面有二十三個名字。另一張名單讓我們稱之爲『延遲毀滅』的名單，上面有許許多多的名字。假設這兩張名單上前面的二十個名字都是相同的，你拿一張名單從頭讀起，讀出二十個名字。如果我的名字在裡面又怎麼樣？我還是不知道我的名字是出自哪一張名單。因此末日論證不管用。」好吧，這是一個很奇怪的說法，就好像說：「想像兩張名單。其中一張的結果，是擲一個兩面都是正面花紋的硬幣二十次或二十次以上。另一張，是擲一個普通硬幣二十次或二十次以上的結果，不過它正好最初二十次落下來都是正面在上面。拿一張名單，從頭讀起讀二十個項目。不論你是唸的哪一張名單，二十個都是正面花紋。因此，擲一枚硬幣而得到二十個正面花紋的結果，絕不表示因爲它兩面都是正面花紋，未來它都會以正面花紋在上落地。」

卡特不否認如果你的名字是在一張名單最前面的二十個之中，那麼不論這張名單是否後面還有許多名字，它都會在前面二十個之中。他也不否認，如果大多數其他的人的名字都不在一張名單上，在這張名單上找到你的名字是令人吃驚的。不過，他的確注意到，如果在一張名單上有所有曾經出生爲人的人的名字，那麼，乍看之下，你無法期望你的名字很靠近開始的地方。可是這位批評的人卻叫我們認爲如果他自己的名字出現在類似的地方，絕非特別不可能。因爲，他認爲在他故事中的兩個名單之間，藉骰子之助做一選擇時，只有當骰子以一種極不可能的方式落下時，那個較長的名單（那個將他的名字列得異常近於頂端的名單），才會被選出來嗎？根本不是。或許他未充份意識到這兩個名單爲放置於一個甕中，甕被徹底地搖動過，以保證這兩張名單被選出來讀的可能性完全是一樣的！否則，當然他會知道讀的是那一張名單。

卡特說由於我們活在二十世紀之末，我們便不會發現自己活在較晚的時期，這點絕不是辯駁。同樣地，指出不論我們關於人類將存活多久的理論是什麼，我們出現在近二十世紀末葉只不過是一個事實，我們也都應對此有把握，也不是辯駁。

貝士定理鼓勵大家在考慮到特殊證據的時候，改變他們對各種或然率的估計。如果一輛紅色的汽車進入你的視野，這條定理便鼓勵對於百分之十所有汽車都是紅色理論的信心，而非百分之〇．〇一是紅色汽車的理論。假如你說你知道你是在看一輛紅色的汽車，即使你原來認爲所有的汽車都是藍色的，你也同樣確知你是在看一輛紅色的汽車，而因此這特殊的一輛車不能給百分之十的汽車是紅色的理論增加份量，那麼你便錯了。對於意見這麼奇怪的人，經驗不會帶給他什麼教訓。你在援引貝士定理的時候，事實上可能會談到「如果所有汽車中，百分之十是紅色的，則一輛車是紅色的可能性」。這可能是含糊的，但是，它意在指出如果所有的汽車中百分之十是紅

色的，則一輛汽車被製成紅色的可能性，而非事實上被製成紅色的車（你親眼看到）眞正是紅色的可能性（百分之一百）。

類似的觀點可以應用到以下的情形中：（一）、如果假設人類只會存活到公元二一五〇年；（二）、如果假設它將再存活幾十萬年，或許在銀河系殖民，則一個人大約會在人類整個時間長流中的那一點？一個荒謬的說法是：「我確知我大約生存在二十世紀末葉左右，那是因爲我存在於這個時間，不是更晚的時間。我知道人類一直到現在平安無事，但是我對未來的日期沒有把握，因此，我的存在不晚於二十世紀末世一點都不出人意外。」當卡特說如果人類還會再存活許多個千年，則活在近二十世紀末葉會是十分驚人之早期，他沒有一刻時間懷疑他是存在於二十世紀之末而且是在這個時候收集他的證據。相反地，他是在問他究竟可望在人類人口歷史上的哪一點找到他自己。

如果我們允許自己受到「現在討論任何事情的任何人必須確實生活在現在」之事實的影響（而非因其祖先尚未出世而未活著的人，或者因爲已死了好幾百年不再活著的人），那麼，我們絕不可將「人因論」用到我們在時間上的位置。費米的論證是說：在一個將有無數該類物種的宇宙中，我們不大可能是最早的智慧型物種的成員。我們看不出費氏這番話有什麼說服力。這樣的論證立刻遭到推翻，因爲如果一個人的確在最初這類物種之中，那麼別人尚不存在。但是這個當然絕對不足以摧毀費米的論點。我們同樣可以拒絕將人因論的原則應用到我們在空間的位置，因爲像我們這樣在這兒討論的人，的確必須在此地而非別的地方。

不過，仍有兩個相關重點必須考慮：

一、「舊證據」的異議。有一個困難是大家往往太過受到他們所謂「舊證據的問題」之影響。譬如，有人認爲如果你久已知道你住在小泥坑，那麼你不能用這個事實去支持任何理論，如倫敦是一個虛構的理論。可是這個想法不是很奇怪嗎？（「親愛的牛頓先生：由一個蘋果落地去得出新物理學竟是什麼樣的謬論？當然你老早就知道蘋果是會落地的。」）想一想狄克反駁狄瑞克的論證。狄克認爲任何往後很久的時代只會有少數的觀察者，而這個有助於說明狄瑞克的理論是不必要的。抗議說「狄克先生，你活在許多賦予生命的恆星仍在閃耀的時候是完全微不足道的事。你一直知道這點！」其實是大錯特錯的。他是否早就知道和他在時間上的位置是完全不相干的。重要的是，當他思考狄瑞克理論的時候，他以前是否曾注意到這項證據。如果你尚未注意到一個舊的證據，那麼它和新的證據是同樣有效。

想像一個人早已知道他已贏得一項樂透獎，但是他方才對自己說：即使一次樂透獎參加抽獎的人有一兆個，總有人會贏。在得知貝士定理以後，他容易下結論說他贏得樂透獎確實產生某些理由懷疑只有少數參與者。當然，他對贏獎這個事實長期的忽略，現在不能用作者的理由。當然，他對贏獎這個事實長期地忽略，現在不能用作繼續忽略它的一

個好藉口。導入貝氏計算法的「事前機率」，它的定義不是早於最近才做的觀察之或然率。

在記住這一點以後，假想一個女孩子是在一個沒有窗戶的房間中被養育成人，完全不知道這個房間的時空位置。現在，有人用中性和「沒有動詞時態」的語言（既非歷史家的語言，也非時事評論家的語言）告訴她二十世紀晚期對於人類的各種威脅。她在仔細考慮到任何能設法在這些威脅之下存活下來而且開始殖民其銀河系的種族，今後很可能有漫長和人煙稠密的發展以後，估計雖然在二十世紀後期所有生長在這個時期的人類有百分之十尚未死亡，那麼她活在二十世紀晚期的機率是極小的。核子彈、環境毒素和其他二十世紀的危害不會使她留下深刻印象。但是她接下來聽到她是住在二十世紀後期的地球上。她不是有理由說：「這只不過表示人類只有一個極少的百分比會活在比我晚的時代嗎？」她不是會很有理由修正她之前對於炸彈和環境毒素之安全性的信心嗎？可是如果她能有這些理由，我們爲什麼不能？

可不可能在沒有窗戶的房間中長大以避免我們長久知道這些位置的情況下，還能考慮我們在時間上的位置？或不必將自己的腦袋打成健忘症，以便重新發現這些位置？

二、時間「B理論」的不適切。我可以說上面我所說的一切，不必涉及到所謂「B理論」的時間觀——「B理論」的時間觀是說時間的現在性與空間上的此處性一樣是相對的，因而在嘗試想像整個宇宙時，我們應當附和愛因斯坦，想像一個四度空間的存在，而非迄今通用的三度空間存在的演化（這是他在《相對性，特殊與一般理論》（*Relativity, the Special and the General Theory*）第十五版附錄五中所表示的論點）。和許多其他的哲學家一樣，我也和愛因斯坦一樣喜歡B理論。可是如果必須拒斥它怎麼辦？下面的反對意見（要注意這種異議與根據世界假定是非決定論的異議是完全不同的）仍然乏力。這個反對意見是說未來的任何人類尚未有機會考慮他們在時間上的位置，他們現在不能考慮，而你與我在仔細考慮我們現在的位置時，確乎是在現在考慮它，一分鐘也不早，一分鐘也不晚。當然，一個人不存在於與他實際上在空間或時間所在地不同的地方。可是剩下來的問題是：一個人究竟可不可能在那兒找到自己。

回想在本書「導論」中所講的翡翠的故事。由於知道在下一個世紀會比在上一個世紀有更多的人得到翡翠，也由於缺乏進一步的證據，任何想得到翡翠的人都希望活在下一個世紀。如果那個世紀尚在未來，那麼當然在下一個世紀的人尚未活在今天，這是一個眞實。但是當你這個想得到翡翠的人設法猜想它是不是還在未來時，這個眞實對你而言是無關緊要的。即使當你不知道下面一個世紀是否會包含最多的得到翡翠的人，而反過來自問該不該相信它時，它仍然是無關緊要的。不論你對愛因斯坦或B理論作何想法，都是如此。

二D、像我們這樣的人只能在現今被找到。我們的特徵迫使我們佔據這一個時代而非另一個時代。

我對這個異議的回答是：卡特／萊斯理論證並不關心這個異議可能談到的問題。這個問題是：「我們眞正生活在大約二十世紀末葉嗎？」我們或許可以用發現我們這個時代所特有的「基因印記」來答覆這個問題。很可能這樣的「基因印記」是存在的，而且不斷在改變，因而，在遙遠未來檢查由我墳墓抽出的DNA（去氧核糖核酸）時，任何知道近二十世紀末葉典型DNA模式的人，都能夠知道我是生活在那個時候。而且很可能不會有任何「可識辨爲我」的人生存在一個非常不同的時代。我說話的腔調、我心頭的偏見、我的知識與無知的範圍，都說明我不是一個十六世紀乃至十九世紀的人。

但是在得到末日論證時，卡特毫不懷疑他在時間上眞正的位置。他的選擇很對。他不問自己那個最特殊的問題：和他有完全一樣特徵的那個人（這些特徵很可能不但包括一個記得二十世紀父母的頭腦，而且包括在二十世紀很普遍，但在遙遠未來找不到的遺傳因子）過去曾在那兒；相反地，他問：身爲一個人類的觀察者，一個人有多麼可能發現自己是在二十世紀，並且因此而有在那兒所見的遺傳因子、記憶、語言習慣、知識與無知。

反對的人會說：「如果你擁有這樣的遺傳因子，那你怎麼會與由於生活在某個遙遠時代而有不同遺傳因子的人有同感？」如果這個反對者的論證成立，那麼它不但會摧毀末日論證，而且會摧毀所有「人因論」的推論法。譬如，它會推翻下面這個推論法：如果化學生命比等離子體演化更頻繁，那麼一個人大約會發現自己是根據化學，而非根據主宰一個恆星內部等離子體的各種力量。這個異議現在是說：「根據化學的觀察者不可能發現他們相反地是根據等離子體！」可是當然沒有任何這類的異議是有說服力的。

類似的，反對者會說一個屬於似鼠物種的外星人（經常發生人口爆炸和瓦解），如果它不是已經知道它在時間上的位置，便不能正確地自問：它是否會是在剛好在一次物種數目瓦解以前的大世代呢？或是在近於物種數目爆增開始時的微小世代呢？它不能如此自問，因爲它如果是存在於這個物種數目週期中別的地方，便不可能有它身上的那些遺傳因子。如果根本不知道那些遺傳因子是什麼，它可以用這一點而使得「我大概是在週期的哪一個階段？」這個問題顯得荒謬。可是這個問題事實上不荒謬，不是嗎？

再想一想費米所提爲什麼我們不見外星人跡象的問題。當然，在一個包含無數高科技文明的宇宙，我們的物種不大可能是第一個發明這種高科技文明的人。毫無異議地，如果我們的物種是眞正第一個發明高科技文明者，那麼有了我們現有的遺傳因子，我們便不可能是較晚的物種，或許是一個六條腿的物種。

如果你還是不信，那麼讓我們考慮「導論」中的翡翠故事的一個變異說法。有人設計出一個

穩固的計劃，分兩批養育人。第一批是三個同一性別的人。第二批是五千個另一性別的人。這個計劃規定在一個世紀中養育第一批人。另一個性別的五千個人在許多個世紀以後養育。想像你是這兩批人中的一個。你不知道這個計劃把你排在那些世紀，但是你知道你是一個女性。你很合理地下結論說大的那一批幾乎一定是女性。如果實驗中的每一個人都採取這個打賭的策略，說大的那一批和自己是同一性別，則這個策略只會造成三個失敗，但會造成五千個成功。當然你不能說：「如果我是在第一且較小的一批，那麼第二批的人還不會成爲觀察者。像我一般現在觀察事物的那個人，必須是在小的一批。因此，我沒有特殊的理由認爲相反地我來自大的一批。」這正與你不能說下面的話一樣。你不能說「我的遺傳因子是雌性，因而我必須說自己是雌性，不論雌性的那一批是大是小。因而我沒有特殊的理由相信它是大的一批。」

更簡單地說，假設你是一個女人而你也喜歡當個女人。你生爲女人是有不可思議的好運道嗎？當然，合理的回答是：「不是，因爲大約全部人類的一半是女性。一個人很有理由期望自己是女人。」如果有人而後抗議說你如果是男人你便不可能是你，那會被認爲是古怪的。

以上這些都不否認完全的你，是由於非常複雜的因果程序，在你的基因遺傳與你周遭的世界之間，有許多關聯。在一個完全決定論的世界觀中，每一件事都必須完全那樣發生，因而在某種意義上來說，絕對沒有什麼眞正是碰運氣，連牽涉到向上拋硬幣或放射性衰退的事也不例外。而我們在上面所說的，與這個世界觀一點也不衝突。爲了當前的目的，我根本不在乎在此非常時刻

對於世界最特殊的描寫，是否會讓一個非常聰明的魔鬼知道我在時間上的位置，以及我曾經想到或聽到或看到的每一件事情。因爲要記住，使它爲眞的特殊因果程序（譬如在一個特殊時刻釣到的一條特殊的魚正好這麼或那麼長，或一枚特殊的硬幣將以正面落地），是與一般對世界的瞭解相容的，這種瞭解使我們說你方才釣到的魚正好三三．八四公分長，或你將向上拋九十次的那枚硬幣將永遠正面而非反面落地，是很不可能的。不論世界是不是充份決定論的，或然率的推論法一定不能被抹滅。如果我眞的必須去體驗我所經歷到的每一件事該怎麼辦？雖然如此，我仍然可以將或然率應用到我的經驗上去。

在離開這一般的方面以前，先考慮一個某人確實提出的異議——末日論證有下面致命的缺點。你與我不能被視爲由整個人類時間的分佈上隨便被抽出來，因爲我們有瞭解這個論證所需要的複雜數學能力。這種能力，可能是住在山洞的原始人所不具備的。對於這個異議，我有三個回答的方式。（一）、第一個方式是再度堅持對我們的目的來說，正確的問題可能是「一個人類觀察者發現自己是住在下述這個時代的或然率爲何：在這個時代中，遺傳因子、智慧、語言的使用、複雜的數學能力等是你和我發現我們自己所擁有的雜技？」末日論證的「參考種類」，事實上可能是「人類觀察者」，而非「能夠通過或然率微積分考試的人類觀察者」。如果大多數的「人因論」論證只能應用到數學家頭上，那它們會是多麼無趣呀！（二）、第二個方式是重申你不需要複雜的數學能力去瞭解這個論證的重點。不大懂得數學的人，也有可能瞭解：應該對於那些將

他們放在人類歷程非常早期的理論，要抱持懷疑的態度。（三）、末日論證堅持，即使像你與我這些出生在山頂洞人以後這麼晚期的人，在繼續了幾千年的人類歷程中，也是異常早出生的。但是，如果可以不去管山頂洞人，而適宜的人口時鐘在人類具有複雜數學能力以後才開始滴答作響，也是有助於這個論證而非妨礙它。因爲，如果人類在二十世紀以後還存活幾千年，你與我的確是很早的。不但是山頂洞人，許許多多後來的人，也不能減少其生活於早期的程度。他們是活在時鐘開始滴答以前。

◎第三組

這一組的異議是關於生存在一個多數人類中的機會比較多的觀念。

三A、我們人類就其時間整體來說，時間愈長，生而爲人的機會也愈多。這點抵銷了早期出世的較大不可能性。

我認爲這個似乎是不對的。在許多一般樂透獎的情形中，無疑你有一張獎券的事實，已足以說明賣出的獎券已很多或者丟給熱切期盼的群眾的獎券已很多。假設由於一位友人替你買了一張獎券，你是經由知道自己中獎，才知道有這次樂透獎抽獎。你的中獎可以使你有理由猜測那個樂透獎甕中只有少數幾個名字，但是你也應該記住一次大規模大肆宣傳的樂透獎更可能吸引了你朋友的注意。然而，要思考不論這位朋友是否為你買這張獎券，你都得先存在。另一方面，在我們宇宙論的情況下，我們不能說不論我們有沒有生下來的運氣，我們已經以一個不變的數目存在。視我們自己一度為非物質的靈魂是不對的，這些靈魂懷抱具有形體的希望，形體被創造出來的數目每增加一次，希望也隨之成長。再者，我們不可想像我們甘冒發現自己是無意識的一團原子的風險，每多一個人存在，這個風險便減少一點。如果只有十個人曾經出世和將會出世，他們之中有人會奇怪自己是在這十個人中嗎？一點也不會。在所有可能的人中，只有那些被生下來的人才會發現自己是什麼。

因而，即使在一種奇怪的意義上，人類如果可以存活很久，會按照那個事實提供更多出世的機會，可是與一位考慮末日論證的二十世紀的人唯一有關的事，是如果一個人事實上已生而為人，其存在於二十世紀的或然率。一個人看到自己生存在二十世紀的可能性，只會因「額外生存機會」（也就是在以後存在的機會）而減少，而非增加。在掙扎著要想接受你在人類歷史上異常早這個想法的時候，有人告訴你大家在這個情形下發現自己生存在日後的機會很多，對你並沒有什麼助益。

要說一個人活在公元二一五〇年以前（如果人類在公元二一四九年滅絕）的機會，絕不會因人類繼續存活一百萬年而減少，那不簡直就是愚蠢嗎？

馬洛奇尼克（L. S. Marochnik）有一個想法是說在離銀河中心某個距離的地方，有一個高壓波狀物以近於恆星的速度沿軌道運行，我們的太陽是在這個距離，因而太陽系的物質必曾經過異常長時期的壓縮。他認爲這種壓縮對於行星的形成是必要或近於必要的。他如果是對的又如何？就是在他所說的這個距離發生了異常長時期的壓縮。我們確乎發現自己是在這特殊距離的一個行星上，這個事實當然應被視爲支持他所謂壓縮與行星形成的理論。另有一種論證是：如果銀河各處都可以輕易地形成行星（因而數目也較大），那麼與假設行星幾乎被限制於一個狹窄帶相較，我們在這個銀河出世的機會便大得多。這個機會愈大，愈能夠彌補生在這個狹窄帶以內而非銀河系別處的較少機會；因此馬洛奇尼克不能由我們發現自己正在他的理論所建議的地方這件事得到支持！很少人會用這個理論。可是，一旦所談的是在時間上的位置而非在空間上的位置，許多人便會提出一個非常類似的理論。

實際上，這些人主張不論人類還會存活多久，發現自己活在大約二十世紀之末都是非常不可能的，原因有二：（一）、因爲一個人在一個長久存活的人類中是異常早的；（二）、因爲一個人是在一個短暫存活的人類中，錯過一個長久存活人類會提供的許多額外生存機會（生存在較後時代的機會）。但是他們這個認爲我們時間位置奇怪的論證，其本身便是奇怪的。對於它的一個簡短答覆是：如果人類是短暫存活的，那麼事實上便不會有機會讓一個人生存在一個較晚的時代，一個較早時代的人類會錯過的時代。

想像你絕對沒有任何觀察結果告訴你，你的大約時間位置以及當人類的歷史終結時大約一共有過多少人。假設你現在考慮兩個可能性：五兆人，或只有五千億人。你會說較大的這個數目比較可能，只因爲它代表「更多有生命的機會」？你會對更大的數目作類似的反應，一直到無限大，下結論說本來無限多的人類是絕對可以確定的？

假設你的宗教使你認爲這個數目是由只向上拋一次神聖硬幣所決定：正面花紋向上是五兆人，反面花紋向上是五千億人。你會說硬幣落下來正面花紋在上更加可能得多？如果你的信仰接下來變成說正面花紋表示無限多的人，而反面花紋仍然代表五千億人，你會以爲這個硬幣以正面花紋在上落下來有絕對的把握嗎？可能不會。

請注意，介紹時間的位置對於我們現在所談論的觀點並沒有眞正重要的關係。這個觀點簡單的說法如下。假設所有的人都必須存在於同一個時間。假設你不知道除了你自己以外是否還有其他的人。你只知道上帝決定只把祂的硬幣向上拋一次，而且如果它正面向上落地，那麼祂便創造了九千萬人，而如果這個硬幣反面向上落地，那麼他只創造了一個人。你因而會認爲這個上帝的硬幣正面向上落地的可能性是九千萬對一嗎？

稍微變化一下。假設硬幣拋上去以正面花紋在上落地會出現九千萬人，其中一人名爲「黑博士」，而以反面花紋在上落地只會出現一個人，名爲「綠博士」。你忘了自己的姓名，但知道你是由這次拋硬幣所創造出來的，那你會認爲賭你自己是黑博士與賭你自己是綠博士有同樣賭贏的機會嗎？

這個聽起來大錯特錯。當然你是應該告訴自己說：上帝的硬幣有一半機會反面花紋在上落地，使你成為綠博士，而即使它以正面在上落地，你成為黑博士的機會仍然是低到九千萬分之一。因而，賭你是綠博士聰明得多。

在這樣的情形之下，我們一定不能單憑直覺（直覺危險的富有吸引力，因為在許多情形下它讓我們走上對的一條路）說要估計或然率，我們應該問當一個實驗重複無數次進行時，賭什麼會使贏的機會最大。如果上帝把祂的硬幣向上拋許多兆次，那麼幾乎可以確定的是創造出來的人類中，九千萬個人裡面將會只有一個是因反面花紋向上落地創造出來的。相對的，任何在拋硬幣的時候創造出來的人，應該很有信心的賭他是由硬幣以正面花紋在上落地時創造出來的。但是如果硬幣只能向上拋一次，那麼賭硬幣以正面花紋在上落地，說上帝創造九千萬人而非一個人就不是好理由了。

會有人反對說我在此設法得出的教訓，與由倫敦和小泥坑的情形得出的教訓正好相反嗎？在那個情形下，我不是說因為倫敦較大，你會有特殊的理由相信你是在倫敦嗎？我的確這麼說過，不過這也沒有什麼前後矛盾的地方。想像一個患健忘症的人知道倫敦和小泥坑都存在，也就是好像知道上帝拋了一次硬幣創造了倫敦，而後又拋了一次創造了小泥坑。這位患健忘症者知道他是在這兩個地方其中的一個，但不知道是哪一個。如果他沒有其他相關的證據，他應該選擇認為他是在倫敦，因爲倫敦較大。但是如果不知道倫敦是否存在，他發現自己是在小泥坑又如何？這個發現應該會加深他對倫敦是虛構的猜測，因爲如果倫敦是眞實的，那麼他會預期自己是在倫敦，倫敦較大。

如果他說他寧可相信倫敦眞的存在，「因爲這樣我便會置身一群較大的觀察者之中，這些人包括小泥坑加上倫敦的居民」，他便相當荒謬。我們必須明智地解釋「你應該選擇認爲你自己是在一個包含較多人的時空區域之中」這個口號。（設法淡化你發現自己是在公元二一五〇年以前之際，不要說你住在「人類整個時間範疇中」都居住的那個區域，而由於公元二一五〇年以後龐大的人數，那個區域很可能人煙稠密！）

三B、佔多數的人類使觀察者有更多的機會是一個人，而非一個居住在仙女座（Andromeda）的五眼生物。

這個異議也不能成立。要知道它爲什麼不能成立，第一步先想像有一個甕中有十個標示爲「仙女座居民」的球和十個標示爲「公元二一五〇年前的人類」的球。由這個甕中只要抽出一個球。這個球可以現在抽，否則在把另外一千個「人類」的球加進甕中去以後再抽。這一千個球標示爲「公元二一五〇年以後出世的人」。那一千球加進去以後，不會大大地增加抽出的球爲「人類」而非「仙女座居民」的可能性嗎？它的確會。不過，這一千個加上去的「人類」會大大的減

少這一個特殊的球是標記爲「公元二一五〇年前的人類」的可能性。事實上，它們減少這個可能性的程度，正和如果它們是一千個「仙女座居民」一樣。

類似地，人類在滅絕時將會曾經包括許多在這個日期以後出世的人的這一事實，絕不會增加一個觀察者是活在公元二一五〇年前的人類的可能性，而很可能大大的予以減少。說它「在某一方面增加了，因爲這給觀察者更多的是人類而不是非人類的機會」，是一個大錯誤。顯然，如在「三A」中所指出，加上更多更多公元二一五〇年之後的人類，只能減少一個人類觀察者會在二一五〇年前出世爲人這一個階段的可能性。但是我們現在也可以瞭解它會減少一個觀察者身在那個階段的可能性，也就是說除非某種魔法般的原則表示觀察者的數目必須保持不變，因而增加一個人永遠必須由拋棄一個非人類來「補償」。

不過，我們必須承認如果，譬如說，有九十六兆兆的非人類觀察者，那麼加上幾千億二一五〇年後的人類，只會稍微減少一個觀察者是一個二一五〇年前的人類的可能性嗎？我們眞的必須承認。（那九十六兆兆「幾乎已成定局」，額外的幾千億幾乎沒有什麼影響。）可是這一妥協，再加上前面兩段所說關於一位觀察者可能的情形，很可能只被認爲意義不大。因爲我們所面對的事情，不是人類與仙女座居民或所有非人類種族加起來比較，是大還是小。如果這是爭論的所在，那麼非人類可以進入我們的計算。問題是作爲一個觀察者，一個人大約會在哪兒找到自己？（在人類之間？在仙女座居民之間？在火星人或黑猩猩之間？）

但是卡特問一個不同的問題：人類可能存活多久？他所感興趣的是諸如在二一五〇年以前的人與之後的人相比會多還是會少這一類的事情，撇開恐龍、海豚等生物不管，他專注的是如果一個人是一位人類觀察者，他活在二一五〇年以前的可能性爲何。

想像你問人類之中皮膚是棕色者的比例。由於你是一個瞎眼的孩子，你對這件事只有模糊的主觀臆斷。但是如果你接下來聽說你自己的皮膚是棕色的，那麼這個可能加強你認爲一百萬人中有不只一個棕色皮膚的人的信念。既然會受到你所聽到的影響，那麼你一開始就不須問有多少仙女座居民存在。

三C、設想若干眞實的人類種族證明卡特是錯誤的。這個反對意見是說，「假設有許多人類種族散佈在宇宙各處，其中包括我們自己的種族以及其他與我們相似到爲目前的目的可以算作人類的種族。假設有半數的種族歷史相當悠久並在銀河系殖民，他們由眾多觀察者構成，而其餘的歷史短暫。爲了把事情簡化起見，讓我們說所有的種族都在同一時刻產生，在二一五〇年以前也有同樣多的人口。這個設想情況能給我們正確的數學直覺嗎？想像我們知道它是對的。在這個情形之下，發現我們是活在二一五〇年以前，有何理由足以認爲我們的種族是歷史短暫的？」

我的回答是在這個特殊情形下我們沒有這樣的理由。你與我同樣活在二一五〇年前的人類，

其在一個歷史悠久的種族中處於早期的機會，與我們在一個歷史短暫種族中的機會完全是一樣的。因爲在所有二一五〇年前的人類中，正好有一半會是在歷史悠久的種族中。假設這些我們都知道，因而已經沒有什麼好討論的了。在這個特殊的情形之下，說「存在於一個歷史悠久之人類的更多機會」與「如果一個人是在歷史悠久的種族中，則發現自己是活在二一五〇年以前相對的較大可能性」之間有確切的平衡，是很有道理的。如果你缺乏自己在時間上的位置所有的證據，那麼你便會有很好的理由賭你是活在一個歷史悠久的種族中。絕大多數的人（絕大多數眞正的人類而非只是可能的人類）會是在歷史悠久的種族中，而你會知道這一點。用貝士的話來說，發現你自己在一個歷史悠久種族的事前機率是很高的。（這個情形與上面「三A」中所討論的很不一樣。在那個情形之下，發現你自己活著不能給你任何理由去猜測上帝的硬幣以正面花紋在上落地——因而創造了五兆的人，而非它反面花紋在上落地——因而只創造了五千億的人。因爲那個情形所關心的只是可能性，它是若非五兆即五千億的情形，而非全部五兆五千億都是確實存在的人。因爲要記住，上帝的硬幣只向上拋一次。）

然而，事實上我們當然不知道任何方才所形容的那種事情。再者，我們具有非常有力的理由去相信完全不同的事情。即使所謂有許多眞實人類種族的想法並沒有什麼可疑，可是說有一半的種族歷史悠久且在銀河系殖民的說法，卻難以與我們所熟悉的事實一致。因爲如果一半的種族是這樣，那麼一個人能夠期望自己是在時間上的什麼位置？答案是，在二一五〇年以後，因爲絕大

多數的人將在那兒。可是你和我很明白，我們不是在那兒。

如果我們猜得太過草率以致忽略了這一眾所周知的事實又如何？那麼我們對於在許多眞實人類種族中整整一半是歷史悠久的猜測便需要修正，不過如果我們在一開始的時候對它深具信心，它當然不需很大的修改便可倖存。任何與這樣一個過於草率的猜測有關的或然率估計（譬如，估計任何活在二一五〇年前的人有一半的機會是一個歷史悠久的人類種族），現在也都需要修正。

◎第四組

第四組且最重要的一組異議，是關於我們的世界很可能是非決定論的這個事實。我在此將很快地處理這些異議：關於更完整的討論，請參閱第六章。

四A、甕中物尚未底定。

這個異議比較具吸引力的說法如下。關於任何特定的甕中實際上有多少個名字這件事，永遠有一個穩固的事實，不論我們知不知道都一樣。但是或許是爲了量子物理的理由，這個世界可能是一個異常不可預測的世界，其間關於人類將存活多久，尚沒有任何妥切的類似事實。然而，末日論證若要通行，便的確需要這樣一個事實。（「甕中名字的數目不可能因任何尚未發生的事情而底定。」）

這條反對意見的第二個說法是，相反地，任何非決定論都會排除關於「究竟誰會在日後做觀察」的一切有用的事實。（「這個名字究竟是什麼，不可能被任何尚未發生的事情所確定。」）但是這個說法相當明顯是錯誤的。如果可以保證在我以後會有一兆兆的人類，那麼不管那一兆兆人的確切身份是否已經固定，我都會是一個異常早期的人。

不過，第一個說法眞正強而有力。可是它也只是削減了末日論證的力量而未能摧毀它。我所謂的「極端非決定論」的世界，是指一個如果它可以回復到它最初一模一樣狀態、便幾乎一定會有不同發展的世界。我並非質疑「混沌理論」的論點：兩個世界雖然都是完全決定論的，但如果它們一開始互相失之毫釐，後來的發展便會差之千里。

我們在此不談的一個理論是，只有當一個世界是非決定論的世界時，才是我們在其間可以努力而有成效的世界。爲了目前的目的，這個理論對與不對沒有什麼關係。不過我自己會說，今日以決定論方式操作的賽棋電腦，可以有效地擊敗人類的下棋高手。

相反地，爲了目前的目的，重要的一點卻是如下：如果我們的世界是非決定論的，關於人類還會存活多久極有可能沒有有用的事實。甕的比擬因而可能不大管用。它們也許並不會大大削弱說人類（或許是它與它在很漫長的時代中所繁衍的更高等智慧的生物，如果我們不能直截了當地稱這些生物爲「人類」）有一半的機會可以存活數兆殖民宇宙年份的理論。（狄森和佛勞茲奇二氏曾提出在一個無限擴張宇宙的情形下，應當愼重考慮這個可能性的理由。它會不會再存活幾兆年，可能幾乎完全要看下面幾個世紀會發生什麼樣的事，這是一個極端危險的時期）。或許這件事會只由一、兩個事件決定。或許這些事件會受到顯著量子不確定性的主宰。

即使如此，針對所謂人類很可能存活好幾十萬年並殖民銀河的理論來說，末日論證，還是會保持相當的力量。因爲對一個相信非決定論的人來說，「很可能」這樣的字眼表示甚至非決定論的因素也不大可能防止這一件事。如果假設在近二十世紀末葉的這麼一個日期，人類在數個時間會包括幾兆人的機率是百分之九十七（或九十八．五，或九十九．九），而其中將有幾百億人是到這個日期爲止已出世的，那麼，一個人類的觀察者基本上可能發現他自己到這個時候已出世了嗎？顯然不是。

再者，即使在一個非決定論的世界，如果這種非決定論被判斷爲不大可能對人類將存活多久有很大的影響力，卡特的理論還是有說服力的。同時請注意的一點是：影響這件事的最初非決定論因素，就在這一刻可能變成決定論或類決定論的——或許是由於人類不可挽回或幾乎不可挽回的決定。所有以後出世的人，都需要考慮到這一點。

四B、射擊室的異議。

這個異議是說，非決定論的不斷成長，會滋生不當的恐懼，如下面的故事所述：當你被推進

一個房間時，有人向你保證在進入這個房間的人中，至少有百分之九十的人會被一槍打死。嚇死人了！但是隨後你聽說，除非兩個骰子第一次擲便擲出一個雙六，你便會活著離開這個房間。這個情形如何能與至少百分之九十的人會被一槍打死這個保證相容呢？答案是一批一批被推進這個房間的人，每一批比前面一批大十倍，因而當擲出一個雙六時，「至少百分之九十會被一槍打死」的預測便將得到證實。如果你知道這點，也知道這兩個骰子如何落地完全是不可預測的，即使一個當骰子擲出時對這個情形完全明瞭的魔鬼也不能預先知道。那麼，你的驚惶不應消失嗎？

這個雖然聽上去有一點荒謬，可是我同意儘管被一槍打死將是大多數被推進這個房間的人的命運，在上面所描寫的情勢之下，你的驚惶還是應該消失。然而，形成末日論證背景的情勢，在兩個主要的方面是不一樣的。

首先，我們缺乏人類將在一個以完全隨機和非決定論方式所決定的結束時間的保證，更不要說那個骰子般的因素賦予它一個存活過每個新世代的已知、固定的或然率。我們事實上可以相當具有信心的說：如果人類平安無事地度過下面的四個世紀，那麼它將存活許多未來的世紀，但是它很可能在公元二一五〇年以前因爲（譬如說）它環境的毒害而滅絕。

第二個方面是：卡特／萊斯理的想法雖然對人口的增加有深刻的印象，卻絕不仰賴人類的數目（像被推進射擊室的人數一樣）擔保（或很可能）在像人類滅絕這樣的時間以前，以固定速度擴張的構想。要使這個構想正確，人類需要擔保（或非常可能）不久便結束。這個情形實際上使

末日論證成爲多餘。因爲如果人類相反地以目前的速度成長，那麼不到一千五百年它的質量便會超過地球的質量，而不久以後它便會以快於光速的速度擴張。但是，相反地，即使假設一直到滅絕以前，人口數目都會大致停留在二十世紀晚期的層次，末日論證還是可以造成十分令人不安的風險估計。

也許相反地這些數目會不可挽回地瓦解到將近零。這個可能性也足以令人不安。

不要太生動的想像遙遠未來（或許在迅速成長結束以後的一萬個世紀）的一幅情景：其間氣定神閒的人，回顧卡特和萊斯理，說我們是生活在一個異常時代的古怪人物。那個時代絕大多數的人尚未出世，而人口迅速成長，以致在那個時代以前出生和在那個時代出生的人中大約有百分之十還活著。因爲要記住，你和我不是那些舒適安全的人。你和我缺乏他們的知識。而在一個相當像他們世界的世界，人類觀察者可望發現自己和他們一樣晚期或者更晚——不在近二十世紀的末葉，周圍沒有環繞著災禍即將發生的跡象。

對於末日論證正常的反應是：人類人口歷史上的每一個點必然都有某人佔據。因而我們發現自己在沒有什麼令人不安的地方。有這樣反應的人，通常認爲它是顯然正確的。可是老天，不論我們的世界是不是異常不可預測的，此處都沒有什麼是明顯的。不錯，不論人類還會存活多久，存在於近二十世紀末葉的人當然會發現自己是活在近二十世紀末葉。但是發現你自己是在空間中的某一個位置，卻可能是一個暗示性的證據，來推翻使你特別不可能在那兒發現你自己的理論。

而發現你自己是在時間上的某一個位置也是一樣。

下一章將藉思想實驗之助以推衍這一論點。在這樣的實驗中，重複比較時間和空間的定位。

第6章　檢驗末日論證

一、本章再度思考第五章中所達成的各種論點，藉思想實驗之助加以思考。這些實驗的設計，旨在發現在空間的位置與時間的位置之間有無極為重要的差異。尤以在一個非決定論的宇宙中為然。

二、本章也思考末日論證的「參考種類」。譬如，遙遠未來的生物體，雖然和你與我很不一樣，也可以算是「人類」嗎？這個論證可以應用在所有的智慧型生物身上嗎（始於人類而終於進步的電腦）？思想實驗可能再度為我們解答。

末日論證：摘要與新解

本章和其他各章一樣，可以獨立成篇閱讀。一開始，先做扼要的摘要說明。末日論證最早乃由卡特所提出，繼由萊斯理支持和發表，再由高特（J. R. Gott）和尼爾森修改補述。它是說如果人類不久即將絕滅，那麼你和我在人類觀察者中間是相當普通的。由於最近的人口爆炸，到今天爲止已出世所有的人中，大約百分之十都活在此刻。如果相反地，人類將繼續存活更多個千年，或許還殖民全銀河系，則你和我便是異常早的人類，在最後看起來是極端接近由一個「人口時鐘」所測量出的時間之開端；每當一個新人出世時，這個時鐘的指針便向前移動一步的概念，加強我們猜測人類將不會存活很久的理由。不願意接受這一點的人，將刻意低估人類所面臨的環境破壞、細菌戰和其他威脅其長期存活的各種風險。

「末日論證」這個標題容易導致誤解，因爲它只不過是放大風險的估計。假如，在你思考這個論證之前，你判斷「即將毀滅」的整個風險（人類將因其危險行爲而在一段相當短時期中絕滅的或然率）是百分之十。可是當你思考這個論證時，它可能讓你將這一估計修正爲百分之八十。但是要注意這個新估計的百分之八十「即將毀滅」的風險，除了不是完全失望的藉口以外，更是

在「人類被認爲可能有的危險行爲方式」背景之下得出。現在，如果在你一開始所估計的百分之十的風險中，百分之五代表與環境破壞有關的風險又怎麼樣？在「整個風險」被重估爲百分之八十以後，因環境破壞而造成「即將毀滅的風險大概會被重估爲百分之四十（百分之四十是百分之八十的一半，正如百分之五是百分之十的一半。我們沒有什麼好的理由將比例由一半改爲其他比例）。但是，雖然我們不可能有任何行動去抵制某些其他種類的風險（譬如某個非常遙遠但非常狂暴的宇宙現象會突然向我們傾注其輻射線），可是當我們看到那個驚人的百分之四十的數字時，我們卻會被嚇得採取某種激烈的手段去減少環境的破壞。卡特／萊斯理的推論法很容易受到爲了減少風險所做努力的新證據所影響，因爲這樣的證據會使我們修改人類可能以危險方式行動的看法。任何設法停止環境破壞的人，卻使我們懷疑這個看法。

在清潔環境的努力成功以後的世代，思考末日論證的人，顯然有權考慮到這些努力。說人爲的努力永不能增加長期延遲這個絕滅的機率是愚蠢的。末日論證完全沒有談到這樣的事。這個論證只要人類繼續存活便會保持其某種程度的力量，但是它駭人的能力卻因爲考慮新的證據而一值在改變。

末日論證容易激起許多反對的意見。如在前一章中所解釋的，我至少接受其中之一。如果我們是生活在一個完全非決定論的世界，而尚沒有任何關於人類還會存活多久的「重要事實」，那麼這個論證便會相當程度地被削弱。當然，削弱的程度要看人類在非決定論中未來的成份而定。

但是不論它的弱點是什麼，這個論證卻有一個不會錯的中心點。它使我們有理由愈來愈不願意相信你和我將是前述人口時鐘所測量的非常早期。在本章中，我主要的目的是以各種思想實驗去支持這個堅決的說法。

目前人口數目的爆炸，是如何形成一個有趣的末日論證的基礎？一開始，請注意今日的情形在某些方面是異常新穎的。因而，人類以前由一個世紀到下一個世紀存活的能力，不足以讓我們知道它還會存活多久。卡特主張改變原先估計的機率。而即使是那些十分懷疑他的論證的人，雖然他們對機率的估計不容易更改，當他們對這些估計數字非常沒有把握時，也許不會那麼反對去修改它們。

一個不願意修改這些估計數字的共同原因是：人類可以說年復一年地面對幾乎一成不變的危險，而這些危險與人口的多寡無關。假設這個情形好像是：一個「宇宙的主宰」每年把若干個骰子抓在一起向上拋，計劃當所有的骰子都以六點在上面落下時，即終結人類（或許用一個巨大的小行星）。如果這是一個恰當的故事，如果故事中的骰子是完全非決定論的（這一點很重要，下面將再談到），那麼末日論證看起來便沒有什麼了不起。然而，我們實在不知道這個故事是否恰當。事實上我們有強烈的理由猜測這個故事不恰當。今日的人口爆炸除了其本身是新危險的泉源以外，乃是危險的科技進步的結果。末日論證有助於說服我們這一點。在面對新興而大致不可知的風險時，為什麼人們仍然相信無數的人將在我們以後生存？

要是人類將在下一個小時結束又如何？當然，我們應該非常不情願相信這一點。它初步估計的或然率是極端的低。末日論證只能讓它極端低，即使它使我們把它重新估計到大一千倍也一樣。因為像百分之〇．〇〇〇〇〇〇〇〇〇〇〇〇〇〇〇〇〇〇〇〇〇〇一這樣的數字，即使乘上一千，也不會得出很大的數字。可是如果它是對的怎麼辦？如前所述，那便是說當人類結束時，有史以來曾出生為人的人類，十個之中便有一個在那時還活著，因而你與我在已出生為人的人類中，地位也沒有什麼特殊。但是如果相反地，人類還會存活至少另外幾個世紀又如何？假設人口的數目在公元二〇五〇年維持在大約一百億左右。在可以說「大約一半的人生活在比你和我晚的時代以前」，要在未來多少個世紀以後？只在大約兩個世紀以後。如果銀河殖民隨後展開，人口再度像在近代那樣每五十年增加一倍，那麼到公元三千年時，你和我便是生活在所有人類至少百分之九十九．九九尚未出世的時候。

請注意卡特／萊斯理的推論法可以被視為加強該領域中兩個互相競爭的假設中的任一個。第一個假設是：人類不久便會結束。第二個假設是：銀河殖民是永遠行不通的，不論人類存活多久都一樣。（事實上，它可以同時加強這兩個假設。雖然它們互相競爭，可是它們的可能性卻都可以提高。比較鮑伯未出現在他平日的辦公桌前，如何可以同時支持以下兩個假設：（一）、鮑伯如他所要求的已獲升調和（二）、鮑伯已經實踐他的諾言，離開了公司。

人類的頭腦不適合處理或然率。關於同時擲兩個骰子，萊布尼茲（Leibniz）認為擲出兩個六

點正好和擲出一個六點和一個五點同樣可能。達朗伯（d'Alembert）所犯的錯誤更大。他認爲擲同一個硬幣三次的結果，與同時擲三個硬幣的結果是不一樣的。而卡特的末日論證雖然的確遭遇到某些有趣的異議，它也遭遇到聰明人滿懷自信所提出的許多其他事實上非常無力的異議。舉例來說：「這個論證立刻無效，因爲每一個人都知道，由單獨一個事例無法得出或然率的結論，你自己在人口歷史上所觀察到的位置的確是一個單獨的事例，而如果問你同時代的人他們的位置是什麼以求拓展你證據的基礎，又只不過是一個笑話。」要回答這樣的異議，可以用一個思想實驗。想像有兩個甕，每一個甕中只有一個寫著你名字的球。在第一個甕中一共有一千個球，每個球上面有不同的名字。在第二個甕中只有十個球。你不確定左手邊的甕中是否有一千個球，但認爲它有一千個球的或然率是百分之七十五。你隨便由其中抽出一個球。你的名字在這個球上。在那個甕中的或許十個，或許一千個名字中，你的名字是第一個被抽出來的。這個應該減少你對於還有九百九十九個球等著被抽出來的信心嗎？它的確應該。直截了當的計算法，說你應該改變想法，以爲甕中只剩下九個名字的可能性大約是百分之九十七。那麼，雖然這麼簡單的一個思想實驗不能確立末日論證的正確性，有一點卻是很清楚的。你不可抗議說因爲這個實驗牽涉到只抽一個名字，也因爲「每一個人都知道單一的事例不能決定或然率」，於是你的名字早早被抽出來便不表示什麼。

不要去管那些大聲疾呼或然率不可由一個單一測驗得出的書。那些書錯了。想像兩個甕。一個甕中有一百萬個黑球和一個白球。另一個甕中有一百萬個白球和一個黑球。你不知道哪個甕中有什麼，因此拋了一個硬幣來決定挑哪一個。你由這個甕中拿出一個球，它是個白球。它來自那個包含一百萬白球的甕的可能性是什麼？答案：一百萬對一的可能。要得到這個答案，只要想一想抽出一個白球的一百萬個和一個同樣可能的方法。其中一百萬個方法涉及由一百萬個白球的甕中抽出。只有一個方法涉及由另一個甕中抽出。

對某些假設而言，一百萬比一的可能性是較合理的。只因爲它們是單次試驗的結果，所以這些結果並沒有什麼好懷疑的。思考一個雙面都是正面花紋的硬幣，向上拋十七次，十七次都是正面花紋向上落地。如果拋的是一個普通的硬幣，則拋出這個結果的不可能性遠不及一百萬比一。（重複這個甕的試驗若干次，每一次在把抽出來的球放回去並徹底搖動這個甕以後再選擇同一個甕。這樣做可以「大大地改善」判斷這個甕含有一百萬個白球的可靠性。但這只表示在一連抽出三個白球以後，贊成這種判斷的可能性增加到一百萬的三次方比一。另一方面，那些可能性也沒有什麼大的改善，因爲最初的可能性已是合理得不能再合理了。）

思想實驗往往可以由實際的實驗取代。假設你遇到一個懷疑論者。他堅持認爲「因爲你當然不能由單次的嘗試確定或然率」，只抽一次白球出來一點也不能加強這個甕有一百萬個白球的理論。（我曾遇見過兩個這樣的懷疑論者，一位是哲學家一位是物理學家，他們毫不懷疑自己是對

的。）在幾個甕中裝幾十萬個球可能太花時間，可是你很容易便可進行兩個甕中各有二十個球的實驗：第一個甕中有十九個黑球和一個白球，第二個甕中有十九個白球和一個黑球。你邀請這位持懷疑態度的人選擇一個甕並由其中只抽出一個球。在選擇和抽出之前，他必須和你公平地打個賭，他的一塊錢賭你的一塊錢，如果抽出來的球是白色的，甕中剩下來的球便都是黑色的，反之亦然。你幾乎一定會賭贏。每一次用不同的甕和不同的球重複進行，並且指望永遠會贏。

不過在下面，我們只做很難用眞實實驗取代的思想實驗。再者，實際上在某個情況中，你似乎可以用某種方式打個賭，而這個打賭的方式會使大多數在你的情境中的人輸錢。

在開始這些思想實驗以前，我們必須思考最後一個論點。當我們迫切想知道我們應該（「主觀地」？）賦予各種亂七八糟的眞實生活事件什麼程度的或然率時，我們往往正確地問道：在關於骰子、硬幣或由甕中抽出球等井然有序的實驗中，（「客觀地」？）得到各種結果的或然率是什麼。如果過去的經驗使你有同樣的理由認爲瓊斯明天「會」或是「不會」在城裡，而且如果就史密斯和布朗來說也一樣，並且過去的經驗也指出所有這三個人的行動是沒有關聯的，那麼你對瓊斯．史密斯和布朗三個人都在城裡的可能性的估計是什麼？這就好像是「瓊斯」這個字潦草的寫在第一個硬幣的一面上，「史密斯」這個字潦草地寫在第二個硬幣一面上，而「布朗」這個字寫在第三個硬幣的一面上。問題的所在是你有多大的可能看到三個硬幣都以這幾個名字朝上落地。這麼說不是「將主觀和客觀的或然率」混作一談。它只是應用常識罷了。

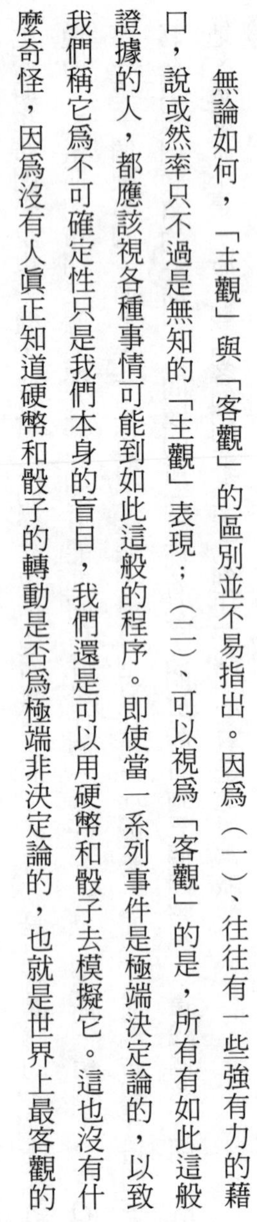

無論如何，「主觀」與「客觀」的區別並不易指出。因爲（一）、往往有一些強有力的藉口，說或然率只不過是無知的「主觀」表現；（二）、可以視爲「客觀」的是，所有有如此這般證據的人，都應該視各種事情可能到如此這般的程序。即使當一系列事件是極端決定論的，以致我們稱它爲不可確定性只是我們本身的盲目，我們還是可以用硬幣和骰子去模擬它。這也沒有什麼奇怪，因爲沒有人眞正知道硬幣和骰子的轉動是否爲極端非決定論的，也就是世界上最客觀的一種或然率。

現在且來談談各種實驗。由於它們將只被認爲是實驗，讓我們說做實驗的人不是上帝便是魔鬼。所有牽涉在內的人都是爲了實驗的目的而特別創造出來的。

小房間和大房間

這一項思想實驗介紹各種各樣的變異來討論第五章中的「倫敦和小泥坑」主題。有些變異牽涉到完全的非決定論。你發現自己在一個房間中，房內擠滿許多人，他們是在公元二一五〇年以前出世爲人的人類。（如果你願意，你可以指明你是在一個充滿了人類的角落，這些人或許佔房間以內所有的人的十二分之一，他們是與你自己在大約同時眞正生下來的人。由這個實驗中所得

的教訓不受這一修訂的影響。）雖然這個房間相當大，可是與第二個房間相比卻很微小。第二個房間大到足以容納九萬倍以上的人。它是否眞的容納了這麼多的人，要視上帝所擲的兩個骰子而定，上帝只擲一次。如果骰子以正常的方式落地，上帝就會創造其他龐大數目的人。在這個情形下，你如何最合理地猜測上帝骰子落下來的方式？顯然，你需要進一步的資料。下面是要思考的兩個主要情形。

◎將被創造的全體人數是事先決定之情形

假設你進一步知道（一）、這兩個骰子以完全非決定論的方式轉動，因而事先不可能知道它們會如何落下來；（二）、你有強有力的初步理由猜測這兩個骰子是裝了鉛以便擲出六點的假骰子。（這一點可以反映出我們在估計或然率時往往會有的不安全感）；（三）、除非兩個骰子擲出來的是一個雙六，這個大房間便會裝滿人；（四）、擲骰子是在上帝創造任何人以前。緊接在擲出骰子以後，祂創造了小房間中的人，再加上骰子告訴祂應創造的任何大房間中的人。

有鑑於此，你不是會有理由認爲這兩個骰子事實上擲出來是雙六嗎？也就是以「只有小房間有人」的方式？雖然你有強有力的初步理由猜測上帝的骰子是裝了鉛以便擲出六點的假骰子，可是讓我們假設它們裝鉛，不一定是爲了擲出兩個六點。再說，如果你是蒙住眼睛被創造出來的又

如何？你有理由預期它們落下來不是一個雙六。假設這兩個骰子是正常的骰子，那麼它們以其他方式落地的機會便是整整三十五比一。可是，如果它們是以其他方式落地，那麼在上帝創造出來的人之中，在大房間中的人會比在小房間的人多許多。不僅是多三十五倍，而是多九萬倍。如果你知道大房間中滿是人，當你等著把蒙眼的布拿掉時，你一定會預期自己是在大房間中。小房間的確會有一些人，但你一定預期他們都不是你。然而，你卻發現自己實際上是在小房間中。因而，把一切考慮在內，似乎上帝的骰子落地的方式是保證除了小房間以外任何人都看不見別的。

這個故事的寓意如下。如果一個人發現自己是在早於公元二一五〇年的時候出世，那麼他應該可將此事實視這個爲一個反證，駁斥所謂「在他這個人生下來以前，由於神聖骰子或某種似乎可信的方式，絕大多數的人將在公元二一五〇年以後出世」的理論。

如本書第五章所示，或然率的理論是一個爭論不休的領域，在我達到這個寓意的道路上滿佈著可能的異議。但是此刻讓我們假設在上面所說的故事中，你會有很好的理由去下結論說上帝擲出一個雙六，也就是「只創造在小房間中的人」。有趣的問題是，如果以各種方式改變這個故事，會不會仍得到同樣的結論？

如果相反地，上帝計劃在他擲出骰子以後，所有在小房間中的人都會在某一年中被創造出來，而如果骰子說還應該創造一些在大房間中的人，那麼便延遲到以後的某一年再去創造他們。眞是這樣又如何？你發現自己是在小房間以後，不情願相信大房間有人。故事經這樣改編以後你

的看法會有所改變嗎？尤其，如果你知道設定可能創造大房間中的人的那一年尚未到來，你的看法會有所改變嗎？如果「不情願相信大房間中有人」只表示不情願相信如果他們尚未被創造出來，某一天也會被創造出來，則我看不出你的看法有什麼理由不會改變。不論設定可能裝滿大房間的時間是在裝滿小房間之前、之後、或正好同時，只要在裝滿（你發現自己所在的）小房間以前已經決定大房間是否會被裝滿，便不會有什麼不同。

不過這種說法正確嗎？有人抗議說，只要大房間中的人尚未活著，你便不可能發現自己是在這些人之中。這個抗議不是也有一些說服力嗎？我認爲不然。這個抗議只表示一件微不足道的事情：一個人除了在活著的時候以外，其他時間都不是活著的。這樣微不足道的事情不能阻止我們由我們現在觀察到的時間位置去下或然率的結論。想像上帝決定創造兩批人，一批只有三個，另一批五十七兆個。他先創造那一小批人，等他們都死了以後，再創造那一大批的人。因而，當那一小批的人思考這件事的時候，那一大批的人中尚沒有一個出世。如果你是在這個實驗中創造出來的人，而且知道這些事實，但是你的眼睛是蒙上的而在等待蒙眼的布打開，你不應該預期自己是在那五十七兆人之中嗎？當然你應該。因爲想像你相反地對自己說「如果那五十七兆人尚未出世爲人，那麼你不可能是他們其中的一個」。想像你因此接受一個對等的打賭，一元對一元，賭你是在只有三個人的一組。假設在這個實驗中所創造出來的所有其他的人也一樣是眼睛被蒙上和對自己說一樣的話，而後他們又和你一樣的打賭。那麼便會有五十七兆個輸家以及三個贏家。這似乎是足以拒斥這個賭法的一個好理由。（類似的，如果你知道你是在後面的一批，但是不知道上帝的計劃指定它是兩批中較大的一批。你如果和自己說：「如果較大的一批事實上是較早創造出來的，那麼它的成員沒有一個還會活在今天，所以我不可能是他們之中的一個；因而至少有一半的機會我所在的一批是較小的一批。」說這話便不夠聰明。）

如果當小房間的人被創造出來時，每一個可能在大房間的人的頭髮和眼睛的顏色尚未決定又如何？如果上帝尚未決定大房間的人都是男人或都是女人。或者同樣數目的男人和女人又如何？如果上帝關於他們的各種身份根本沒有規定、只規定他們都是人又如何？這也沒有什麼關係。因爲，最重要的一點是，如果在小房間的人已經存在以前，上帝決定大房間內大多數的人也將存在，不論是與小房間的人同時或稍後，那麼你會發現你自己是一個在大房間的人。你的眼睛被蒙上，同時等待著蒙眼的布被拿去，這時你必須在這個基本考量上打賭。

如果上帝下令說如果還有在大房間的人，那麼這些人要由在小房間的人按正常的方式繁衍，而非決定由祂自己創造他們，則結果也沒有什麼不一樣。最核心的論點並不受影響。即使大家生下來時額頭上印著「小房間，早期」或「大房間，晚期」的字樣，最核心的論點也不會受影響。

簡言之，第五章中所談的各種事情似乎是對的。思想實驗似乎證實：作爲拒斥卡特一般推論法的理由，說「任何未來所做的觀察現在都尚未進行」的這一論點，與說「每一個現在想知道是否要採用這種推論法的人，必定是在不早也不晚的當下想著這件事」是同樣沒有價值的。（請區

別這些沒有價值的論點與我們馬上會談到的一個十分不同的論點，也就是說未來會不會有人，會有多少人，上帝或決定論的自然因素，可能都尚未決定這些事。）

爲什麼要在小房間的人尚未被創造出來以前便討論裝滿或不裝滿大房間的事情？討論它的一個主要原因如下。眞實的世界或許是完全決定論的，這個世界的整個未來在時間開始的時候便由當時情境的各種細節所決定。當要創造的人的總數是在根本尚沒有任何人被創造出來以前便決定時，這要對應那一型的眞實世界的情境，在那一型的世界中，思想實驗似乎已證實末日論證非常有效。

然而，說眞實世界是完全決定論的，這話在今日並不爲人們所喜。因此讓我們改變我們的思想實驗。

◎對應一個非決定論的世界的情形

如何能使我們的思想實驗反映一個非決定論的世界？解決的辦法很簡單。我們可以應用將上帝擲骰子的時間挪至創造小房間的人以後的方法，加以改變。

你再度發現自己是在小房間中。你對於骰子落地能下什麼結論嗎？像以前一樣，讓我們規定上帝的骰子是完全非決定論的。它們如何落下來不能由任何較早的情境決定。讓我們假定你知道這一點，你甚至還確切知道這兩個骰子是完全正常的，不是裝了鉛以便擲出六點的假骰子。像以前一樣，你也知道只有擲出一個雙六才可以阻止創造大房間的人。最後，你知道骰子尚未擲出（事實上最後這一點是無需規定的。重要的是擲骰子發生在你自己被創造出來以後。因而擲骰子是發生在你有空去思考任何類似卡特的末日論證之前或之後都無關緊要。不過，這個額外的規定有助於明瞭你應如何去推論）。在小房間中找到你自己，能給你任何理由去想像這兩個骰子是以雙六落地嗎？

答案是不能。這兩個骰子是正常的，完全非決定論。它們尚未擲出。因而它們以雙六著地的或然率正是三十六分之一。論證到此為止。

對於該論證的異議可能是：根據「時間的B理論」（B-theory of Time）（這個愛因斯坦所贊成的理論是說，在過去、現在或是未來的這些事，與在那兒、在這兒的事一樣是相對的），關於骰子將如何落地，永遠有一個真實的「事實」。我們可以視它們是以某種確定的方式落地，「沿第四度空間更遠一點。」現在我們知道，即使我們無法以一般的方法得知骰子落地的方式，但它們還是會以某種方式落下來。果真如此，那麼像卡特這樣的推論法不是可以給我們一個不平凡的方法去知道它們如何落下來嗎？或者至少得到相關有力的指標？

答案是否定的。不論B理論是否正確，這個異議都不能成立。即使自時間的開始宇宙即以某種方式發展，人類在時間上正好延伸多少年，這個與每一件事物的完全非決定論還是充份相容

的。日後的事件乃基於較早的事件而建立，其方式是「由那些較早事件在許多可能採用的形式中正好採用的形式」而定型。完全的非決定論是說，關於未來人口數目確定但一般人不知道的事實，不是像卡特這樣的推論法可以正當訴諸的事實。卡特的推論法不可因世界的時間歷程是一點一點出現（如哲學家們所謂A理論所主張）而採取一個方式，和因世界的時間歷程的連續階段如B理論所主張的「齊一出現」（因而世界有愛因斯坦一度所謂「四度空間的存在」）而採取另一個方式。如果我們可以知道兩個正常、完全不可預測的骰子正待擲出，其落地可以決定人類是否能存活到公元二一五〇年以後，也知道只有一個雙六可以阻止它的存活，那麼對於它存活超過公元二一五〇年機會的估計，應該必須正是三十六分之三十五。不論那些非決定論的骰子將以一個特殊的方式落下，以致人類的未來將是如何如何是否已經是一個不可知的事實，結果就是那樣。

這個說法摧毀了末日論證嗎？遺憾的是，它只削弱了這個論證。在像我們這麼一個真實的世界中，我們不能確切知道人類存活年限的或然率正好是如何如何。我們對於賦予人類存活更多世紀的高或然率之骰子般的因素，完全沒有堅實的知識基礎。誠然，世界可能是完全非決定論的。我們的出世發生在哪一個時代和我們是生在地球上的這個事實，與它們是發生在（譬如說）當人類有百分之十二或百分之二十的可能性會在未來無數年月中擴散到整個銀河系之際的觀念並不衝突。然而，它可以強烈反對這個情形可能性真的很高的觀念。譬如，大約百分之九十七的可能性。你與我不願相信有所謂的宇宙骰子是很合理的。這些骰子在我們出世時尚未擲出，而且它們

說人類的整個時間中將包含比已出世者多十億倍的人的機會是三十六分之三十五（大約是百分之九十七的或然率）。除非是因對骰子堅定的信念而不得不相信，否則我們為什麼要相信自己出世的時候，人類「幾乎已經被決定」會長久向下延續，而我們是所有人類中最早的十億分之一？

請注意一個情境愈趨近於百分之百可能，我們便愈有正當理由說它眞正是「幾乎已經被決定」，而在控制它的因素中的任何非決定論幾乎必然是不重要的。即使假設世界是非決定論的，卡特的推論法還是可以有力地反對下面的這個理論：當我們出世時，人類已經確定會存活許多個世紀。相對地，它也可以相當有力地反對另一個理論：這個情形有百分之七十二的可能性或百分之六十五的可能性。

此外，世界可能是完全決定論的。果眞如此的話，那麼認為卡特的論證為「未來非決定論之本質」所削弱是不對的，這個本質係指只有仰賴我們已經存在之後才投擲的宇宙骰子來決定我們是否會成為異常早期的人類之事實。雖然今日的人往往認為量子理論是在於說明世界是完全非決定論的，可是如第三章中所討論的，有一些物理學專家卻抱持不同的看法。雖然量子不確定性以某種方式存在是很清楚的，我們卻必須記住，甚至擲骰子的特有不確定性也在某個重要的意義上「存在」。然而，與這個意義相容的是，在任何時間都充份知道世界情況的惡魔，可以預言所有的骰子會如何落地。

◎射擊室

在本書第五章中，我們曾經略談思想實驗。現在是詳談它的時候了。想像魔鬼創造一個房間中的人，也許是整批創造或是分若干批創造。連續的一批批可以是十個人，而後一百個人，而後一千個人，而後一萬個人。每一批比上一批多十倍。你發現自己身處其中的一批。在這個實驗的每一個階段，以後還會不會有一批批的人乃是由魔鬼同時擲兩個骰子來決定。任何一批中的人都注視著骰子落下來。只要它們落下來不是雙六，這一批人便可以安全的由這個房間出去。如果它們落下來是雙六，則這一批中的每一個人都會被用槍打死，而後這個實驗結束。你對於活著離開這個房間有多少信心？

再一次，我們在開始的時候指明這兩個骰子是正常的也是完全非決定論的。你沒有什麼普通的方法可以知道它們將如何落下來。不過，可不可能有一個不平凡的方法去知道它們或許會以雙六落下來？想像在這個實驗中所有的人都打賭他們會看見骰子落下來是雙六，因而他們都會被一槍打死。他們之中，至少百分之九十會是對的。如果骰子在第一個可能的場合掉下來是雙六，則他們之中百分之一百會是對的：僅有十個人的一批，而這些人都會被一槍打死。如果骰子在第二個可能的場合以雙六著地，那麼曾經在射擊室的一百一十個人中，一百個人會被一槍打死。這等

於是大約百分之九十一。如果骰子在第三個可能的場合以雙六著地，那麼受害人的比例便近於百分之九十。若實驗繼續下去（如果它繼續下去而非結束），將愈來愈接近這個數目。因而，如果他們賭被一槍打死是他們的命運，則在進入這個房間的人之中，大多數或全部都會贏。如范福瑞森（B. van Fraassen）所云，一個急切想賣保險給所有這些人並且推論每一批在三十六個機會中有三十五個能平安離開這個房間的保險經紀人，是犯了一個代價非常昂貴的錯誤。（假設雙六將在第五十次投擲時出現。那麼「通常」會發生什麼？事實上，在幾乎所有的情況下，也就是五十分之四十九的情況下，進入這個房間的一批批人會平安地走出去，但大多數進入這個房間的人不會。）因而，你不應期盼飲彈而亡嗎？

在我所說的故事中，魔鬼可以繼續無限期地創造人並且毫不困難地把他們塞進這個房間中，不論雙六的擲出延遲到什麼時候。易言之，這個房間有無限大。即使這個房間只大到在它的空間被塞滿以前必然會擲出一個雙六，這個故事不是也會有同樣的寓意嗎？這一點是會引起爭論的。每一個人即使在擲了一兆兆兆兆兆次骰子以後，或擲了任何更多但有限次的骰子以後，其存活還是只有一個微弱的或然率的。如果我們假設離開房間的那一批人是能塞進房間的最大一批人而實驗必須結束又如何？在考慮到這可能最後一批人的眾多人數時，有的人可能認為這足以彌補它可能達到的微渺機會，進入這個房間的人，平均有三十六分之三十五的機會可以平安出去」。其他的人和我一樣認為，即使在「低」到一兆兆兆兆兆次這個擲骰子數目，可以平安離開這個房間的

人還是可以忽略不計的。重要的是射殺可能發生得較早，使絕大多數實際進入這個房間的人死亡。但是讓我們跳過這個爭論，詳細說明這個房間眞的有無限大，因而遲早一定會有最後的一批人會被射殺。那麼這個故事的寓意又是什麼？

正確的寓意似乎是你應期盼活著由那個房間走出來。誠然，由於那些打賭他們會活著出來的人中百分之九十會賭輸，這個說法可以說異常荒謬。不過，如果你確知這兩個骰子是正常和完全非決定論的骰子，那麼顯然你個人應該預期它們不會擲出雙六。因爲這兩個骰子是在魔鬼手中，它們尚未被擲出來，既不知道它們將如何落下來，也不知道（參看本章前面所討論「時間B理論」的不適切性）你可以正當地訴諸什麼事實。你所能說的，只是在三十六個機會中，你有三十五個機會平安離開房間。我想爭論便到此爲止。不過，我認爲這件事非常荒謬，因而不容易感到完全有把握。因爲不論你用什麼推論法去說服自己你必須預期安全離開那個房間（譬如，推論說那些運氣不佳將要被一槍打死的人，「會以大數目離開，只因爲我這一批未被一槍打死」），爭論點是在於所有實際上曾在那個房間的人（那些和你一樣有同樣理由相信這個推論法的人）中，至少百分之九十會飲彈而亡。（德拉海伊（J. -P. Delahaye）是一位數學家。他花了好幾天工夫想要反駁末日論證，之後卻轉而強烈支持它。他在《爲了科學》（*Pour la Science*）一書中，介紹了「射擊室反論」的一個稍微變異的說法。也強調它似是而非的本質，以「輸贏的或然率都是百分之九十」爲他討論的題目。）

「射擊室反論」能說明末日論證的錯誤嗎？這個問題的答案似乎是（正如大、小房間故事的第二種說法——骰子是在小房間的人已被創造出來以後擲出的說法一樣）它只削弱卡特的推論法而未能破壞它。

就一點上來說，人口不會十分長期以目前的速度成長：人類不久便會以超光速擴張。即使似乎在二十一世紀中期或許由於飢荒，我們可望看見一個暫時的停頓。在那個階段，如果世界末日或一場嚴重的人口瓦解沒有到臨，則人類的數目將有機會升到一百億左右。那麼，假設我們對自己說在人口迅速成長的任何時期，末日論證都可能傳達出一個錯誤的訊息，一個如同上述情境中任何預期會被一槍打死的人所錯誤得出的教訓。假設我們告訴自己人類可望順利地達到公元二〇五〇年以及百億的人口數，而任何日後由於在銀河系殖民所造成的可能成長都應該不去管它。即使假設了這麼一大堆，卡特的論證仍然可以強到令人不安。因爲要記住，人類如果要大約半數生活在比你和我更晚的時代，便只需要以一百億的人口數延續到二〇五〇年以後的大約二個世紀。而如果人類繼續以同樣的數目往前走，那麼在幾千年以後像你和我這麼早的人便會是一個非常微渺的少數。

此外，我們可以回到關於大、小房間所做的論點。我們可以說尚未仔細研究那兩個骰子，看它們災禍性落下來的機會是不是眞的很小，以致人類未來的數目幾乎已經決定爲很龐大。甚至在思考卡特的推論法之前，我們也可能有相當有力的理由去猜測在接下來幾個世紀以後仍將有人類

存在的或然率，比兩個正常骰子避免在往後幾次拋擲時以雙六落地的或然率小了許多。我們甚至可以猜測人類將存活多久是幾乎早已決定的事，或者最可能影響這件事的因素，與重複擲骰子極不相似。雖然這麼多人曾經寫到量子非決定論，我們事實上還是可以猜測世界是完全決定論的。

充份的決定論會發生何種影響？假設魔鬼決定在圓周率的連續數字（三．一四一五九……）出現一個雙六以前，讓每一批的人都安全離開「射擊室」。假設在第九百萬個數字以後（魔鬼不是數學家，他在選擇這一點時，不知道這一個數字會是什麼，下面接著的又是哪些數字），連續的數字兩兩成組來看：每當新的一批人在那個房間時，只有兩個新的數字。你發現自己是在那個房間裡面。魔鬼的計算機在計算下面兩個數字會是什麼。你應該猜測它們是六與六嗎？你當然應該。因爲，現在你不需要接受這個實驗的非決定論形式所強加給你的荒謬結論。當你到達那個房間時，你不能說你是否會平安地走出來，尚未由以決定論式的因素所決定。在圓周率連續的數字中沒有任何事情是非決定論的。的確，檢視計算機已經計算出來的數字，對於估計下面兩個數字並無任何幫助，因爲你的數學不夠精深。但是你必須預期災禍。未來在你的處境中的人，百分之九十以上會遭逢災禍。

在這個完全決定論的例子中，認爲「由於在大多數時間預期災禍的人都是錯的，因而不應預期這個毀滅（被槍打死）」，是很愚蠢的事。因爲假設是決定論，那麼最重要的是如果每一個人都預期它，那麼大半預期它的人會是對的。

我們可以將影響每一批人口數目大小的人為決定，導入這個故事的各種變異中。譬如，想像魔鬼除了第一批以外，對於其他批的數目都漠不關心。祂讓瓊恩去決定這件事，瓊恩是在第一批裡頭的人。我現在發現我自己是在較晚的一批。和以前一樣，我會不會被一槍打死，要看電腦會不會產生一個雙六。瓊恩沒有控制這台電腦的自由。不過，我是否應該預期被一槍打死，端視我聽到瓊恩的決定是什麼。她如果決定任何在後面的那些人數將一成不變會如何？顯然，我因此應該預期活著離開那個房間。然而，如果她決定任何較晚的一批都應比其正好前面的一批大一百倍，那麼我應該預期被一槍打死。這裡面沒有眞正的反論。不錯，沒有什麼值得稱為「眞正被一槍打死的風險」，它是由瓊恩的決定所影響的「一個風險」，但是我對於被一槍打死的風險估計，應該有賴於我對她的決定有多瞭解。如果瓊恩曾經建立一個情境，這個情境由我出世以前的時間開始以決定論的方式發展，並將導致曾經進入這個房間者之中絕大多數人被一槍打死的命運。如果是這樣，它當然就很重要了。

相反地，想像我和瓊恩都是在第一批中。我聽到魔鬼告訴她說可能後來還有許多批，如果是這樣，則它們的大小是和第一批一樣，或是較小，或是較大到一百倍，均是由她決定。瓊恩決定任何新的一批將會比前面的一批大一百倍。她和我之後得知只要電腦未產生一個雙六，那麼任何一批人都會平安離開那個房間。如果它果然產生一個雙六，那麼那一批人便會被一槍打死，而後實驗結束。現在，假設我堅信包括人為決定的一切事件，最終都是決定論式的：人類的腦是一部

「做決定的機器」，而瓊恩對於任何較晚的那些批人數多寡的決定，是在她與我存在以前便已決定的。我應該預期一槍打死嗎？我眞的應該。再次強調，說所謂「被一槍打死」這樣的事可能由瓊恩的決定所影響，是不具意義的。但還是要再強調一次，我對於被一槍打死的風險的估計，可以很合理地有賴於我對她的決定瞭解多少而定。如果由於瓊恩的決定即使只有一批較晚，那麼我也會在那一小群人中（成爲曾經進入該房間的所有人中最早的百分之一），則這的確是重要的。如果我堅信任何一批人的數目都是在我存在以前以決定論的方式決定，那麼我應該不願認爲我是在這麼微小的一群人之中。然而，如果我認爲瓊恩的決定是非決定論的，那麼雖然大多數進入那個房間的人都會遇上一槍被打死的命運，可是我很希望可以平安離開那個房間。這件事沒有什麼荒謬可言。

到底誰才算是人類？

在此，讓我們問一問你對於末日論證的「參考種類」有何看法？就其目的而言，誰應該被認爲是「人類」？向過去看，我們可以說人類是在哪一個日期由類人猿中分歧出來的。假想未來，如果一個種族已經經歷了巨大的演化上的變化，我們應該還稱它爲人嗎？

就過去而論，我們初步的反應可能是說我們在哪兒劃一條線區分人與非人都沒有什麼關係。不論我們只算現代智人（據說十萬年前出現），或算所有的智人（智人包括尼安德塔人（Neanderthak），向後延伸或許六十萬年），或將現代黑猩猩祖先的那一支分支以來所有的人都包括在內（這一分支或許發生在五百萬年以前），其所牽涉到的人數都相去不遠。最早期的人口數目與今日的人口數目相較都是很微小的。在提出本章前面所提的約略估計數字時，我是假設最早的人類大約在五十萬年以前出現，可是向後延伸再包括一倍的時間也不會造成什麼大的差別。

相反地，當我們放眼未來時，許多事情似乎要看斯泰波萊頓（O. Stapledon）在他所著的《晚期和早期的人類》（*Last and First Men*）一書中，所想像的經過巨大改變類型的後裔是否都算人類而定。更不用說英國結晶學家柏瑙（J. D. Bernal）所著《世間、軀殼和魔鬼》（*The World, the Flesh, and the Devil*）一書中的那些「完全融化了的、變成在太空以放射線溝通的一團團原子、而最後或許完全分解爲光的人類」，究竟算不算是「人」。我們也可以想像在我們的後裔與他們的頭腦所永恆繫聯的電腦之間許多程度的融合。他們都應稱爲人嗎？再者，宇宙學家戴維斯曾經寫信給我，說他雖然認爲末日論證一般而言令人信服，可是仍然迫切想知道它是不是只表示人類不久就會完全被電腦所取代。然而，尤其如果電腦的設計是要讓它們和我們一樣多思考，那麼爲了末日論證的目的，這些電腦的本身不可能是「人」嗎？有人會說電腦不論多麼聰明，都永遠會缺乏意識而因此不能是眞正的觀察者。然而，他們的論點對不對，現在還不能下定論。

雖然所有這些都能引起有趣的討論，但或許取它們只是空論。我想要說明的是：卡特的推論法包含一個對我們的警告。它告訴我們：在否定任何人類面臨的危險時，我們應該查明我們所有的事實。卡特和我主張我們的信心應該減少一點。無疑地，如果今人的後裔或許還會向前繼續幾百萬年而不是只有幾千年（如果他們都能算是「人」），則信心更應減少。或許，如果人類只因爲被以電腦爲基礎的智慧系統所取代而結束，則人類在幾千年以後結束的這個悲劇便會小一點。當然，假設那些系統眞正是有意識地存在。可是這些事情並不眞正那麼重要。眞正重要的問題，是卡特的論證究竟行不行得通。如果它行得通，便可以給我們一個重要的警告，即使我們把注意力侷限於人類再存活幾個世紀也不要緊。照今日的各種跡象看來，如果人類不遭遇什麼災禍，則接下來幾個世紀人口會非常多，而且人類的思想過程也不太可能轉移到機器上以致於鼓勵人們稱這些機器爲「人」。再者，如果末日論證指向由智慧的機器取代一般的人，那麼這個本身便會很有趣，可能也相當嚇人。

無論如何，能夠有一種檢驗我剛才所提「參考種類」問題的各種答案的技術，是一件好事。而我認爲這種技術是可獲得的。它與甕的類推法有關。

假想你想要估計一個甕中包含多少個某種特殊種類的球。假想它是一種紅球，而你知道甕中只有紅球、綠球和黃球。你在此可以使用貝士的推論法。我認爲，這樣的推論法可以用在末日論證在其間最強有力的那種情境中。在此情境中，世界或許是（一）、完全決定論的；或（二）、其非決定論不大可能影響人類還會存活多久。在這種情境中，「甕裡姓名的數目」（曾經出世的人和將出世的人的總數）是已經決定或幾乎已經決定了的。那麼，貝士的推論法可以如何有助於解決「參考種類」的難題？

假設你知道這個甕中有一千個球。你在第一次抽時，抽出來的是一個紅球，你心中做何感想？它可以大大地增加你不願相信甕中只有一個紅球或只有十個紅球的信念。要知道你的不信程度增加了多少，你可以使用第五章中所描述的貝士定理。它說明你的或然率估計應該要做多大的改變。

其次，相反地，假想你所感興趣的是有多少個球屬於「或是紅球或綠球的那個種類」。第一次抽出來是一個紅球，你對或然率的估計應該再度受到影響。譬如，這個觀察到的紅球，會使你的估計作激烈的貝氏改變；以前你認爲這一千個球中只有三個屬於紅或綠這一「參考種類」的或然率是百分之九十九。

需要注意的是，這個紅球可以被視爲只是一個紅球，或被視爲一個紅或綠球。貝士定理在這兩種情形下都可以使用。當我們對這個甕中有多少個紅球感興趣時，我們應該視這個球只是一個紅球。因而，進入我們貝氏計算法的「事前機率」，是如此這般數目紅球的或然率。相反地，如果我們感興趣的是這個甕中有多少個紅球或綠球時，那麼我們必須視這個球爲紅或綠球。相對的，進入計算的事前機率是各種數目的紅或綠一類球的事前機率。

完全如你所料，使用恰好同一證據（抽出來是一個紅球的證據）的貝氏計算法，在估計兩個不同種類時，造成不同的改變。這兩個不同的種類，在此是（一）、這個甕包含各種數目紅球或然率的估計；（二）、它包含各種紅或綠球或然率的估計。

顯然，當紅或綠色被紅或粉紅色所取代，或爲紅或微紅色所取代時，這一切還是適用的。但是你必須拿定主意，說一個球必須要多類似一個鮮紅球時，你才願意稱它爲「微紅色」。如果你願意，可以把深紫羅蘭色算作微紅色。只要清楚你是在做什麼，並且相對地調節你的事前機率。

假設這個甕中所有的球都編了號碼。抽出了一個球，它正好是一個鮮紅色的球。請注意它不僅是一個鮮紅色的球以及它的數目是隨機由甕中所有的鮮紅色球的數目中抽出，而且也是一個紅或微紅色的球以及它的數目是隨機由甕中所有紅色及微紅色球的數目中抽出。因而，視這位觀察家爲由甕中隨機抽出來的末日論證，對於一個典型的人類（那種你可望在一次隨便抽時抽出來的人）可以被視爲一個不典型的人類這一點，並不感到困擾。當「參考種類」稍微被修正時，在這一個「參考種類」中的特徵往往容易轉化爲極端地不尋常。（顯然紅球不是典型的綠球，可是這同一個球可以隨機由紅球的一類抽出，也可以隨機由紅或綠球的一類抽出。雖然一個甕中的深紅色球可能不比人類是典型哺乳動物一樣更屬甕中紅球的典型，可是一個隨機抽出來正好是深紅色的球，眞正是由甕中所有深紅色球中隨機抽出來的一個球。我們不必要擔心它或許是不是「一個隨機的紅球而非一個隨機的深紅球。」）

這個情形的寓意，似乎是說一個人的「參考種類」多少可以按自己的意思選擇，以配合末日論證的目的。如果我們想把我們經過許多修改的子孫（或許有三隻臂和像神一般的智慧）稱爲「眞正的人類」又如何？這樣做也沒有什麼不對。可是，如果相反地，我們只對有兩隻手臂的人的未來感興趣，或只對像具有我們一般智慧的人的未來感興趣，那麼拒絕把任何其他的生物算在內也不會有什麼不對。

本書前面曾經介紹「參考種類」。我曾說如果願意，可以視自己爲一個「在科技上進步的物種的成員之一」，而後當思考我們的宇宙將來會包含無數這樣的物種時，使用這一點。但是，如前所指出，我們可以相反地視自己只是「人類的成員」，而後發明關於人類未來的一種末日論證。我後來又強調說一個觀察者可以不去管他的各種特徵（如是男是女，以及眼睛或頭髮的顏色），如果它們與當前的問題無關的話。譬如說是否有任何人（不論其性別、眼睛顏色等）是在大房間中創造出來的問題。相反地，如果你是一個盲童，想要猜測有多少的人類是棕色皮膚，那麼知道自己的膚色可能是重要的。

不過，認爲我們可以隨意改變末日論證的「參考種類」，又是對的嗎？

「參考種類」的拓展很容易過了頭。譬如，如果有人甚至把原始形式的動物生命也算作「觀察者」，則我們在接受這一拓展以前應該深思熟慮。這些生命很可能根本沒有意識。再者，我們可以說充份地意識牽涉到一種甚至黑猩猩也還沒有獲取的內省能力。心理學家簡斯（Julian Jaynes）

甚至主張人類自己也是在最近才獲得這種能力。有一次我與研究動物行為的一位講師熱烈地辯論，他說獅子並不眞正是有意識的。突然間我發現他的理論很有道理。意識的概念現在還不很清楚。佛洛伊德（Freud）的「無意識頭腦」據說可以做非常複雜的資訊處理。我們對於視覺資料的無意識處理，雖然只不過是一瞬間的事，據研究結果，卻是極端錯綜複雜的，尚沒有任何現代的電腦能辨到。

再者，某些將「參考種類」狹窄化的方法，或許是不適當的。譬如，你個人在所有與你同時或之後出世的一類人中，是特別早的。但一定不能讓這點產生一種特別威脅正和你同時出世的人的末日論證。

人類和尼安德塔人共同的祖先應該進入末日論證的計算嗎？或許有人會抱怨說，把「參考種類」做成「與尼安德塔人分裂以後的人類」，太近於模仿那個將他的「參考種類」做成「出生和他一樣晚或更晚的人類」的人，或至少太近於另外那個不把任何比他自己早一個世紀以上出世的人算在內的人。因而，當末日論證想找尋它所願意算為人類的存在時，或許需要回溯到很久遠。可是雖然如第五章中所述，我們可以拒斥「這個論證的人口時鐘只有當人類變得可以通過或然率理論的測試時才能開始運作」的說法，我們可能仍然希望它的滴答作響在「可以以相當複雜的方式觀察其在時間上位置的生物到達以前」便開始：這個方式是譬如說沒有任何黑猩猩能辨到的。黑猩猩或許知道牠吃晚飯的時間，可是牠們大概對於自己是在黑猩猩這個物種歷史上那一特殊的點，無法產生概念。對人類與尼安德塔人的共同祖先來說，這無疑也是眞的。在這個情形之下，末日論證不是可以置他們於不顧嗎？

下面的考慮非常重要。假定我們必須把那些共同祖先算在內，這個事實上不證明以「與尼安德塔人分裂以後的人類」爲「參考種類」是不對的。因爲如卡特對我所說的，「把他們考慮在內」可以採取以下的形式。我們可以說，在分裂以前存在的人類或類人類，已經成功地繁殖其物種達幾千個世紀之久，表示在分裂以後的人類不可能在少數。較早人類或「類人類」能夠存活那麼多年，當然也表示他們的後裔可以長久存活。因而，使用貝士定理的人，在估計「人類」這個「參考種類」未來生命各種可能數目的事前機率時，可以將那些較早的生命考慮在內。不過「人類」這個「參考階級」的定義狹窄，不把他們包括在內。

再往深處思考，可以看出即使在將「參考種類」限制爲「和你一樣晚出世或較你晚出世的人」的情形下，也可以做同樣的事情。如果你適度調整你的事前機率，那麼將你的「參考種類」定義得這麼狹隘，並不會造成過份令人驚駭的末日論證。假想你生下來時便知道所有的貝氏計算法和人類歷史。大概你會認爲人類在你出世的那個星期結束的事前機率非常之小。這便足以讓我們說：雖然，如果人類將再存活一個世紀，則在這個星期出世的人，在「若非該星期就是下個世紀出世」的那個種類中，便是異常早的，可是這不是你預料人類將在這個星期結束而非再存活一個世紀的好理由。

當你朝未來看時，應該將參考種類拓展多少才算適合？我們很有理由爲了末日論證的目的，而將它拓展到把我們在演化上經過許多改變的後裔（不論是有三隻手臂或其他特徵），都算作「人類」，也就是說只要他們的智慧能停留在黑猩猩的層次以上。因爲要記住，我們不只是設法要估計那些後裔中有多少將歸於某個特殊的組，如有兩隻臂的一組。我們要說的是人類可不可能不久即遇難，只留下很少的後裔，不論是那一型的。有三隻臂的後裔、有五隻眼的後裔、可以感知無線電波或看一眼便能解答異常複雜問題的後裔，當然都必須算作是人類。因爲三隻臂、對無線電波的敏感性以及極大智慧的到來，就任何有趣的意義來說都不能算是世界末日。再者，我比較認爲有似人類思想過程的高度智慧機器，或者甚至有與人類極不同思想過程的機器，爲了末日論證的目的，也應算作人類，只要它們是「由我們衍生出來的」，也就是說它們的生存，最終是由於智慧型生命一度曾經以人類的形式出現在地球上。

因此，當我們設法預測在下面幾個世紀以後我們會不會有後裔時，我們或許應該記住我們的後裔可以包括極大數目的智慧機器；它們或許比人類更適合在銀河系中殖民。而如果人類平安度過下面幾個世紀，便會有極大數目後裔的展望，正是末日論證所提出愈加擔憂人類不會平安度過下面幾個世紀的理由。讓我最後再次強調，這不是壓倒性的和足以使人失望的理由，但仍然不失爲一個理由。

後記

林德對我說，末日論證的失敗是由於下面這個奇怪的理由。他認爲，根據宇宙的本性，人類在技術上是可以繼續存活無限之久的。人類可以好好利用這一點。因而，不論一個人與人類歷史開始的時候相去多少年，在整個人類的有生之日中，這個人還是「無限早」的。

林德不曾說服我。假設，你並非徹底摒棄林德的理論，反而在開始的時候相當喜歡他這個認爲人類尚有無限長久未來的理論。如果這個理論是對的，那麼如林德所云，你實際的時間位置就某種意義來說會是「完全一樣早」（也就是無限早），不論你是存在於什麼時候，因而你生存的時間早晚都一樣，都是無限早，沒有意外。於是末日論證失敗了。然而，這個論證的支持者不需要假設林德的理論是對的，更不需要設法比較各種可能時間位置的意外程度。相反地，他們應該比較如果林德的理論爲僞的時間位置以及如果林德的理論爲眞時的時間點。在第二種情形下，他們的位置在某種意義上是無限早。在第一種情形下它卻不是。而這個便給我們拒斥這個理論異常強烈的或然率理由。

給物理學家的一份附錄

末日論證的一個變異，似乎要摧毀「許多世界的量子理論」。或者至少它會毀滅「許多世界量子理論」的一些變異。這個理論的發明者艾弗瑞特（H. Everett）相當明白地在這些變異中說：在每一個連續的時刻中，每一個觀察者都分裂爲龐大數目的自身「變型」。如果有人相信這種重複的分裂眞的會發生，那麼他們應該預料自己不久便會死亡，不論反證似乎有多少。因爲較後的瞬間比較早的瞬間會有多出許多的「觀察者變型」，一直到死亡爲止。絕大多數的觀察者變型因而會發現自己在幾分鐘內便會死了。因爲如在本章和前面一章中所云，一個人不能抗議說「未來時刻所做的觀察尚未做出」以便逃避這個結論，也因爲每一個人預料不久會死是荒謬的，我們顯然必須放棄分裂的這個念頭。

事實上，一個人在自己生命中的大約位置是離立即死亡很遠的，除非艾弗瑞特的理論基於其他的理由很可能是對的，否則這個情形便會反駁艾氏的理論。而艾氏的理論並沒有什麼理由是對的。因爲，假設我們對艾氏的正確性有把握，那麼我們便會面對兩個選擇，每一個都異常難以置信。第一個選擇是，這個人是一個觀察者非常早的一個變型，這個人還會有許許多多較晚的變

型。第二個選擇是，這個人的觀察，是在臨死以前做出的。但是，事實上我們不需要由這些奇怪的選項中去做選擇。相反地，我們應該乾脆拒斥艾氏的看法。

請注意，根據艾氏的理論，以後的時代不但會比以前的時代多許許多多的「觀察者變型」，而且還會多許許多多的觀察者：由於多得太多，使我們強烈地懷疑這個理論。艾弗瑞特的爭議點，在於他的宇宙不斷地出現分支，使它塞滿愈來愈多分支，而觀察者可能在這些分支中出世。經由現有智慧或是透過我們自己的生命歷史，當我們回顧較早較遠的時候，我們看到愈來愈早的觀察者或愈來愈早的階段；這些階段在艾福瑞特宇宙的波動方程解法中有更高的量子波幅。它們是一棵樹的分支，樹一面長，一面不斷分支。較早的分支有較高的量子波幅。我們可以形容它們爲「較有份量的」。因爲它們終久都會滋生子分支和子分支的分支，將比日後因支的分裂而產生的子分支和子分支的分支爲數多得多。在艾弗瑞特的世界看法中，這個有較大數目「分支」的想法，取代了較高量子波幅對應眞實性較大或然率的一般觀念。因爲依據艾弗瑞特的說法，所有的分支、子分支等絕對都是同樣眞實的。他解釋或然率爲頻率而非「變爲眞實的傾向」。但是在分支更有份量的那些點上所感覺到的快樂和痛苦，不應被視爲是相對的更栩栩如生或朝氣蓬勃。今天的牙痛，不比上星期的牙痛弱許多兆兆倍，不是嗎？我認爲它們也不應被視爲「在感覺上更多」。卡特向我指出，我這個說法可以摧毀我反對艾弗瑞特的論證，他認爲艾氏的論證在其他方面是有決定性的。也就是說，我認爲在一個分支有份量的地方所做的任何觀察，應該被視爲一項

單一的觀察，不是好像它正在做無數完全相同的觀察，在這個分支的厚度各不同的點上，由具有完全相同經驗的不同觀察者變型所做的觀察。

不過請注意：德奇（D. Deutsch）曾建議以一條公理來補充艾弗瑞特的意見。這條公理是說：有一連續無限測量的宇宙組群存在，這個組群又分為不相連的子組。每一個子組包含連續的無窮個完全相同的宇宙。這些宇宙被測量所分割。雖然很多人十分不容易接受許多個完全相同宇宙的無窮性，可是德奇的「艾弗瑞特式」理論至少有一個好處，那便是不會有人再預測死亡即將到來。

第7章　囚徒困境與核子報復

為了給人類許多存活的機會，可能需要相當的合作。在和自私的人打交道時，一個鼓勵合作的辦法是向他們指出他們可望由合作中得到的好處。另一個辦法是利用威脅。這兩個辦法都牽涉到決定理論的問題。以設法防止核子戰爭為例，也許最足以說明這些問題。

（本章很簡短，避免許多技術細節。）

假設有兩個國家似乎正走向戰爭的邊緣。每一個都有先下手的好理由，想要先發制人，在敵方發射飛彈以前將它們摧毀。

不先行攻擊的理由，是希望保持任何人都不去引爆核彈的現況。可是它卻足以引起「囚徒困境」的各種問題。

後下手攻擊的理由，是自己的國家可能已經幾乎被消滅，攻擊也沒有什麼好處。這個所引起的問題是，採取報復行動是不是對的。

不先行攻擊：合作與囚徒困境

假定兩個超級強國（姑且稱它們爲大洋洲（Oceania）和歐亞大陸（Eurasia））已經建造了龐大的核子兵工廠。對它們這兩個國家來說，最好的結局是核子戰爭永遠不要爆發。然而，單是對大洋洲來說，它能夠先發制人摧毀歐亞大陸大半的核子飛彈較好；這樣它便會解決掉一個最危險的敵手，並且可能逐漸控制全球。歐亞大陸的剩餘飛彈可能發動還擊，可是由於大洋洲的「星際戰爭」防禦系統，它們只有一、兩枚會到達目標。然而，如果歐亞大陸先攻擊就糟了。因此，不論歐亞大陸目前的計劃是什麼，大洋洲還是先攻擊較好。

歐亞大陸也已建築好它自己的「星際戰爭」防禦系統（它的藉口和大洋洲的藉口是一樣的，「要使世界成為一個比較安全的地方」）。它也有類似的攻擊理由。這兩個國家都是在所謂的囚徒困境之內。雖然持續的和平對它們雙方都是最好的，可是每一方面都有挑起戰端的自私理由。

而國家往往是自私的。事實上，在各國的總統必須宣讀的誓言之內，就包含了想像中要自私的責任。如果大洋洲和歐亞大陸眞是自私的，那麼它們的處境便與兩個自私囚犯的處境類似。典獄長分別邀請奧立佛（Oliver）和艾德華（Edward）互相出賣。他的威脅與懸賞使這種出賣成為合理的政策。（「合理」這個字沒有大家一致同意的意義。但是，依照一般的習慣，我讓它的作用是：什麼對你是合理的，要看你當時的目的是什麼。不自私的人可以合理地採取不自私的行為，但是在奧立佛的情形，合理在於什麼是對奧立佛有利。）典獄長認為這兩個囚犯共同謀殺了警衛。如果他們兩個人都不肯招供，那麼這個犯罪便不會受到處罰。典獄長把這兩個囚犯分開。他分別告知每一個囚犯說如果他招供而另外的那個囚犯不招供，那麼便立即將他釋放，而將他的夥伴的刑期再加上十年。如果兩個人都招供，那麼他們每個人多加五年的刑期。因此不論另外的那名囚犯怎麼做，奧立佛和艾德華各自招供便有好處。

所有這些都很有說服力，但是我在下面將要說明，它不像大多數哲學家所想像的影響那麼大。因為假設在囚徒困境中的各方都明顯地相像。這便會影響到期望由「背叛」（招供、背叛信任、挑起一場核子戰爭等等）所得到的好處。我認為其結果是：背叛往往是不理性的，甚至對完全自私的人來說也是不理性的。因爲不幸囚犯的各種困境很普遍，這一點是重要的。當大家自問是否志在合作時，它們出現的頻率非常驚人。譬如，當漁船追逐日漸減少的魚群數量時，這種情況便會出現。假設每一個船長都告知其他的船長不要捕撈官方所允許的噸數；而違反這些規則的船長，與招供的那個囚犯類似。

我可以說一則故事來支持我的論證。當我走到一個看上去像一面巨大鏡子的前面時，我發現自己所貼緊的不是玻璃而是肌肉。於是我下結論說，宇宙是充份對稱的。那個肌肉屬於我的副本，左右顛倒，但是在其它方面是完美的複製品。

這個宇宙也必然是完全決定論的，自然律規定它的事件中所有的細節；否則我的副本的行動和我一模一樣便是一個奇蹟。然而，這個可能不會使我感到困擾。我不必馬上下結論說所有選擇的自由都是虛幻的。不錯，在一個決定論的宇宙中，我的頭腦簡直就是一個「做決定的機器」。

但是儘管如此，它還是可以做決定的。它不是只選擇我將採取的行動，而且是由許多我身體可以採取的行動中做選擇。我的腦細胞一面是我用來思想的，一面也可以是我用來做選擇的。我不必等著看我的雙腿是否會把我「載著」離開一頭獅子。相反的，我可以自由決定去逃跑。

我不是比我本來認爲的自己有雙倍的力量嗎？除了主宰我自己的雙手與雙腿以外，我不是也主宰我副本的雙手與雙腿嗎？當我希望時，我不是可以讓它跑、搖手或拍手嗎？我不是能丟兩塊石子而非一塊嗎？我丟一塊石子去殺一隻鳥，第二塊是必然由我副本的手中同時丟出來的？如果我曾經控制我的形像在鏡中的作爲，爲什麼否認我控制自己副本的作爲？沒錯，否認這件事的理由很容易找。在許多重要的方面，我和我的副本是不相干的。當我自己跑的時候，我並不眞正地使他也跑。你同樣可以宣稱他使我跑，而他事實上卻不曾如此。我跑的決定乃由我自己的腦細胞做出，不是由他的腦細胞做出。不過，我選擇跑時，也可以確保我的副本也跑。我雖然不造成他的丟石子，但是我可以確保他丟石子，我所需要做的只是我自己丟石子。

假想看到宇宙另一半中有一隻鳥，我要叫牠死。我向牠用力投擲一塊石頭是沒有用的。這塊石頭在到達這兩個半宇宙交接的地方，便只是會撞上我的副本同時用力投擲出來的另一塊石頭。可是如果我的石頭砸死在我這半邊半個宇宙中那隻正好相似的鳥又如何？我想砸死的那隻鳥將無可避免的也被砸死。

雖然這個字彙聽上去是笨拙的，可是我們還是談一談我在另一半宇宙中所「宛如造成」的各種事件，如我的副本突然決定轉著圈圈跑，或他所砸死的那隻鳥之死。「準因果關係」雖然不是眞正的因果關係，可是照樣能設法把事情辦成。事實上，它往往還會好得多。假設，只靠祈求我的副本，我設法造成他用他的石頭砸死他的鳥。在我用我的石頭砸死我的鳥以前，我祈求他是沒有用的。如果我想叫他由床上爬起來投民主黨的候選人一票，則我自己必須由床上爬起來投民主黨候選人一票。如果我們是彼此的完全複製品，則別無他法。

雖然宇宙學家有時也以我們的宇宙是一個完全對稱宇宙的想法自娛，可是這似乎可信度不高。那麼這個我和我的副本的故事，與眞實生活有什麼相干，更不要說任何囚徒的困境？劉易士(D. Lewis)曾經提出一個答案。雖然完全的複製可以是一個虛構，可是人們往往卻是彼此相當好的複製品。把一塊石頭丟在我的頭上，我將如何反應？大致上是像我把一塊石頭丟在你的腳上時你的反應一樣。

軍事學校的畢業生，不是往往說和做相當類似可笑的事情嗎？受英國公立學校教育的人不是也一樣嗎？監獄中的囚犯或修道院的修女不是也往往說和做類似可笑的事情嗎？富家子弟不也是嗎？出身貧寒和被壓迫階級的人不也相同嗎？事實上，隨便挑兩個人出來把他們放在類似的情形之下。他們不是易於表現出顯著的行爲上之類似嗎？

在我故事中的「準因果關係」可以稱爲是「完美的」。當我丟一塊石頭時，我的副本絕對會丟一塊石頭。如果當石頭砸在他腳上時他發脾氣，那麼我百分之百地確定我也會發脾氣。但是雖然眞實生活不會這麼富戲劇性，它顯然也包括許多不完美的「準因果關係」行爲的方式，可能永不能一模一樣地複製，但是往往卻有一些可觀的相互關係。人們做許多預期中相似的事情，因爲他們的天性類似，就好像兩個球以同樣的方式反彈，因爲它們的結構也是一樣。不論你對自由意志持何種看法，你都不能否認這一點。經過多年的決定，人類眞的可以爲自己建立良好或險惡的天性，因而他們的行爲是特有的不自私或特有的自私。

不完美的「準因果關係」是我們可以發揮的。我的故事在砸死鳥上發揮完美的「準因果關

係」，但我們也可以把不完美的「準因果關係」作類似的發揮。在我們所討論的特殊囚徒困境中，那兩個囚犯（或類似囚犯）是在完全一樣的處境之下。這沒有什麼不對。當你希望說明一個哲學、數學或科學的論點時，那麼往往最好是討論整齊和理想化的事例。但是我們常忽略的是，只要再多理想化一點，便會塑造已知在各方面都相像的囚犯。他們的腦是做決定的機制，對於威脅和懸賞有完全一樣的反應。在這樣的情形下，對於囚徒困境討論的標準結論，也就是說，自私的人招供或背叛或挑起核子戰爭等講的都會是胡說。某人和你面對一樣的處罰與報償，你也確實知道他一定會和你有一樣的行爲。那麼絕不會出現你自私的努力以求助他這樣的事。另一方面，你有絕對充份的理由相信，如果你不「叛變」，這個人也不會「叛變」。

如此一來，你便有充份的理由選擇對你們這一組最好的事情。當你的囚犯伙伴的行爲一定是你的行爲的鏡像時，那麼「不論你的囚犯伙伴做什麼都會爲你自己得到更多的好處」這個想法便完全失敗。尤有甚者，遠在達到完全的鏡像以前，它便開始失敗了。如果各種不同的人是彼此不同程度的複製品，那麼可以說他們對彼此有不同程度的「準因果關係之掌握」。譬如，當一個人抱著信任的態度行動時，那麼便有某種確保其他的人也抱持同樣信任態度的「準因果關係」傾向。誠然，這個傾向往往很微小。不過在有些時候它也可能很強烈。不是「因果性」的強烈，因爲準因果關係不是因果關係，但它照樣是強烈的。

「準因果關係的現象」絕對是眞的，而且是可以發揮的。世人並不依照魔術之法則行動，但只有魔術會導致「完美的複製可以加以發揮，然而不完美的複製卻不能。」不過，聰明人對於「準因果關係」有多重要沒有一致的看法。這件事需要相當的研究。

不論是不重要還是重要（當我讀到各種核子戰爭的報導時，我想說「很重要」），「準因果關係」的事實，加強了一些比較爲大家所認識的看法，也就是說應該相信別人，與人合作。譬如，一個看法是說：當人們被信任時他們的反應往往較好。另一個看法是：自私的人生往往是不值得過的。

不落人後的攻擊：核子報復的對與錯

當一個國家已經以成千的炸彈完成了一次先發制人的核子攻擊時，報復有什麼意義？我是一個功利主義者。我認爲行動如果有機會做好事，才有道德上的意義。康德的信徒很可能不會懷疑以核子報復來「討回公道」。康德說：即使天塌下來也必須將謀殺犯處決。我不贊同康德的辦法。你怎麼會有責任去做傷害某些人而對其他的人無益的事？採取使世界變得更壞的行動怎麼會是對的？無疑這些只不過是浮誇的問題，因爲如同在第四章中所討論的，我們無法證明爭取最大程度的利益是我們應該努力的目標。說「爭取最大程度的利益是對的」，一點也不像是說「鰥夫是無妻的男人。」不過，我還是假設唯一眞正有趣的問題是，威脅報復是不是可以因爲以最少的風險而得到最大的利益爲理由，而被認爲是正確的行爲，以及是不是如此一來，如高錫爾（D. Gauthier）所云，當一個人的威脅失效時，可以採用實際的報復。

當然，核子報復行動能有嚇阻性。它似乎告訴大家說以後不應再投核子彈，因爲報復是可以預料的。但是我們還是集中注意力於即使它達不到嚇阻的目的，核子報復是否適宜的問題。假想這樣的報復會將所有剩下的人類一齊毀滅。那麼它仍然是對的嗎？他威脅報復是對的這個事實，會逼迫一個有道德和理性的人採取核子報復行動嗎？高錫爾會說是的。

要看到高錫爾意見的引人之處，想一想一個在蘇聯久已瓦解以後仍然具有成千核子武器的世界。看起來除非說服大家永遠不要發動核子戰爭，否則核子戰爭幾乎會殲滅所有的人類。（「有限的核子戰爭」是胡說。打仗的人很快便會發怒，而後盡其所能地殺人。）因此，一個有道德的國家領袖，下令建造世界末日的機器。當然這是一大組的機器，一個很複雜和充份自主性的感應器和電腦的系統。如果任何地方遭到核彈攻擊，則這個系統便自動偵測出來，再由中央電腦引發了更多的核彈反擊，足以毀滅全人類。

建造世界末日機器可說是道德的，因爲它給了人類不會被毀滅的最好機會。沒有這樣的機器，有些國家便容易挑起核子戰爭。常識或許告訴人們說核子戰爭的可能結果是大家同歸於盡，可是什麼時候各個國家會考慮常識？最好的政策可說是建造這個世界末日機器，並邀請大家徹底

加以監控。那麼即使是最盲目的人也看得出丟核子彈毫無益處。

讓我們姑且假設這位有道德的領袖有很好的理由下令建造這個機器。但是假設現在（如在美國的情形）有某項憲法條文不允許將核子武器的控制權完全交給機器。因而，要使世界末日系統運作，只需在中央電腦「想要」引發核彈時，這位領袖按下「同意」鈕即可。這位領袖可能去見一位催眠師或一位腦外科醫師，說「請把我做成世界末日威脅的一個可靠組成部份。確保我會當機立斷地去按鈕。然後告訴大家說你做了什麼。」這個在道德上有需要嗎？為了維護威脅的可信度，即使自由採取核子報復是不道德地使用自由權，某個真正道德的人，可以確保他真的會採取核子報復嗎？為了嚇阻的目的，將自己變得沒腦筋是一項責任嗎？

讓我們同意答案是「是的」。即使任何自由人只能不道德地採取實際的報復行動。可是如果威脅失敗，有人便可以有最高尚的道德理由，以確保他會採取報復的行動。這個沒有什麼荒謬。當報復可將人類被毀滅的危險降低到最小程度時，它們可能是好的。不論這樣的報復會如何毀滅人類，這都是事實。

但是，如果其他的憲法條文可避免國家領袖變得沒腦筋又將如何？如果這位領袖的唯一辦法是堅定地說：「如果核子戰爭爆發，我真的要按鈕毀滅每一個人」又如何？雖然這位領袖是徹底的人道主義者，但是他不能做這樣的威脅，並且邀請其他國家的心理學家用測謊器（假設這些測謊器完全可靠）去驗證這個威脅是確實存在的，也就是幾乎一定會執行任務以回應任何核子攻擊嗎？高錫爾說是的。讓我們現在證明他不對。

由於我們用於反對他的論點將純粹是一個邏輯的論點，因而可以藉一個奇異假設之助予以發揮。奇異不影響這件事的邏輯。假想，如果你拋一枚硬幣，而它以正面花紋朝上落地，則我就得依先前和魔鬼所約定好的，祂可以用一百億美元的代價取得我的靈魂，永遠永遠折磨它。我知道你知道這一點，而你滿喜歡我的。不幸的是，你卻也受到拋這枚硬幣的誘惑：因爲魔鬼說如果你拋硬幣，祂便給你五百億。我該怎麼辦？假想魔鬼的建議如下：任何時候只要我下令，便會將我們的靈魂帶走，去遭受永遠的處罰——無盡的折磨歲月。假設我知道你是理性的，我現在不能合理地威脅你，說你如拋那枚硬幣便會受永遠的處罰？爲了絕對保證避免魔鬼所下的毒手，我難道不能愼重的宣誓：如果你拋硬幣，那麼我便可以主動地要求你與我去受那永遠的處罰嗎？我不能請你在我重複這個宣誓的時候，對我使用一個完全可靠的測謊器嗎？

答案是「否」。除非我瘋了，那麼這個測謊器便會揭露我沒有任何計劃，如果你拋硬幣便把我們兩個靈魂送去受永遠的處罰。而且即使我瘋到足以擬出這樣一個計劃，一面咬牙切齒，當硬幣尚在空中或已經以反面花紋朝上落地，我還得瘋得更厲害，才會實現這個計劃。除非我發瘋地要報復，否則我絕不會在你膽敢拋硬幣時，便眞的把我自己送進無邊的折磨。誠然，如果可以依靠你的理性和你對事實的瞭解，而我可以使我自己無理性，則使得我們遭天譴的威脅一定有效，那麼你便知道拋硬幣會使你受到永遠的處罰，因而不會去拋它。但是只要知道我是有理性的，這

個威脅便絕不管用。沒有任何有理性的人會讓這樣的威脅成眞。

在這方面，充份與一貫的有道德就好比是充份與一貫的有理性。在面對是否採取涉及到全人類死亡的報復形式的選擇時，這位有道德的領袖會決定不執行。

然而，威脅報復卻可以是對的。畢竟，旁觀者不能確定是不是沒有瘋狂的報復傾向。許多現今的領袖有這種傾向事實上是一件好事。在冷戰期間，核子和平得以維持，或許只是因爲每一個超級強國猜疑另一個超級強國有這樣的傾向罷了。

世界末日——人類滅絕的科學與道德觀　NEO 系列 06

著　者／John Leslie
譯　者／賈士蘅
出 版 者／揚智文化事業股份有限公司
發 行 人／葉忠賢
執行編輯／張明玲
登 記 證／局版北市業字第 1117 號
地　址／台北市新生南路三段 88 號 5 樓之 6
電　話／(02)2366-0309・2366-0313
傳　眞／(02)2366-0310
E-mail／tn605547@ms6.tisnet.net.tw
網　址／http://www.ycrc.com.tw
郵撥帳號／14534976
戶　名／揚智文化事業股份有限公司
印　刷／偉勵彩色印刷股份有限公司
法律顧問／北辰著作權事務所 蕭雄淋律師
初版一刷／2001 年 2 月
定　價／新台幣 350 元
ＩＳＢＮ／957-818-227-9
原著書名／The End of the World: The Science and Ethics of Human Extinction

國家圖書館出版品預行編目資料

世界末日：人類滅絕的科學與道德觀／John Leslie著；賈士蘅譯. -- 初版. -- 台北市：揚智文化, 2001【民90】

面；　公分. --（NEO系列叢書；6）

譯自：The end of the world: the science and ethics of human extinction

ISBN 957-818-227-9（平裝）

1. 未來學　2. 世界末日　3. 人類生態學

541.4　　89017522